politique étrangère | 1:2012

revue trimestrielle publiée par l'Institut français des relations internationales

politique étrangère | 1:2012
revue trimestrielle publiée par l'Institut français des relations internationales

sommaire

page 5

éditorial

La crise, certes, mais quelle crise ? Ce numéro de *Politique étrangère* tente de la cerner, au moins sur un champ de bataille emblématique : l'Europe. Crise monétaire, financière, économique et sans doute systémique pour les économies du vieux continent. On s'efforce ici d'en décrire les divers niveaux, les enchaînements, ainsi que d'analyser les dysfonctionnements d'une décision politique qui semble toujours « en réponse », en arrière ou sur les bas-côtés de l'événement. Comment, depuis 2010, ont pu s'enchaîner les difficultés, les mises en garde, les catastrophes, les parades plus ou moins provisoires, et à quel terme est-il possible d'organiser les réponses : bref, pour combien de temps sommes-nous condamnés aux bihebdomadaires sommets de la dernière chance ?

On suivra donc ici le développement des crises européennes, des crises dans les crises, des crises surdéterminant la crise la plus visible, celle de l'euro. Et on s'interrogera aussi sur cette dette qui campe désormais au cœur du débat sur les politiques publiques. Qu'est-ce qu'une dette d'État ? Comment advient-elle ? Un État peut-il vivre et se développer sans dette ? Et pourquoi les États d'Europe, les plus riches de la planète, affichent-ils une dette qui, sans doute pour la première fois de leur histoire, n'a pas de relation avec le fait guerrier ? Interrogation fondamentale, car si la dette publique est aujourd'hui produite simplement par notre mode de vie, il faut alors mettre en cause sa viabilité, en un temps où les rapports de force économiques sont définis par la mondialisation et non plus par les échanges inégaux nés de centaines d'années de domination politique et économique de l'Occident.

On s'interroge ici aussi sur les grands acteurs de ces crises. Les États, les gouvernements, les classiques puissances économiques et financières, sans oublier la désormais fameuse entité des « marchés financiers » qui semble, dans le débat public, s'être substituée aux opinions ; ni, symbole de ces marchés, de leur cynisme ou de leur simple capacité à prévoir les chaos économiques, les agences de notation – thermomètres simples ou facteurs accélérateurs du mal ? Approfondir l'action de ces dernières, c'est passer au crible un système qui a besoin d'elles, éclairer la nature des logiques d'investissement transnationales qui ont elles-mêmes défini leur place et leur crédibilité.

***

Les révolutions arabes, mais quelles révolutions ? Hors la tentation, concrétisée ou non, du soulèvement – ce dernier revêtant des formes spécifiques à chaque pays –, quel point commun entre la Tunisie, l'Égypte, la Libye, le Yémen, les pays où les régimes autoritaires verrouillent encore le destin de leur peuple, ceux où des réformes progressives tentent d'assurer une transition plus ou moins douce ?

La difficulté que nous avons, Européens, Occidentaux en général, à penser ces révoltes, au-delà d'une peur rampante ou d'un discret soutien, témoigne d'une incapacité plus large à penser l'espace sud-méditerranéen, en dépit de sa proximité, en raison peut-être de sa proximité et de son poids dans notre histoire. Notre surprise devant l'élection régulière de partis islamiques renvoie à notre incompréhension de sociétés toutes – même si à des degrés divers – structurées par le fait religieux, culturellement et socialement. Notre difficulté à nous faire entendre des États en révolution est l'héritage des contradictions de nos stratégies de ces dernières décennies, de ces dernières années, voire de ces derniers mois – y compris après les révolutions : de quelle explication unique couvrir l'intervention libyenne et l'abstention syrienne ? Et notre distance vis-à-vis des développements arabes – voir le silence gêné qui règne en Europe – s'explique aussi par le fait que ces révolutions ne nous voient pas : elles se regardent, elles ne nous considèrent nullement comme des modèles politiques, institutionnels ou moraux, nous qui pensions notre *soft power* comme une dernière carte au service de notre puissance.

Le dossier que nous consacrons au premier anniversaire des soulèvements arabes est riche de la diversité de leurs expériences : il ne décrit nul modèle… Les révolutions sont en elles-mêmes imprévisibles et ne sont porteuses d'aucun régime. À terme, c'est la nature même – certes évolutive – de la sociologie, de la culture des divers pays qui prévaut. Les dictatures savent parfois se défendre. Des acteurs neufs – ici la « génération Internet » et ses réseaux sociaux – peuvent s'affirmer, mais leur poids réel ne sera clarifié que par le temps, avec leur intégration dans le mouvement général des sociétés. Quant à la leçon la plus immédiate – mais est-elle étonnante ? –, elle est bien que les changements de régime internes entraînent d'abord de profonds bouleversements des rapports de forces internationaux.

***

Les deux dossiers que nous propose ce numéro de *Politique étrangère* ont sans doute pour point commun de décrire, dans des thématiques dissemblables, la fragilité de cette démocratie qu'on s'empressait de proclamer, dans la foulée de l'effondrement soviétique, attente universelle, nouvel « horizon indépassable de notre temps »… Cette démocratie, c'est-à-dire la capacité des peuples à s'exprimer à travers des institutions qui produisent de la décision politique, est mise à mal par la crise européenne, avec la décrédibilisation, explicite ou rampante, des autorités nationales ou communautaires et des processus intergouvernementaux qui tiennent le devant de la scène. D'où le bouleversement, dans nombre de pays, des théâtres politiques internes. Ailleurs, et spécialement au sud de la Méditerranée, la « démocratie » est invoquée à l'appui de la révolte, elle se traduit bien par quelques mécaniques électorales, mais elle pourrait revêtir demain des formes baroques. Nous aurons donc à gérer dans l'avenir proche, et en parallèle, ce qu'a révélé le gros temps de nos faiblesses institutionnelles et morales, et des rapports complexes avec un environnement sud dont il n'est pas certain que les événements en cours le rapprochent de nous.

On peut espérer que ces difficultés nous pousseront à régénérer à la fois notre débat politique et nos relations avec un Sud méditerranéen enfin libéré des emprises et des complexes postcoloniaux de toute nature : pour que « la mer, cette grande agitée, constate l'union des deux grandes terres apaisées[1] ».

politique étrangère

1. Victor Hugo, *Choses vues* [30 novembre 1884], Paris, Gallimard, 1972. Cette phrase visait alors les rapports entre Europe et Amérique.

page 9 dossier

COMPRENDRE LA CRISE DE LA DETTE

La longue durée des dettes publiques : l'Europe et les autres

Par **Jean-Yves Grenier**

Jean-Yves Grenier est directeur d'études à l'École des hautes études en sciences sociales (EHESS) et professeur à l'École polytechnique.

L'Europe moderne s'est construite autour de la dette publique et au xxe siècle l'augmentation de cette dernière est essentiellement due à la guerre. Depuis le début des années 1980 en revanche, la dette couvre d'abord des dépenses civiles. La fonction et les conséquences de cette dette souveraine font l'objet de débats passionnés depuis le XVIIIe siècle. Si la dette est historiquement un instrument de construction de l'État, on voit aujourd'hui qu'elle peut être un grand danger.

politique étrangère

Les dettes publiques sont un sujet de préoccupation pour les économies occidentales depuis le début des années 1980 et plus encore en Europe depuis le début des années 2010. L'historiographie n'échappe pas à cette chronologie. Les historiens ont ainsi mis en évidence depuis une vingtaine d'années le rôle des dettes nationales dans la construction de l'État. Leurs travaux, intensifiés récemment, ont montré qu'elles pouvaient être une clé pour comprendre, dans la longue durée, les similitudes mais aussi les différences de destinée des économies, tant il est vrai que leur histoire au cours du deuxième millénaire recouvre des cas très variés.

La lente affirmation de la dette publique

Les emprunts effectués par un prince ou un gouvernement ne sont une dette publique que s'ils sont reconnus par les pouvoirs successifs. Il faut donc que la dette soit consolidée et qu'elle ne soit plus perçue comme personnelle mais comme celle de l'État. Une autre condition est qu'elle soit négociable sur un marché secondaire. Cette pérennité n'a été que lentement acquise, pas avant le XVIIe siècle et l'affirmation de l'État moderne. Elle n'est cependant jamais certaine, même encore aujourd'hui.

Les premiers endettements publics durables apparaissent dans les cités italiennes du Moyen Âge. Le coût élevé des guerres et la difficulté d'augmenter les impôts incitent ces cités, dès le XIIIe siècle, à procéder à des emprunts de long terme, parfois forcés. C'est en particulier le cas à Gênes, Venise et Florence, où les titres de la dette publique deviennent négociables et intègrent les patrimoines des familles marchandes ou patriciennes, en particulier pour payer les dots. Ces techniques se diffusent dans l'ensemble des monarchies européennes, qui recourent massivement à l'emprunt public, surtout à partir du XVIIe siècle, pour financer la guerre et, dans une moindre mesure, la construction de l'État. Différents modèles de finances publiques sont donc inventés. Ainsi, outre le crédit des divers banquiers et financiers, la monarchie française s'appuie sur une triple ressource mise en place pour pallier son faible crédit : les rentes sur l'Hôtel de Ville (1522), qui sont des titres de la dette publique garantis par une institution municipale, laquelle inspire plus de confiance aux prêteurs que le roi ; la vénalité des offices, dont la vente est équivalente à un prêt concédé par l'acheteur, qui perçoit en retour une rémunération, faible, et surtout une considération sociale ; les prêts octroyés au roi par les corps de métiers ou d'officiers, en contrepartie de la confirmation de leurs privilèges[1]. Le célèbre *Compte rendu au Roi*, bilan des finances royales publié par Jacques Necker en 1781, s'explique par le souci de gagner la confiance des rentiers. Les finances de l'État ne sauraient échapper à la discussion ouverte, estime Necker, comparant la France à l'Angleterre dont le crédit est dû à « la notoriété publique à laquelle est soumis l'état de ses finances ».

Depuis la *Glorious Revolution* (1688), la monarchie anglaise bénéficie en effet d'une plus grande confiance des prêteurs, grâce au contrôle parlementaire auquel sont soumises ses finances. Cela lui permet d'avoir une dette publique cotée en bourse (1720), avec en particulier l'invention des fameux *consols* à 3 %, titres perpétuels émis par l'État. Dans un article célèbre, Douglass North et Barry Weingast attribuent précisément le grand essor du crédit public en Angleterre au XVIIIe siècle à l'établissement d'une monarchie de type parlementaire, les droits des créanciers se voyant mieux défendus contre l'arbitraire de l'État[2]. En investissant dans une dette désormais devenue nationale, et garantie par la création de la Banque d'Angleterre en 1694, plutôt que dans celle d'un monarque, les rentiers ont le sentiment que non seulement leur capital sera protégé et le paiement des intérêts assuré, mais aussi qu'ils accomplissent un geste politique de soutien au nouveau régime parlementaire. Cette thèse, rapidement devenue classique, a été contestée. On a ainsi fait observer que le

1. D. Bien, « Les offices, les corps et le crédit d'État : l'utilisation des privilèges sous l'Ancien Régime », *Annales E.S.C.*, vol. 43, n° 2, mars-avril 1988, p. 379-404.
2. D. C. North et B. R. Weingast, « Constitutions and Commitment: the Evolution of Institutions Governing Public Choice in Seventeenth Century England », *Journal of Economic History*, vol. 49, n° 4, 1989, p. 803-832.

Parlement, sans expérience du contrôle financier, ne s'est pas toujours montré discipliné[3]. Les taux d'intérêt anglais et français en 1713, après des années de guerre, sont d'ailleurs à peu près équivalents. Par ailleurs, si la réhabilitation du rôle du Parlement en 1688 a effectivement facilité l'accès au crédit de la couronne, la raison en est moins à trouver dans le nouveau dispositif constitutionnel que dans la création d'un nouveau parti politique – les Whigs – qui défend les intérêts des rentiers et le rôle de la Banque d'Angleterre[4].

Si l'Europe moderne se construit autour de la dette publique, il existe cependant des exemples d'États développés qui ne l'ont jamais connue. Elle n'a sans doute jamais existé dans l'Antiquité, Rome constituant un cas extrême de refus presque systématique de l'emprunt public, hormis lors de rares situations de défaite ou de guerre civile. La grande efficacité du système fiscal romain, les nombreuses confiscations opérées au détriment des grands patrimoines aristocratiques sous l'Empire et l'importance des tributs prélevés grâce à des guerres de conquête qui l'ont rendu maître de tout le bassin méditerranéen ont évité à Rome toute forme d'endettement public permanent, d'autant que, comme le souligne Jean Andreau, la compréhension antique du rapport entre privé et public interdisait aux citoyens de passer avec la cité un contrat égalitaire librement consenti[5]. La Chine impériale est un autre exemple intéressant d'absence de dette publique, ou du moins de faible dette. Il est incontestable que les prélèvements sur la richesse produite au XVIIIe siècle étaient bien moindres en Chine qu'en Europe. Par peur des révoltes populaires, mais aussi par refus de dépendre de prêteurs privés, les administrateurs chinois ont toujours fait en sorte de maintenir la fiscalité à un niveau assez faible – beaucoup plus faible qu'en Europe à la même période –, mais aussi les dépenses publiques (ce qui n'exclut pas une politique annonaire[6] de grande ampleur).

L'Europe moderne se construit autour de la dette publique

Il est vrai également que les empires – Rome, la Chine depuis les Song jusqu'aux Qing ou l'empire espagnol aux XVIe et XVIIe siècles – sont souvent confrontés à une contrainte financière moins temporelle que spatiale : ils

3. A. Murphy, *The Origins of English Financial Markets. Investment and Speculation before the South Sea Bubble*, Cambridge, MA, Cambridge University Press, 2009.

4. D. Stasavage, *Public Debt and the Birth of Democratic State, France and Great-Britain, 1688-1789*, Cambridge, MA, Cambridge University Press, 2003.

5. J. Andreau, « Existait-il une dette publique dans l'Antiquité romaine ? », *in* J. Andreau, G. Béaur et J.-Y. Grenier (dir.), *La Dette publique dans l'histoire*, Paris, Comité pour l'histoire économique et financière de la France, 2006, p. 101-114.

6. La politique annonaire est la politique publique d'approvisionnement des populations en biens de subsistance (*ndlr*).

doivent assurer le transfert des ressources du cœur de l'empire, le plus riche fiscalement, vers les régions où se conduisent les opérations militaires, souvent lointaines ou périphériques. Autre exemple, la dette publique américaine jusqu'à la guerre de Sécession (1861-1865) s'est également maintenue à un très bas niveau : jamais plus de 3 % du produit national brut (PNB) entre 1838 et 1861. La raison est ici autant économique – les excédents budgétaires s'accumulent – que politique – l'idéal américain étant alors d'avoir une dette quasi nulle, limitant au strict minimum les interventions de nature fédérale sur le marché des capitaux privés.

Au XIXe siècle, les États se renforcent et gèrent mieux les finances publiques ; ils assument désormais pleinement le remboursement de leur dette. Après une période difficile de liquidation des dettes issues des guerres révolutionnaires et napoléoniennes, le poids de la dette publique est en constante diminution entre 1815 et 1914. Les raisons sont multiples : les épisodes guerriers sont moins nombreux et surtout moins coûteux, l'enrichissement continu des sociétés occidentales favorise la formation de l'épargne et multiplie le nombre des rentiers désireux d'acheter des titres émis par l'État, d'autant que les placements alternatifs (marché d'actions) sont peu nombreux avant la fin du siècle.

On peut ainsi considérer le XIXe siècle européen comme le siècle du rentier public : la baisse des prix valorise d'autant son capital et il est certain désormais de la perpétuité de l'État et donc de son souci de respecter la parole donnée. Dans son *Traité de la science des finances*, Paul Leroy-Beaulieu explique que le crédit public se distingue du crédit privé car un État « peut être considéré comme un être éternel », vocabulaire presque religieux que l'on retrouve chez Léon Say quand il évoque, dans son *Dictionnaire des finances* (1899), le caractère « sacré » de la dette publique.

La rente publique, sur laquelle portent la majorité des transactions boursières, devient donc l'actif sans risque par excellence. L'internationalisation des marchés financiers à la fin du XIXe siècle sous l'impulsion de la City londonienne permet celle des dettes nationales. Nombreux sont ainsi les pays qui recourent aux services des banques des pays disposant d'épargne abondante (France, Angleterre) pour satisfaire les gros besoins de financement suscités par la construction de jeunes États-nations (infrastructures, armée, etc.), en particulier en Amérique latine mais aussi en Europe centrale et méditerranéenne.

La guerre est le facteur d'endettement primordial au XXe siècle. Son coût a pourtant souvent été payé par ce qui ressemble à des défauts partiels.

Ainsi, la plus grande partie des dettes de la Première Guerre mondiale a été supprimée par l'hyperinflation en Allemagne et en Autriche ou par la forte dévaluation de Poincaré (1928) en France. Aux États-Unis, la dette nationale atteint des sommets lors des deux conflits mondiaux, mais elle est absorbée sans grande difficulté grâce à une économie de guerre organisée autour d'un État doté de très larges pouvoirs. La Seconde Guerre mondiale est financée par des emprunts à très faibles taux d'intérêt. Dans l'immédiat après-guerre, des taux réels négatifs, associés à une forte croissance de l'économie, permettent aux États-Unis de réduire très rapidement le niveau de leur endettement.

La période qui va de l'après-guerre au début des années 1980 tient son originalité du fait que, pour la première fois, une dette publique importante, mais aisément financée grâce à la croissance soutenue et à l'inflation, est contractée pour des dépenses civiles. Elle sert à construire de grands équipements, et à partir des années 1960 le *deficit spending* devient un instrument de politique économique pour favoriser le plein-emploi. Dans les années 1970, les États se trouvent chargés de nouvelles responsabilités, en particulier la mise en place de systèmes assurantiels de plus en plus étendus, pour le financement desquels la dette publique tient rapidement un rôle important.

Années 1960 : le *deficit spending* devient un instrument de politique économique

Les années 1980 marquent l'entrée dans un régime permanent de dettes, avec une augmentation continue des taux d'endettement, qui passent en 25 ans, dans la zone euro, de 20 %-30 % à plus de 70 % du produit intérieur brut (PIB). La cause en est le ralentissement de la croissance, alors que les taux d'intérêt ont fortement augmenté à partir de 1978 sous l'impulsion de la Federal Reserve américaine. Dans le même temps, les dépenses publiques se maintiennent à des niveaux très élevés, du fait, dans l'Amérique de Ronald Reagan, de la politique de baisse des impôts et de la « guerre des étoiles », ce dernier avatar de la guerre froide se révélant paradoxalement plus coûteux que la Seconde Guerre mondiale…

À partir de la fin des années 1990 et dans les années 2000, les bonnes performances économiques réduisent fortement l'écart entre taux d'intérêt et taux de croissance, ce qui permet aux États de stabiliser, voire de diminuer, leur taux d'endettement. Situation provisoire, puisque le retour à une croissance faible et surtout l'intervention publique massive lors de la crise financière de 2008-2009 pour transférer aux États des dettes privées insoutenables ont conduit à des taux d'endettement inconnus jusqu'alors en période de paix. L'originalité de la situation actuelle, aux États-Unis et plus encore en Europe, tient au fait que le choc provoqué par un endettement continu depuis le début des années 1980, fortement aggravé par la crise actuelle, est assimilable par son ampleur à celui engendré par un conflit militaire. Mais pour y faire face, les gouvernements ne disposent ni des moyens, ni de la légitimité des États en temps de guerre, comme le montre cruellement aujourd'hui la trop fragile gouvernance européenne.

Économie politique et dette publique

Ce n'est qu'au XVIIIe siècle que la dette publique devient un objet de réflexion pour une économie politique alors naissante. Beaucoup d'énergie et de talent polémique sont consacrés à ce thème discuté au moins autant sous l'angle politique qu'économique[7]. Le sentiment dominant des deux côtés de la Manche est une grande méfiance à l'égard de la dette publique qui prive l'économie d'une épargne utile. Dès le début du XVIIIe siècle, des auteurs comme Daniel Defoe ou Charles Davenant critiquent l'endettement public en ce qu'il provoque une hausse générale des taux d'intérêt. Ce souci d'un usage efficace de l'épargne disponible devient vite général. « La dette publique a ce gros défaut qu'elle ôte les revenus véritables de l'État à ceux qui ont de l'activité et de l'industrie, pour les transporter aux gens oisifs ; c'est-à-dire qu'on donne des commodités pour travailler à ceux qui ne travaillent point, et des difficultés pour travailler à ceux qui travaillent », écrit Montesquieu[8]. David Hume, dans son court mais incisif *Of Public Credit*, a bien exprimé l'inquiétude britannique devant les effets destructeurs de la dette publique, dans laquelle il ne voit qu'un artifice mercantiliste pour procurer des recettes à un État trop impécunieux. Il en souligne les graves conséquences sociales, la fiscalité devant à terme augmenter au détriment de la majorité de la population. Adam Smith ne fait donc que reprendre une idée commune quand il insiste sur l'inutilité des dépenses de l'État, en l'occurrence celles liées à la guerre d'Indépendance américaine. Sceptique quant à l'efficacité du contrôle parlementaire, il est persuadé du manque de fiabilité de la parole de l'État, qui confine selon lui souvent à la mauvaise foi. « À un certain niveau d'accumulation des dettes nationales, il n'y a guère d'exemple, je crois, qu'elles aient été loyalement et complètement payées[9]. »

Un autre courant, minoritaire mais mieux représenté en France, défend l'emprunt public, considéré comme un transfert de dépenses sans consé-

7. D. Winch, « The Political Economy of Public Finance in the "Long" Eighteenth Century », *in* J. Maloney (dir.), *Debt and Deficits. An Historical Perspective*, Cheltenham, Edward Elgar, 1998, p. 8-26.
8. Montesquieu, *De l'esprit des lois*, livre XXII, chapitre 17.
9. A. Smith, *Enquête sur la nature et les causes de la richesse des nations*, Paris, PUF, 1995 [1776], livre V, p. 1059.

quence. Dans son *Essai politique sur le commerce* (1734), Jean-François Melon énonce une formule qui lui sera souvent reprochée par la suite, en particulier par Adam Smith et David Ricardo : « Les dettes d'un État sont des dettes de la main droite à la main gauche[10]. » Il précise cependant que le niveau d'endettement doit rester raisonnable. Les économistes des Lumières, considérant la pénurie de monnaie comme un problème majeur, voient dans la dette publique un moyen d'augmenter la quantité de monnaie en circulation. John Law estime ainsi qu'il existe un lien étroit entre la crise monétaire dont souffre la France de la Régence et le niveau très élevé de sa dette publique. La consolidation de cette dernière par le biais de la Compagnie des Indes autoriserait une circulation monétaire accrue, Law considérant ses actions comme une quasi-monnaie. Les économistes proches des marchés financiers reprennent ces idées après 1750. Si Thomas Mortimer préfère insister sur la dimension politique, opposant la tyrannie de l'impôt au volontarisme politique des souscripteurs de titres publics, Isaac de Pinto explique sans détour que la « dette nationale » enrichit la nation en augmentant son numéraire. « Sans la circulation factice [de papiers royaux] que les emprunts publics ont causée », estime-t-il, la France ne se serait pas remise des dévastations de la guerre de Sept Ans[11].

En France, à la fin du siècle, les impératifs de gestion d'une dette de plus en plus lourde suscitent un débat passionné. Certains, comme Necker, espèrent que la création d'institutions nouvelles comme la Caisse d'amortissement (1776) et la transparence financière (en fait assez limitée) faciliteront l'accès royal au marché financier. L'idée sous-jacente à cette consolidation est que l'inflation et la croissance économique rendraient l'énorme dette soutenable. D'autres, en revanche, expriment une grande inquiétude. Beaucoup d'observateurs estiment en effet que les dépenses militaires provoqueront une série de défauts qui conduiront à une révolution ou, au contraire, à un durcissement de l'absolutisme. D'où un appel à un gouvernement de nature représentative qui, à l'instar de l'Angleterre, consoliderait le crédit public[12].

« L'un des plus terribles fléaux pour affliger une nation » (Ricardo)

C'est D. Ricardo, frappé comme ses contemporains par l'endettement colossal généré par les guerres napoléoniennes, qui élabore l'analyse classique des effets de la dette publique. Dans ses *Principes de l'économie*

---

10. J.-F. Melon, *Essai politique sur le commerce*, édition d'E. Daire, Paris, Guillaumin, 1843, p. 802.
11. T. Mortimer, *Every Man his Own Broker. Or, a Guide to Exchange Alley*, Londres, S. Hooper, 1761 et I. de Pinto, *Traité de la circulation et du crédit*, Amsterdam, Rey, 1771, p. 188.
12. M. Sonenscher, *Before the Deluge. Public Debt, Inequality, and the Intellectual Origins of the French Revolution*, Princeton, NJ, Princeton University Press, 2007.

politique et de l'impôt (1817), il la décrit comme « l'un des plus terribles fléaux jamais inventé pour affliger une nation ». Ce refus s'insère dans sa philosophie générale, qui plaide pour un gouvernement frugal laissant aux seules forces du marché le soin d'assurer une allocation optimale des ressources. En minant la confiance du secteur privé, la dette encourage l'émigration et la fuite des capitaux. « La tentation de partir avec ses capitaux vers un autre pays où de tels fardeaux sont absents devient à la longue irrésistible », car il existe une limite au prix que chacun accepte de payer pour avoir le simple privilège de vivre dans son propre pays. Il plaide pour un financement par l'impôt des dépenses extraordinaires, considérant que la fiscalité ne fait que réduire la consommation courante, à la différence de l'emprunt qui réduit le stock de capitaux destinés à l'investissement.

Une approche modérée domine cependant le XIXe siècle, rassuré à la fois par une perpétuité de l'État désormais inscrite dans les esprits et par ce que le *Dictionnaire de l'économie politique* de Charles Coquelin et Gilbert-Urbain Guillaumin (1853) appelle l'autonomie du capital (« On ne commande jamais aux capitaux »). Le point commun est toujours que l'État doit faire preuve de modération et veiller au bon usage des fonds, le crédit public n'étant de mise qu'avec de strictes limites. P. Leroy-Beaulieu peut ainsi affirmer dans un ouvrage de référence, le *Traité de la science des finances*, que « la faculté pour un État de contracter des emprunts est un bien, un bien incontestable », à la condition qu'ils soient bien employés[13]. Les chemins de fer sont l'exemple le plus volontiers évoqué : cet investissement exige l'intervention de l'État (garantie d'intérêt), mais son but est la formation d'un profit privé. Sous l'Empire et au début de la IIIe République, certains, comme le banquier Isaac Pereire, n'hésitent pas à recommander fortement l'emprunt pour financer les travaux publics et permettre à l'État d'assumer ses missions.

Une approche prudente de la dette s'établit donc dans la seconde moitié du XIXe siècle, perdurant jusqu'à la Première Guerre mondiale et dont la caractéristique est de ne guère différencier la gestion des dettes de l'État et celle des dettes des particuliers. La guerre de 1914-1918 constitue une rupture, conduisant à la fois à une intervention massive de l'État dans le domaine économique et à une augmentation considérable de sa dette. Par ailleurs, la crise de 1929 met à mal une vision économiquement « neutre » de l'État comme celle qui sous-tend l'approche classique, que ce soit du point de vue d'une pragmatique économique comme le New Deal ou de la théorie telle que l'illustre l'œuvre de Keynes. Avec sa *Théorie générale*,

13. P. Leroy-Beaulieu, *Traité de la science des finances*, Paris, Guillaumin, 1877.

ce dernier est le premier à insérer le déficit budgétaire, et donc la dette publique, dans une analyse macroéconomique. L'idée centrale est qu'en période de dépression, la dépense publique est une arme efficace pour accroître l'activité et revenir au plein-emploi, assurant ainsi à terme le financement de la dette publique qui ne pèsera donc pas sur les générations futures.

Certains économistes refusent ce consensus. Le plus combatif est James Buchanan. Dans un livre marquant, le futur prix Nobel insiste à la fois sur les incidences macroéconomiques négatives dues à la réduction de la consommation privée et sur la question du transfert des charges sur les futures générations. Le statut quasi permanent de la dette publique est toujours plus destructeur que créateur de richesses. Or, pour des raisons politiques, elle est très difficile à réduire. « Notre hypothèse est que la théorie keynésienne concernant la politique économique produit un biais inévitable lorsqu'elle est appliquée dans le cadre d'institutions démocratiques[14]. » De façon prophétique, J. Buchanan affirme que la propension déficitaire des gouvernements contemporains est « le plus important problème économique auquel doivent faire face les démocraties occidentales ».

Nombreux sont par la suite les économistes américains qui mettent en doute le bien-fondé des politiques keynésiennes. Robert J. Barro, dans un article classique de 1974, mobilise un argument assez simple, reposant sur la théorie des anticipations rationnelles, alors en plein essor : les agents, anticipant que les dépenses publiques seront nécessairement financées par une hausse des impôts, considèrent le déficit public comme un impôt de demain. Ils diminuent donc leur consommation, ce qui annule les effets de relance attendus d'une politique keynésienne. La dette publique ne permet donc pas un accroissement de la richesse privée[15]. Qu'elle soit financée par l'impôt ou l'emprunt ne change rien à l'affaire, estime R. J. Barro, qui reprend le principe de l'équivalence ricardienne ou de la neutralité de la dette (en fait jamais énoncé par Ricardo) et plaide pour un retour à l'orthodoxie classique. Le débat est très intense dans les deux décennies qui suivent, stimulé par la croissance désormais continue des déficits publics des deux côtés de l'Atlantique. Les principales critiques faites à R. J. Barro sont celles de James Tobin[16] et de B. Douglas Bernheim, qui font observer

14. J. M. Buchanan et R. E. Wagner, *Democracy in Deficit: the Political Legacy of Lord Keynes*, New York et Londres, Academic Press, 1977, p. X.

15. R. J. Barro, « Are Government Bonds Net Wealth? », *Journal of Political Economy*, vol. 82, n° 6, 1974, p. 1095-1117. Sur ce débat, voir L. C. Kaounides et G. E. Wood (dir.), *Debt and Deficits*, volume 3 : *Debt Neutrality and the Theory of Fiscal Policy 1970s to 1990s*, Aldershot, Elgar, 1992.

16. J. Tobin, *Asset Accumulation and Economic Activity*, Oxford, Basil Blackwell, 1980.

qu'il serait plus réaliste de penser que l'altruisme entre les générations, supposé dans le modèle d'anticipations de R. J. Barro, n'est que partiel, l'horizon temporel des comportements ne s'étendant probablement pas à la durée de vie entière des individus. « L'hypothèse théorique d'une neutralité de long terme est extrêmement peu probable en ce qu'elle dépend de suppositions improbables qui ne sont confortées ni directement, ni indirectement par les observations empiriques », conclut B. D. Bernheim[17]. D'évidence, les conditions de renouvellement des générations changent. Plus généralement, on sait aujourd'hui l'importance des effets de seuil et des retournements d'anticipations sur l'effet expansionniste, ou récessif, d'un déficit budgétaire et surtout le rôle des croyances, si volatiles, pour décider de la soutenabilité d'une dette.

L'Europe et les autres

L'histoire démontre avec force que le facteur principal pour la création et la pérennité de la dette publique est la guerre. L'exemple des États-Unis au XXe siècle est à cet égard très probant. Que l'on considère le poids de la dette publique rapporté au PIB ou, plus judicieusement, le ratio du service de la dette sur le PIB, les moments de fort alourdissement de l'endettement national correspondent toujours à des épisodes guerriers majeurs : la guerre de Sécession (1861-1865), les deux guerres mondiales, la « guerre des étoiles » menée par Ronald Reagan[18]. L'exemple le plus spectaculaire est cependant celui de l'Europe, dont l'histoire, plus que celle de tout autre continent, est marquée par la guerre continuelle entre des États dont aucun ne réussit à prendre durablement l'ascendant sur les autres.

Si les cités italiennes inventent la dette publique, ce n'est pas pour assurer le faste de leur cour ou l'embellissement de leur ville, mais bien pour financer leurs incessantes guerres. L'Angleterre, selon l'expression de John Brewer, est devenue un *fiscal-military state* au cours du XVIIIe siècle, qui l'aura vue presque 60 ans en guerre[19], entre 1701 et 1815. Au cours de cette période, sa dette nationale passe de 2 millions de livres (1688) à 834 millions (1815), soit de 5 % du PIB à plus de 200 %, avec un coût du crédit augmenté à peu près de moitié. Le service de la dette, qui représente moins du quart de l'ensemble des recettes fiscales au début du XVIIIe siècle,

17. B. D. Bernheim, « Ricardian Equivalence: An Evaluation of Theory and Evidence », *in* S. Fischer (dir.), *NBER Macroeconomics Annual 1987*, Cambridge, MA, MIT Press, 1987, p. 166-167.
18. E. C. Brown, « Episodes in the Public Debt History of the United States », *in* R. Dornbusch et M. Draghi (dir.), *Public Debt Management: Theory and History*, Cambridge, MA, Cambridge University Press, 1990, p. 229-254.
19. J. Brewer, *The Sinews of Power. War; Money and the English State, 1688-1783*, Londres, Unwin Hyman, 1989.

en constitue plus de la moitié en 1815, malgré une augmentation considérable – bien plus forte qu'en France – de la pression fiscale. Conséquence de ce régime de guerre semi-permanent, la part des revenus des États consacrée à la guerre se situe entre 70 % et 90 %. De nombreuses innovations fiscales sont mises en place, mais la tolérance à l'impôt des populations anciennes est vite atteinte, ce qui conduit à recourir à un endettement public massif. Observons que lorsqu'il est facilement prélevé, comme le *tributum* à Rome, il n'y a pas de dette publique. Le contraste avec la Chine impériale est remarquable. Si l'empire du Milieu consacre beaucoup d'argent à la défense de ses frontières – la Grande Muraille est ainsi d'évidence une dépense militaire – et à ses expéditions en Asie centrale à l'époque des Qing, le gouvernement n'y alloue jamais plus de 50 % à 55 % de ses revenus ordinaires[20].

Les conséquences de ces constats ne sont pas toutes négatives. D'abord, en temps de paix, les dettes permettent le transfert partiel du remboursement sur les futurs contribuables, autorisant le financement d'investissements qui profitent à plusieurs générations. Ensuite, dans des économies encore peu développées, l'endettement national favorise la déthésaurisation et la circulation monétaire. Les titres de la dette publique, crédits du *Monte* à Florence ou rentes sur l'Hôtel de Ville en France au XVIIe siècle, ont des usages variés : moyen de paiement, hypothèque, constitution de dots, etc. Hume et Smith, pourtant très hostiles à la dette publique, admettent qu'elle crée un type d'actif financier suffisamment liquide pour servir de monnaie tout en rapportant un intérêt, favorisant ainsi le commerce et la création de richesses. Soulignons par ailleurs l'effet indirect de la dette publique sur la construction politique de l'État, comme l'ont montré les exemples anglais avec l'invention de la monarchie parlementaire après 1688 et français avec l'exigence du débat public sur les finances voulu par Necker. Le même constat pourrait d'ailleurs être dressé aujourd'hui, si la crise actuelle conduisait à une meilleure gouvernance européenne.

La dette est inséparable de la guerre, puis de l'essor des marchés financiers

Enfin, la constitution d'une dette consolidée est inséparable de l'essor des marchés financiers. À Amsterdam et surtout à Londres ou à Paris au XVIIIe siècle, c'est la négociation des effets publics qui explique la mise en place de ces derniers. De même, au début du XIXe siècle, la Bourse de Paris reçoit une forte impulsion de la mise en place des grands emprunts de la

20. J.-L. Rosenthal et R. Bin Wong, *Before and Beyond Divergence. The Politics of Economic Change in China and Europe*, Cambridge, MA, Harvard University Press, 2011, p. 181 et s.

Restauration pour financer les dettes de guerre. On estime qu'en 1830, 80 % des valeurs mobilières circulant dans le public sont des rentes. L'internationalisation des marchés financiers à la fin du XIXe siècle s'explique également d'abord par les besoins de financement des nouveaux États. *A contrario*, J. Andreau estime probable que l'absence d'emprunts publics à Rome ait nui au développement d'un milieu financier de haut niveau et plus généralement à celui d'un système de crédit efficace, comme ce fut le cas en Europe dès l'époque moderne dans des places comme Gênes, Venise, Amsterdam ou Londres – autant de capitales de l'« économie-monde ».

Est-il sans conséquence de constater cette spécificité d'une Europe qui s'est construite autour de la guerre et de l'investissement militaire, financés grâce à l'impôt et à de lourdes dettes publiques, avec pour effet non seulement une supériorité militaire mais aussi un développement continu des marchés financiers et des prélèvements importants sur la richesse nationale, à l'opposé par exemple de l'empire chinois qui a peu emprunté[21] ?

***

Comment ne pas conclure sur les effets contrastés qu'exerce un endettement public soutenu et pérenne ? S'il s'avère un outil financier et institutionnel utile à la construction historique de l'État, il peut aussi le mettre en danger, comme le prouvent de multiples exemples, à commencer bien sûr par la situation actuelle de la zone euro. Cette ambivalence peut aussi bien justifier la longue méfiance entretenue par l'économie politique libérale à l'égard des dettes publiques que l'optimisme de ceux qui apprécient positivement l'effet des interventions de l'État financées par l'emprunt. Cette opposition est d'ailleurs sans doute aujourd'hui à nuancer, le paradoxe étant que la crise de la dette a indirectement été provoquée par un excès de libéralisme financier dont les États ont dû assumer les erreurs et que sa conséquence historique sera – probablement – de provoquer un recul de l'engagement des États, au moins dans leur dimension assurantielle et de soutien au *welfare*.

PE

MOTS CLÉS

Dettes publiques
Europe
Marchés financiers

21. Il est d'ailleurs surprenant que, pour élucider les raisons du blocage de la Chine face à l'essor du capitalisme anglais après 1800, Kenneth Pomeranz laisse de côté les aspects financiers. *Une grande divergence. La Chine, l'Europe et la construction de l'économie mondiale*, Paris, Albin Michel, 2010 [2000].

L'euro à l'épreuve de la crise des dettes souveraines

Par **Élie Cohen**

Élie Cohen, économiste, est directeur de recherche au Centre national de la recherche scientifique (CNRS). Parmi ses dernières publications : *Penser la crise* (Paris, Fayard, 2010).

Quatre crises successives de l'euro ont suivi la découverte de l'ampleur des déficits grecs. De sommets en accords, les dirigeants européens tentent de sauver la zone euro. Dérives de la finance, incompétence des politiques, défaillances institutionnelles, divergence des temps politique et économique, pressions concurrentes des marchés et des opinions : c'est en prenant en compte ces éléments des discours explicatifs que peuvent être ébauchés les avenirs de l'euro et donc de l'Europe.

politique étrangère

Janvier 2009 : on célèbre les dix ans de la naissance de l'euro… et nul n'a le moindre doute sur la pérennité de la zone euro ; certains se plaisent même à rappeler les erreurs de prévision d'économistes américains comme Martin Feldstein qui, dans un accès visionnaire d'euroscepticisme, annonçait l'échec de l'euro, de la construction européenne et même la perspective d'un retour des guerres civiles européennes[1].

Dans le bilan fait par la Commission européenne comme par les observateurs à l'occasion de cet anniversaire, les réussites technique et politique sont unanimement vantées. Techniquement, le passage à l'euro s'est remarquablement déroulé, l'intégration financière du marché de gros a vite été acquise. Le marché des émissions obligataires libellées en euros a formidablement crû, permettant la constitution d'un marché profond et liquide. L'euro a rapidement gagné le statut de monnaie de réserve et de transaction alternative au dollar[2]. Il a fonctionné comme un bouclier pour les pays de l'Eurozone qui ont su résister aux crises des années 2000 (nouvelle économie, Bourse américaine, *subprime*). Tout au plus dénonce-t-on l'incomplétude du marché de détail des services financiers, les

1. M. Feldstein, « EMU and International Conflict », *Foreign Affairs*, novembre-décembre 1997.
2. J. Pisani-Ferry et A. Posen, *The Euro at Ten: The Next Global Currency?*, Washington, DC, Peterson Institute for International Economics/Bruegel, juin 2009.

traditions nationales en matière de crédit à la consommation ou au logement paraissant offrir quelque résistance.

À la fin de l'année 2009, c'est la crise de la dette souveraine grecque. La crise gagne alors progressivement les pays périphériques de la zone euro, puis les pays du cœur malgré d'innombrables sommets « de la dernière chance », la mobilisation de moyens considérables et le franchissement de nombre de lignes rouges fixées par les traités. Pendant trois ans, l'édifice de la zone euro tremble sur ses bases et l'impensé commence à être pensé : la déconstruction de l'euro. Comment en est-on arrivé là ?

Dettes souveraines : de crise en crise

Au commencement est la découverte de l'ampleur des déficits grecs, de la tricherie sur les données statistiques et des manipulations financières visant à minorer l'importance de la dette publique. La première réaction est outragée et ouvre les vannes du ressentiment populaire contre les Grecs « paresseux, jouisseurs, tricheurs » tendant la sébile à la vertueuse Allemagne. La seconde réaction est plus embarrassante : le nouveau gouvernement socialiste a beau donner des gages de sa volonté de réforme et de maîtrise de la dépense publique, accumuler les plans d'austérité, rien n'y fait, les Européens doutent du sérieux grec, ils opposent la *no bail-out clause* du traité. Un moment, Wolfgang Schäuble esquisse l'idée d'un Fonds monétaire européen venant en aide aux pays en difficulté : il est censuré par Angela Merkel. Avec la baisse de la note de la dette grecque, un début de contagion à d'autres pays et l'acceptation par la Banque centrale européenne (BCE) de titres de dette souveraine décotés, la pression sur l'Allemagne s'accroît. En attendant, le plan de sauvetage à venir de la Grèce devient chaque jour plus coûteux. L'intention d'Athènes de faire appel au Fonds monétaire international (FMI) provoque un débat parmi les autorités européennes sur l'opportunité de faire entrer cette institution dans un jeu interne à la zone euro. Les explications des atermoiements européens sont alors de trois ordres : les Grecs n'en font pas assez pour s'aider eux-mêmes par des réformes substantielles ; les règles et traités doivent être respectés ; et il faut éviter de provoquer l'opinion publique allemande à la veille d'élections régionales. La pression devenant trop forte, un plan de sauvetage de 110 milliards d'euros est décidé avec l'aide du FMI, les financements étant consentis à des taux élevés et sur la base de contributions individuelles des États européens. Un triple message est envoyé aux candidats éventuels à une aide européenne : elle n'a rien d'automatique ; elle doit se faire sur la base d'aides nationales ; elle est fournie à des conditions pénalisantes et sous la supervision du FMI dans le cadre d'une troïka FMI/BCE/Union européenne (UE).

L'encre de l'accord à peine séchée, les dirigeants européens sont convoqués à Bruxelles pour sauver l'euro. Hésitations et controverses allemandes, doutes sur la soutenabilité du plan grec sans restructuration de la dette et perspectives de baisse des notes des dettes des pays périphériques de la zone euro ont fini par déciller les acteurs de marché. Les *spreads* de taux des dettes des pays périphériques par rapport à l'Allemagne bondissent. Les journées des 8 et 9 mai 2010 resteront comme celles où l'Europe aura été sauvée grâce à l'action combinée du président Barack Obama, du directeur du FMI, du président de la BCE et d'un président français menaçant de reconsidérer la participation de la France à la zone euro si rien n'était fait. Les décisions du Conseil et de la BCE – la création d'un fonds de 750 milliards d'euros, le rachat, si nécessaire et en quantités limitées, de dettes souveraines par la BCE – ont un effet de souffle : confrontés à une crise majeure, les Allemands ont abandonné leurs dogmes et les Européens la lettre des traités. Mais, à nouveau, l'effet de ces décisions audacieuses est amoindri par ceux qui les ont acceptées dans l'urgence, au nom du risque d'aléa moral : comment responsabiliser des pays irresponsables, comment rendre coûteux et difficile l'accès aux ressources du Fonds de stabilité, comment laisser aux États le droit de suivre ou de ne pas suivre un nouveau plan de sauvetage ? Les débats sur les règles de fonctionnement du Fonds européen de stabilité financière (FESF) traduisent cette vision toujours plus restrictive de la solidarité européenne.

Quelle vision de la solidarité européenne ?

Comme si cela ne suffisait pas, le gouvernement Merkel propose un nouveau Pacte de stabilité et de croissance (PSC) comportant un renforcement des disciplines budgétaires, des sanctions automatiques pour les contrevenants, la suspension des transferts financiers communautaires et la privation du droit de vote en cas de non-respect des disciplines communes. Arrêtons-nous un instant sur cette conception de la solidarité européenne : elle doit être individualisée (chaque État s'engage individuellement) ; elle est gérée par un fonds qui doit obtenir une note AAA (ce qui réduit l'enveloppe des prêts) ; elle doit être coadministrée avec le FMI (ce qui évite le face-à-face UE/État en difficulté) ; elle doit refléter la tension des marchés via les taux fixés ; elle est provisoire.

L'effet des décisions du 9 mai 2010 se dissipe rapidement, les marchés redécouvrant progressivement les fondamentaux de la crise : 1) sans défaut partiel sur leurs dettes, Grèce, Portugal et Irlande ne peuvent se redresser ; 2) sans une recapitalisation massive des « zombies banques » espagnoles et irlandaises, la crise perdurera ; 3) la prise en charge des dettes souveraines des pays périphériques par la BCE augmente ses besoins en fonds propres : elle risque de devoir se recapitaliser ; 4) sans extension des moyens du FESF, un sauvetage de l'Espagne n'est pas possible ; 5) la dévaluation intérieure, en Grèce ou en Irlande, a sa limite : celle de peuples appauvris et sans perspectives.

Dans ce contexte, Angela Merkel et Nicolas Sarkozy dessinent à Deauville les contours de l'après-2013, prévoyant les conditions de la pérennisation du mécanisme de soutien. Conformément au souhait du gouvernement Merkel, il est proposé que les créanciers privés soient mis à contribution dans les futurs plans de sauvetage et que cet avenir soit préparé par l'introduction de clauses d'action collectives dans les dettes émises à partir de 2013. Réaction immédiate : la spéculation sur les dettes souveraines des pays périphériques reprend de plus belle, le domino irlandais tombe rapidement. À nouveau une crise déclenchée par une déclaration inopportune appelle une solution d'urgence. Un plan irlandais est mis en place, dont on sait qu'il ne fonctionnera pas et provoquera de nouveaux troubles, mais les nouveaux principes sont saufs et les taux d'intérêt fixés punitifs. La mécanique infernale a fonctionné.

Des crises aiguës de plus en plus fréquentes

Quinze mois s'écoulent entre le premier sauvetage de la zone euro (mai 2010) et le deuxième (juillet 2011). Quatre mois s'écoulent entre le deuxième et le troisième sauvetage (octobre 2011). Un peu plus d'un mois seulement entre le troisième et le quatrième (décembre 2011). Données éloquentes : la crise des dettes souveraines est chronique, mais les crises aiguës de plus en plus fréquentes, comme si les remèdes ne pouvaient rien face à un mal qui s'étend.

La deuxième crise aiguë de l'Eurozone est l'aboutissement, le 21 juillet 2011, d'un an de palabres sur le défaut organisé de la Grèce, l'implication des créanciers privés, l'assouplissement du fonctionnement du FESF ou l'augmentation de ses moyens, cependant qu'en coulisses les projets d'eurobonds sont rejetés par Angela Merkel. Un deuxième plan d'aide à la Grèce d'un montant de 109 milliards d'euros est adopté, un plan volontaire de réduction des créances grecques de 37 milliards d'euros accepté par les investisseurs privés ; un programme de rachat des obligations grecques sur le marché secondaire est lancé et un nouvel abaissement des taux d'intérêt décidé sur les prêts consentis à la Grèce. L'accord prévoit d'élargir et de diversifier les modalités d'intervention du FESF et de son successeur, le Mécanisme européen de stabilité (MES). Au passage, des pouvoirs nouveaux sont reconnus au Parlement allemand. Conformément aux arrêts de la cour de Karlsruhe, le Bundestag doit approuver les actions du FESF *ex ante* si le budget allemand est engagé.

La troisième crise aiguë se déclare en août 2011 avec l'effondrement des grandes banques européennes, dont l'accès au financement en dollars se tarit soudain : leur solvabilité est mise en cause et leur recapitalisation réclamée par le FMI. La réaction des marchés à l'abandon « volontaire » de créances par les investisseurs privés est violente. La défiance à l'égard des dettes souveraines italiennes et espagnoles s'étend. La BCE est contrainte à multiplier ses interventions sur le marché secondaire de la dette italienne. Jean-Claude Trichet intervient auprès de Silvio Berlusconi pour qu'il prenne des mesures crédibles de consolidation budgétaire et qu'il lance les réformes structurelles permettant de libérer le potentiel de croissance italien. Le 23 octobre 2011, lors d'un nouveau sommet « de la dernière chance », les dirigeants européens décident de se doter d'un *big bazooka*, sous la forme d'un FESF au potentiel d'intervention sensiblement accru. Ils décident aussi d'améliorer le plan de sauvetage de la Grèce en augmentant sensiblement l'abandon de créances consenti volontairement par les investisseurs privés (de 21 % à 50 %), reniant ainsi l'engagement pris quelques mois plus tôt.

La quatrième crise aiguë éclate en décembre 2011 lors du sommet du G20 à Cannes. Elle est nourrie par le projet de référendum de Georges Papandréou, la contagion de la spéculation à l'Italie et l'impuissance de Berlusconi, l'aggravation de la situation des banques, la difficulté à mettre en place le nouveau FESF et le refus poli des pays émergents de participer au sauvetage de la zone euro. L'échec du G20 a des conséquences multiples. Les banques sont obligées soit de se recapitaliser dans les pires conditions de marché soit de faire appel à des États eux-mêmes en difficulté. La transformation du FESF en mécanisme d'assurance reste à faire, l'appel au FMI pour qu'il abonde le Fonds est encore à négocier et le énième plan grec de sauvetage ne fait pas illusion. La contagion progresse, aggravée par l'entrée en récession de l'Eurozone. Le nouvel agenda de réformes des institutions européennes, avec l'union budgétaire, est au mieux perçu comme une diversion, au pire comme la garantie d'une stagnation décennale de l'Eurozone.

Que nous enseignent ces crises à répétition ? L'accélération des échéances et la dramaturgie des multiples sommets « de la dernière chance » tiennent à la fois à l'incapacité du couple « Merkozy » à proposer des solutions durables et à la nécessité d'éviter un éclatement de la zone euro aux conséquences économiques et géopolitiques incalculables. Quatre problèmes lancinants se posent aux dirigeants européens.

Comment aider des pays en difficulté sans que l'aide les incite au laxisme : question de l'aléa moral. Comment faire payer aux marchés leurs errements sans tarir le financement des dettes souveraines : question du défaut organisé. Comment augmenter les moyens collectifs d'intervention en cas de spéculation contre l'Italie ou l'Espagne sans augmenter les concours financiers des pays encore solvables (France et Allemagne pour l'essentiel) : question du traitement de la dette par la dette. Comment mobiliser les moyens de la BCE sans violer son mandat, tout en préparant les réformes structurelles qui permettront de restaurer la crédibilité des pays en difficulté : question du prêteur en dernier ressort et, au-delà, de la réforme des institutions européennes. Les réponses des dirigeants européens à ces questions, plus encore les problèmes qu'ils refusent même de formuler, comme celui des déséquilibres globaux intra-européens, des eurobonds ou de la solvabilité de certains pays, dessinent la trame des compromis incomplets de chaque sommet « de la dernière chance ».

Les trois grands récits de la crise

Ces trois années de crise permettent de comprendre le « grand jeu » entre acteurs nationaux, communautaires et de marché, ainsi que les petits jeux des politiques intérieures, des lobbies et des régulateurs. Mais on reste interdit devant l'accumulation de demi-mesures, d'erreurs tactiques, de décisions à contretemps qui, au total, aggravent la crise. En fait, trois grands récits ont été tour à tour mobilisés. Le premier est celui de la financiarisation, de la dérive des marchés et de la capture du politique par Wall Street ou la City : la solution à la crise, pour ce premier récit, passe par un retour du politique aux postes de commande. Le pouvoir des agences de notation, des *hedge funds*, voire des banques, doit être bridé : message martelé par Merkozy depuis 2008. Ce discours nourrit les politiques de répression financière des acteurs de marché et entre directement en collision avec la mobilisation des mêmes acteurs financiers pour qu'ils contribuent à la solution des dettes souveraines.

Le deuxième récit est celui de l'incompétence des politiques. Par pusillanimité, imprévoyance, défaut de vigilance, populisme ou idéologie, le pouvoir politique a abandonné l'Eurozone à son sort. Quand la crise est arrivée, il n'a pas su la gérer, prisonnier de contraintes institutionnelles ou simplement des opinions publiques. La gestion de la crise grecque, avec ses contradictions apparentes, ses volte-face, serait le produit de ce mélange d'incompétence et de populisme. Nombre de discours d'Angela Merkel témoignent d'une méconnaissance complète des ressorts des marchés financiers, ou d'une vision naïve de la toute-puissance du politique en économie ouverte. C'est le discours des acteurs de marché et de nombre d'observateurs.

Le troisième discours, celui des experts, insiste sur les problèmes de design institutionnel de la zone euro, les défaillances non corrigées des institutions de marché autant que des appareils de régulation. L'Eurozone serait ainsi le produit mal conçu d'un constructivisme politique approximatif, entré en conflit avec les organisations économiques complexes d'une finance globalisée et virtuelle.

Ces discours ont plusieurs effets. Ils nourrissent l'action politique et la réaction des marchés et permettent d'en évaluer la pertinence. Invectiver les marchés peut conduire à les punir et donc à favoriser la propagation de la crise qu'on voulait justement éviter. De même, vouloir sauver la Grèce en l'accablant par des taux confiscatoires pour complaire à une partie de l'électorat, c'est rendre probable la nécessité d'un nouveau plan de soutien après l'échec du premier plan. Enfin, ne pas s'interroger sur l'écart entre attentes et résultats obtenus de l'intégration, c'est se condamner à multiplier les décisions inadaptées.

En fait, la crise européenne est le produit d'une triple défaillance. Défaillance d'abord des marchés, des agences de notation, des investisseurs, qui ont prêté sans compter et ont considéré la dette du Nord comme égale à celle du Sud. Cette défaillance n'a rien à voir avec la vulgate des marchés tout-puissants imposant leur volonté à des pouvoirs politiques travaillant pour le bien commun. Au contraire, puisque les acteurs de marché ont adhéré à une construction politique, l'Eurozone, qui se révèle mal conçue.

Défaillance des marchés, des agences de notation, des investisseurs

Défaillance aussi des politiques, des régulateurs et des superviseurs qui ont laissé se former la bulle des dettes souveraines comme l'endettement privé : ils n'ont su ni prévenir la crise ni la traiter. Que les opérateurs des marchés testent les limites de la régulation et pratiquent l'arbitrage entre régulations est dans la nature des choses ; mais que les régulateurs laissent faire révèle les failles de l'action régulatrice du pouvoir politique.

Défaillance de la théorie enfin, qui n'a jamais su traiter cette construction hybride qu'est la zone euro : mi-fédération monétaire, mi-collection de 17 États souverains en matière budgétaire ; ni, *a fortiori*, l'UE, à la fois organisation supranationale, fédération d'États-nations en formation et structure intergouvernementale.

L'euro : une création politique plébiscitée par les marchés (1999-2009)

La création de l'Eurozone est un événement économique majeur, fruit d'un dessein politique, et une création institutionnelle qui change les règles du jeu économique. C'est un produit de politique publique qui n'a donné lieu à aucune élaboration théorique préalable : l'Eurozone n'est pas une zone monétaire optimale (ZMO) et son modèle institutionnel relève de l'« objet politique non identifié » (OPNI). Cette construction se justifie aux yeux des politiques par la nécessité de protéger le marché unique contre les dévaluations compétitives, de contester le privilège américain, de partager la souveraineté monétaire avec l'Allemagne et de favoriser l'émergence d'un modèle économique européen par convergence des économies nationales.

Cette construction politique qui n'a pas de précédent, contestée par nombre d'économistes américains, et qui façonne profondément les marchés, est instantanément plébiscitée par ces derniers. Ils adhèrent au projet en faisant converger les taux obligataires vers les taux allemands. L'abolition des parités de change entre monnaies de la zone euro est d'emblée analysée par les marchés comme une convergence vers le modèle économique le plus vertueux : l'allemand.

L'Eurozone n'est pas une ZMO car les cycles n'y sont pas synchrones et elle ne connaît pas de mobilité du travail ni de fédéralisme budgétaire et fiscal. Mais les marchés adhèrent au grand récit : la concurrence par comparaison, le pouvoir homogénéisateur de la monnaie et l'intensification des échanges vont favoriser la convergence des économies. Dans ce grand récit, l'union monétaire est la première étape sur un long chemin où l'union économique puis l'union politique sont programmées. Tout a été prévu. En cas de choc symétrique frappant l'ensemble de l'UE, la politique monétaire est l'instrument désigné ; en cas de choc asymétrique, c'est la politique budgétaire qui est mobilisée (dévaluation interne avec adaptations réelles).

Comment faire respecter la règle du jeu et éviter les dérives de 17 politiques budgétaires indépendantes et les comportements de « passager clandestin » ? La solution adoptée passe par l'édiction de normes et de sanctions. Mais le Pacte de stabilité et de croissance, qui est censé discipliner les comportements budgétaires des États, a été d'emblée critiqué, les sanctions prévues étant difficilement applicables. Qu'un pays sorti des rails du PSC à cause d'une crise domestique soit sanctionné par ses pairs, aggravant ainsi la crise subie, était en effet peu vraisemblable.

Les hypothèses théoriques fondant cette création économique et institutionnelle ont été critiquées par Paul Krugman qui a opposé à l'hypothèse de convergence des modèles économiques la réalité de la spécialisation au sein d'une union monétaire. M. Feldstein fut d'un certain point de vue visionnaire dans ses critiques en mettant en cause l'orthodoxie monétaire allemande. Seul Robert Mundell a soutenu l'idée d'une dynamique de la convergence économique par l'intégration monétaire, non sans ajouter que l'Eurozone n'était pas une ZMO.

Pendant dix ans, les marchés se révèlent formidablement inefficients. Les agences de notation communient dans la religion de l'euro. Les *spreads* de taux ne reflètent pas les distorsions de compétitivité et de soutenabilité des déficits et des dettes des différents pays européens. Les *spreads* de taux par rapport à l'Allemagne sont écrasés : un an avant la crise, la Grèce est à 1 %. Les investisseurs achètent sans hésitation le grand récit de l'euro et de l'intégration européenne et font bénéficier de la crédibilité allemande tout membre de la zone, voire tout candidat à l'entrée dans l'Eurozone. La ligne rouge est même franchie par Goldman Sachs qui fabrique des finances publiques en ordre à la Grèce pour faciliter son entrée dans la zone euro, en allégeant artificiellement son endettement par la manipulation de ses réserves de change.

Pendant dix ans, les violations continues du PSC restent quasiment sans sanction : on dénombre 22 violations sans réelle effectivité des sanctions en 2003-2004, l'Allemagne et la France de concert décident de violer la règle commune avec pour résultat pratique la réforme du PSC ! Pendant dix ans, l'endettement privé espagnol et irlandais ne soulève pas d'objection de la part d'instances communautaires qui préfèrent vanter l'excellence des résultats des deux pays en matière d'équilibre de finances publiques alors qu'il est clair qu'une immense bulle spéculative immobilière s'y forme, aidée par le crédit bon marché. L'échec de la supervision des marchés est patent : les dérives grecque, espagnole, irlandaise n'ont été ni reconnues, ni dénoncées, ni sanctionnées.

Des violations continues du PSC pendant dix ans

Surtout, les acteurs de marché ne voient pas trois défauts majeurs du système qui vont se révéler à la faveur de la crise. Les déséquilibres globaux entre le Nord et le Sud de l'Europe ne vont cesser de se creuser. Au lieu de la convergence attendue, on assiste à une montée des spécialisations industrielles exportatrices des pays du Nord et à une spécialisation dans les services et la consommation des pays du Sud, avec comme résultat prévisible l'accroissement des excédents commerciaux des uns et le creusement des déficits commerciaux des autres. Au lieu d'une circulation sans entrave des capitaux, le risque souverain apparu en Grèce tarit le financement par les pays du Nord des pays du Sud. Et quand la crise des dettes souveraines se déclare, les pays périphériques de la zone euro, et avec eux les acteurs de marché, découvrent que l'absence de prêteur en dernier ressort interdit à un État en difficulté de gérer ses crises de liquidité. La crise des dettes souveraines révèle ainsi à chaud les imperfections du traité de Maastricht qui a institué l'euro et les graves défaillances de la gouvernance de l'Eurozone.

La crise naît de la divergence des temporalités politiques et économiques et des pressions concurrentes des marchés et des opinions publiques

La crise grecque démarre en octobre 2009 quand G. Papandréou révèle les turpitudes budgétaires de ses prédécesseurs. Le compromis du 9 mai 2010 ne règle pas le problème. D'un point de vue économique, les atermoiements allemands multiplient par cinq le coût du plan de sauvetage grec et contribuent à contaminer les économies périphériques. D'un point de vue politique, on peut estimer que les traités excluant l'aide aux pays en difficulté (*no bail-out clause*), l'intervention de la BCE pour racheter de la dette sur les marchés secondaires étant interdite et les Allemands excluant toute union de transferts, il fallait du temps pour faire accepter ce qui était rejeté par l'opinion publique. Au passage, on notera que nulle remise en cause du schéma économique qui a présidé à l'introduction de l'euro n'est esquissée : aucune thérapie n'est proposée pour la résorption des déséquilibres globaux et la BCE s'interdit toujours de jouer le rôle de prêteur en dernier ressort.

La déclaration de Deauville impulse une nouvelle dynamique à la crise. Pourquoi a-t-on pris la responsabilité de défier les marchés financiers, quand les dirigeants européens savaient que leurs moyens d'intervention étaient limités, que les besoins de refinancement des pays de la zone euro étaient considérables et que des banques affaiblies par leurs pertes n'auraient d'autre recours… que les États qui les sanctionnaient ? La réponse est politique : le design institutionnel initial ne peut être mis en cause par les 27 ; en revanche, la stigmatisation des marchés financiers et des gouvernements irrespectueux de leurs engagements est populaire. Dès lors, la refonte à chaud des institutions européennes passe par une nouvelle version du modèle « normes + sanctions », accompagné d'une répression financière.

En l'absence de solution politique durable à portée de main, on feint la détermination, on joue la diversion, on gagne du temps pour les nécessaires compromis.

La crise de l'été 2011 et l'explicitation de la stratégie allemande

Le compromis politique du 21 juillet 2011 livre pour la première fois de manière transparente les clés de la stratégie allemande. L'objectif étant le retour à l'orthodoxie budgétaire et les aides pouvant affaiblir la portée de cette politique, la pression des marchés est indispensable pour ramener à la raison les gouvernements trop attentifs aux demandes de leur peuple. En même temps, on ne peut paraître céder aux marchés, d'où la nécessité de l'action punitive à l'égard de banques qui ont investi inconsidérément en dettes des pays périphériques et qui ont cru à un soutien allemand automatique.

Il est légitime d'un point de vue politique que des acteurs privés responsables de l'emballement spéculatif grec paient en abandonnant une partie de leurs créances ; c'est de la politique morale. Mais cela s'appelle aussi un défaut sur dette souveraine. Or en cas de défaut même partiel, les risques de contagion à d'autres pays de la zone euro sont très importants. Pour éviter ce scénario catastrophe, les responsables européens ont besoin d'un accord volontaire des banquiers pour renoncer à une partie de leurs créances. Mais ce sont les agences de notation qui décident s'il y a défaut ou pas. Il faut donc que les sacrifices demandés aux banques soient volontaires et limités, que le nouveau plan grec soit crédible et surtout que les moyens dévolus au FESF soient conséquents. Ainsi, une crise qui s'explique pour l'essentiel par des déséquilibres structurels Nord/Sud, aggravée par le refus de la BCE d'exercer une fonction de prêteur en dernier ressort, devient une simple crise de gouvernance.

La crise de décembre 2011 et la question démocratique

Cette crise va connaître un rebondissement politique spectaculaire avec l'annonce puis le retrait du référendum grec, la chute de G. Papandréou et l'arrivée d'un gouvernement dirigé par un technocrate européen, Lucas Papadémos. Les tergiversations de Berlusconi, ses annonces de rigueur budgétaire jamais suivies d'effets et l'intensification de la spéculation contre la dette italienne aboutissent, elles, à l'arrivée d'un gouvernement de technocrates dirigé par l'ancien commissaire européen Mario Monti. Cette crise pose une question démocratique, à trois titres.

L'opinion du peuple grec sur le plan d'austérité qu'il subit doit-elle être disqualifiée au nom des risques encourus sur les marchés ? Quelle légitimité le couple Merkozy a-t-il pour intervenir dans le fonctionnement de la démocratie grecque et pour peser sur la formulation de la question à poser au référendum ? Faut-il voir dans l'avènement de ces gouvernements technocratiques un triomphe des marchés ou une dernière réponse démocratique avant l'avènement de gouvernements populistes ? La place manque ici pour traiter de cette querelle entre « trois peuples » dont la Grèce est l'objet : le peuple grec, celui des marchés et celui des élites eurocratiques.

La crise aura en tout cas un effet majeur : pour la première fois, la sortie de l'euro de la Grèce est évoquée à travers la formulation de la question référendaire ; un tabou est brisé. La zone euro peut évoluer, les scénarios d'une mini-zone, de deux zones, etc., commencent à fleurir.

Le tabou brisé de la cohésion de la zone euro

La crise de l'Eurozone nous donne ainsi quelques leçons économiques, qui commandent une révision profonde des dispositifs inventés à Maastricht et mis en œuvre depuis. La création de la zone euro n'a pas favorisé la convergence des économies, c'est l'effet spécialisation et différenciation qui a joué : l'hétérogénéité grandissante de la zone euro ne vient pas seulement de mauvaises politiques, mais d'abord des spécialisations productives. Conséquence pratique : il faut soit accepter des déficits et des excédents permanents de balance courante au sein de la zone euro, soit imposer des efforts de compétitivité violents et probablement vains aux pays déficitaires.

En régime de monnaie unique, les ajustements de change étant prohibés, la correction se fait en termes réels par des baisses de salaires et de dépenses publiques, c'est-à-dire des dévaluations internes ; mais de telles évolutions ne s'opèrent que dans la douleur sous la pression des crises. Pour éviter ces ajustements brutaux, il faut des mécanismes de surveillance et de correction acceptés et légitimes, ainsi que des transferts financiers intra-européens, et donc du fédéralisme fiscal.

La diversité des émetteurs souverains dans une même zone conduit nécessairement les investisseurs à faire de l'arbitrage (solder la dette des pays faibles et se renforcer en dette des pays forts). La seule solution à une crise qui a vu les marchés s'attaquer aux pays périphériques, puis aux pays du centre, réside dans l'unification de l'émission de la dette.

La crise qui frappe l'Eurozone est à la fois une crise de dette souveraine et de solvabilité de certains pays de la zone euro (Grèce, etc.), une crise des excès d'endettement privé d'autres pays (Espagne entre autres), une crise de compétitivité d'un troisième groupe de pays (Portugal par exemple) : elle révèle des défauts majeurs dans le fonctionnement de la zone (effets cumulatifs des déséquilibres de balance courante) et des failles du système de gouvernance (coordination budgétaire et sanctions).

Résoudre la crise européenne, c'est donc tout à la fois sauver les pays insolvables, casser la dynamique perverse de l'affaiblissement bancaire qui affaiblit les États, réformer pour relancer la croissance, réinventer la zone euro et sa gouvernance pour la rendre plus viable.

Les avenirs de l'Euro(pe)

Confrontés à une crise inédite et soumis aux pressions du marché et des opinions publiques, les gouvernants européens ont adopté sommet après sommet un dispositif qui doit aboutir à un traité rénové. Ce dispositif, nommé ici plan A, est fondé sur un diagnostic – la dérive des finances publiques et le non-respect du PSC –, il débouche sur une politique d'austérité et il est piloté par une structure intergouvernementale.

Le plan A tourne autour de quatre axes :

– assurer la crédibilité budgétaire des pays de la zone euro par des mesures budgétaires et fiscales à effet immédiat et la mise en place d'une règle d'or, dont l'objectif est de constitutionnaliser l'équilibre des finances publiques. Un engagement ferme sur des trajectoires de réduction des déficits et de consolidation des dettes est requis et obtenu de la part des membres de l'Eurozone ;

– renforcer la crédibilité de la zone euro par plus d'intégration, de réactivité et une gouvernance rénovée. Pour l'essentiel, on a renforcé la manœuvrabilité du FESF et autorisé des interventions préventives. La réforme du PSC et du régime des sanctions est consacrée avec le projet d'une union budgétaire. Une réforme du traité est prévue à cet effet, alors que le « semestre européen » mis en place par la Commission, avec le même objet, pouvait permettre d'en faire l'économie ;

– appeler les banques à consolider leurs fonds propres pour les rendre aptes à absorber les pertes liées à la dévalorisation des dettes souveraines européennes qu'elles détiennent. Des banques mieux capitalisées permettront d'éviter le *credit crunch* et constitueront une ligne de défense en cas de difficultés des pays périphériques de la zone euro ;

– la relance de la croissance par des moyens communautaires est explicitement exclue, de même que l'appel à la relance sélective dans les pays aux finances publiques les moins dégradées. Tout au plus envisage-t-on la mobilisation de fonds structurels et un contrôle plus efficace de l'affectation de ces fonds aux investissements générateurs de croissance.

Pendant la mise en œuvre de ce dispositif, la BCE fait face aux mouvements des marchés en intervenant sur le marché secondaire des dettes souveraines des pays en difficulté et en se montrant créative dans les opérations de refinancement des banques européennes (par exemple avec la facilité à trois ans mise en place par Mario Draghi).

Ce plan peine à convaincre, et ce pour quatre raisons :

– il ne règle pas la question de l'insolvabilité de certains pays. Certes, Athènes est assuré, s'il tient ses objectifs, d'être financé par des fonds européens à des taux soutenables, mais la Grèce est en décomposition, les plans d'austérité se succèdent et l'objectif paraît hors d'atteinte ;

– l'union budgétaire et le PSC renforcé ne contribuent en rien à combattre le risque de récession. Le refus de toute politique de soutien à la croissance va non seulement exaspérer les peuples mais rendre inatteignable l'objectif de réduction des déficits ;

– la recapitalisation des banques, quand les marchés sont déprimés, que les doutes sur la solvabilité des pays périphériques restent forts et que les résultats fondent avec l'entrée en récession, est difficile. Une voie plus praticable pour atteindre les objectifs de Bâle III consiste en une contraction des crédits et une réduction de la taille des bilans ;

– enfin, rien n'est fait pour corriger les déséquilibres globaux et le grand écart qui se creuse entre le Nord et le Sud de l'Europe en matière de spécialisation productive.

Le plan A est à l'œuvre depuis mai 2010, son dispositif institutionnel sera parachevé d'ici fin 2012, mais les contours d'un plan B, qu'on pourrait qualifier de « saut fédéral », se dessinent au cas où la crise viendrait à s'aggraver et qu'une volonté politique de sauver l'Europe finirait par émerger.

Un « saut fédéral » est-il possible ?

Ce plan B est fondé sur un diagnostic – le traité de Maastricht a été mal conçu et mal mis en œuvre – et il débouche sur une stratégie européenne solidaire et coordonnée de croissance, de rigueur et de justice sociale ; il pourrait être piloté par un nouvel exécutif européen fédéral issu de l'actuelle Commission.

Il pourrait tourner autour de trois axes :

– une solution radicale de la question de la dette souveraine peut être trouvée par le recours à l'émission d'euro-obligations. La mutualisation de la dette nouvelle jusqu'à 60 % du produit intérieur brut (PIB) de chaque pays (du type des *blue bonds* proposés par Bruegel) permet de casser le mécanisme de contagion, fait bénéficier l'ensemble de la zone euro de conditions attractives de financement et permet de bénéficier des atouts de la zone euro (moins endettée que les États-Unis et le Japon et souffrant d'un déficit de finances publiques plus faible qu'aux États-Unis) ;

– un Fonds de stabilité européen transformé en agence de la dette européenne peut être institué et intervenir sur les marchés primaire et secondaire de la dette ;

– une gouvernance européenne fondée sur le triptyque mutualisation/responsabilisation/sanction peut être envisagée. Un mécanisme de ressources préaffectées peut être imaginé pour assurer le service de la dette, un contrôle *a priori* des budgets nationaux peut être mis en place, des autorités indépendantes à l'échelon européen et national peuvent valider les budgets, des sanctions crédibles peuvent être mises en œuvre sur un mode semi-automatique. Une inversion de la charge de la preuve peut être envisagée : seule une majorité qualifiée pourrait refuser une sanction communautaire.

L'enjeu du plan B est clairement politique : il s'agit d'inventer une solution économique par le saut fédéral et une solution démocratique par l'invention d'une nouvelle gouvernance. Pour éviter que les choix macroéconomiques soient vécus comme des diktats de Bruxelles ou de Berlin, il faut veiller à l'appropriation par les Parlements nationaux des objectifs de consolidation budgétaire.

Le plan C s'imposera en revanche si, à la faveur de la prochaine crise, les dispositifs du plan A cessent de fonctionner et si la volonté politique de passage au plan B fait défaut.

La conjonction de la récession et de l'échec des plans d'austérité dans un contexte d'aggravation de la crise des finances publiques des pays périphériques de la zone euro est potentiellement déflagratoire. Du reste, on observe déjà des comportements de fuite devant les dettes des pays du Sud de l'Europe, les banques européennes n'ont plus accès aux financements en dollars aux États-Unis et nombre de grandes entreprises s'organisent pour le cas où la zone euro serait mise en cause.

Dans les études récemment publiées sur l'éclatement de la zone euro, quatre scénarios sont évoqués : celui de la sortie des pays en difficulté (Grèce, etc.) ; celui de la sortie des pays les plus prospères (Allemagne en tête) ; celui d'un démantèlement ordonné avec ou sans reconstitution du « serpent monétaire » ; celui de la constitution de deux zones euro (euro nord et euro sud).

Aucun de ces scénarios ne peut être adopté de sang-froid, car aucun pays, aucune institution européenne n'y a intérêt. Une sortie volontaire de la zone euro se traduirait par un renchérissement de la dette ou par une fermeture des marchés financiers. Une sortie suivie d'une dévaluation se traduirait par un renchérissement du prix des biens importés avant qu'une amélioration de la compétitivité ne produise des effets en termes de réindustrialisation et d'exportations. Un éclatement de la zone euro, quelle qu'en soit la forme, mettrait en péril le marché unique et l'intégration des marchés européens. Enfin, l'adoption de devises nationales et de règles contractuelles privilégiant le droit national créerait un formidable imbroglio contractuel et financier pour les entreprises et les banques européennes, qui aboutirait probablement à des faillites en cascade. Au total, des baisses de 15 % à 30 % du PIB seraient probablement constatées dans les différents pays de la zone euro, entraînant sans doute une récession mondiale.

On ne peut exclure qu'à la faveur d'une crise de trop, de nouvelles élections, un gouvernement, une opinion publique chauffée à blanc n'en viennent à tenter l'aventure de la sortie de l'euro. Pourraient alors se produire des phénomènes de contagion déjà à l'œuvre mais dont la puissance serait redoublée et qui aboutiraient de proche en proche à une remise en cause de la zone euro.

***

Résoudre la crise actuelle de la zone euro, c'est éviter le double risque de la crise économique aggravée par le laxisme budgétaire et de la panne de croissance provoquée par un rigorisme excessif ; c'est aussi agir en suscitant l'adhésion, c'est-à-dire en ayant l'obsession de la juste répartition des efforts demandés.

Le drame européen est que la nécessité de l'intégration est plus évidente que jamais alors que son impossibilité est manifeste tant les opinions publiques sont rebelles à l'idée d'une accélération de l'intégration avec les politiques de solidarité qu'elle implique.

L'éclatement de la zone euro, au moment où les nations-continents (Brésil, Chine, Inde, Afrique du Sud, États-Unis) affirment leur puissance, serait une catastrophe économique et géopolitique. Elle se traduirait par la disparition d'une des rares réalisations pacifiques en matière d'intégration et de gouvernance régionale : l'Union européenne. Et elle ne profiterait à personne en Europe, pas même à ceux qui pensent avoir la ressource pour faire mieux que leurs voisins…

PE

MOTS CLÉS

Union européenne, zone euro, dette souveraine, Pacte de stabilité et de croissance

La crise de l'union monétaire européenne

Par **Stefan Ederer**

Stefan Ederer, docteur en économie de l'université de Vienne, est chercheur à l'Institut autrichien de recherche économique (Österreichisches Institut für Wirtschaftsforschung, WIFO).

Traduit de l'allemand par Dorothée Cailleux.

La crise financière européenne s'est transformée en une crise des finances publiques qui interdit toute reprise économique dans la zone euro. Les multiples mesures prises jusqu'ici se sont révélées inopérantes. Il faut sans doute trouver une solution permettant d'européaniser les dettes des États. En même temps, il est nécessaire de prendre des mesures de court terme relançant la croissance. Et de réduire, mais cela n'est possible que sur le long terme, l'endettement global de la zone euro.

politique étrangère

L'économie mondiale a derrière elle deux années de reprise, inégale selon les zones mais relativement soutenue. Dans l'union monétaire européenne, cette dernière a été nettement moins marquée que dans le reste du monde. Le haut volume d'exportations vers les pays émergents en plein essor, en particulier en Allemagne, a entraîné un boom dans certains pays (Allemagne, Autriche, Pays-Bas, République Tchèque, Slovaquie) et fait croire au printemps 2010 que la crise des années 2008-2009 avait été surmontée : elle n'aurait perduré que dans des États « périphériques », majoritairement situés dans le Sud de l'Europe et luttant contre d'importants déficits budgétaires et/ou une dette publique élevée.

L'impression était trompeuse : la crise financière, loin d'être surmontée, s'était transformée en une crise des finances publiques freinant la croissance et empêchant une reprise économique interne à la zone euro. La « crise de l'euro » trouve ses origines dans les déséquilibres macroéconomiques de l'union monétaire, les mesures de soutien des États au secteur bancaire et un haut niveau d'endettement privé et public existant déjà en partie avant la crise. Toutes les tentatives des Européens pour endiguer cette dernière ont jusqu'ici échoué…

La crise, de 2010 à aujourd'hui

Au printemps 2010, une fois connu l'endettement réel du pays, le rendement des obligations émises par la Grèce augmente fortement. En mai, les membres de la zone euro, la Commission européenne et le Fonds monétaire international (FMI) adoptent un soutien à Athènes à hauteur de 110 milliards d'euros. Dans le même temps est décidée la création du Fonds européen de stabilité financière (FESF) permettant d'accorder aux pays frappés par la crise des prêts à concurrence de 440 milliards d'euros. Par accord multilatéral, une société de droit privé est créée, qui est autorisée à contracter des emprunts et à reverser les fonds levés aux membres de l'union monétaire sous forme de prêts. Les États garantissent ces emprunts proportionnellement à leur part du capital de la Banque centrale européenne (BCE). Le FESF doit fonctionner pendant trois ans et forme avec le Mécanisme européen de stabilisation financière (MESF, 60 milliards d'euros) et les prêts du FMI (250 milliards d'euros) le Mécanisme européen de stabilité (MES), qui devrait se transformer en institution permanente à partir de 2013 sous la forme d'une société de capitaux. L'Irlande et le Portugal ont eu recours au FESF, respectivement en novembre 2010 et mai 2011, après que les rendements de leurs obligations d'État ont augmenté spectaculairement à l'été 2010, leur fermant *de facto* le marché des capitaux. Les crédits aux États en difficulté étaient associés à des programmes de réformes : réduction des dépenses, hausse de la fiscalité, mesures structurelles. Chaque versement d'une tranche était précédé d'une évaluation de l'avancement de ces réformes.

Ces mesures n'ont pas réussi à redonner confiance aux investisseurs, mais elles ont évité l'aggravation de la crise à court terme. Depuis l'été 2011 pourtant, elle s'étend vite et loin. En juillet, les taux d'intérêt des obligations italiennes et espagnoles ont commencé à augmenter fortement : la crise menaçait pour la première fois des États de l'Union européenne (UE) de taille plus importante. À compter de juillet 2011, le caractère systémique et européen de la crise était évoqué plus souvent. Les gouvernements ont décidé de renforcer la capacité d'action du FESF. Seuls six États de la zone euro obtenaient un triple A des agences de notation, et ces États garantissant les prêts du FESF à hauteur d'environ 58 %, seuls 250 milliards d'euros étaient disponibles sur les 440 milliards prévus à l'origine. Le FESF a donc été augmenté jusqu'à 780 milliards d'euros, grâce à une hausse de 165 % de la part de chacun des États dans les sommes garanties. Les sommes disponibles, sans perte de triple A, étaient portées à environ 450 milliards d'euros.

Le champ d'action du FESF était aussi élargi : il était désormais autorisé à acheter préventivement des obligations sur le marché secondaire et à soutenir indirectement le système bancaire par des prêts aux États. En même temps que la réforme du FESF, de nouvelles aides à la Grèce étaient adoptées en juillet à hauteur de 109 milliards d'euros : les prévisions de croissance économique et de consolidation du budget avaient été trop optimistes et le rendement des obligations grecques avait à nouveau atteint des records au printemps. L'idée d'une participation des créanciers privés à la réduction de la dette était alors formulée, suggérant une décote de la dette grecque. La deuxième série d'aides à la Grèce de juillet 2011 ne fut finalement pas mise en œuvre, la situation imposant de nouvelles mesures.

Le répit fut de courte durée. Après les décisions de juillet, les taux d'intérêt des obligations italiennes et espagnoles recommencèrent à monter. La BCE accorda des prêts et acheta des obligations italiennes et espagnoles en grande quantité sur le marché secondaire pour empêcher une nouvelle hausse des rendements. En août et septembre 2011, la crise s'étendait au secteur bancaire. Les actions de plusieurs banques européennes baissèrent considérablement : les débats sur la décote de la dette grecque et ses possibles répercussions sur les systèmes financier et bancaire ébranlaient la confiance dans la stabilité des banques. Le marché interbancaire se tarit, les banques ne s'accordant plus mutuellement des prêts. La crise atteignait, y compris dans la manière dont elle était perçue du public, une « dimension systémique » (Jean-Claude Trichet, 11 octobre 2011).

En septembre 2011, la crise atteint une dimension systémique

Après de longs débats, en particulier en Allemagne et en Slovaquie, les mesures arrêtées en juillet pour élargir les compétences du FESF furent approuvées par les Parlements nationaux dans tous les États de la zone euro début octobre 2011. Mais ces mesures n'étaient pas suffisantes pour rétablir la confiance et résoudre la crise. Le rythme de cette dernière menaçait de prendre de vitesse les décideurs politiques. En octobre, alors que se multipliaient les signes que la Grèce n'atteindrait pas l'objectif de réduction de son déficit pour 2011 du fait de l'effondrement de son économie et que les débats sur les réformes s'intensifiaient en Italie, les taux d'intérêt des obligations d'État continuaient à augmenter dans ces deux pays. De nouvelles mesures furent donc annoncées fin octobre : élévation du ratio de fonds propres des banques « ayant une importance systémique », renonciation volontaire de créanciers privés à 50 % de la valeur de leurs obligations grecques, « relèvement » du FESF. La deuxième série d'aides à la Grèce fut portée à 130 milliards d'euros, dont 30 milliards au titre de la participation de l'UE à la remise volontaire de la dette consentie par les créanciers privés à hauteur de 50 %. Grâce à cette participation privée, le taux d'endettement de la Grèce devait être ramené à 120 % du produit intérieur brut (PIB) en 2020. Le total versé à la Grèce au titre des deux séries d'aides s'élèverait à 195 milliards d'euros. Ces décisions n'ont pourtant pas encore été concrétisées.

Ces annonces n'ont pas plus réussi à rétablir la confiance. Fin novembre, les rendements des obligations d'État à dix ans étaient à nouveau très élevés en Grèce, au Portugal et en Irlande ; en Italie et en Espagne, ils approchaient les 7 %. En France, en Belgique, en Slovénie, en Autriche et dans d'autres pays, ils affichaient une augmentation inquiétante, même si leur niveau initial était nettement plus bas. Fin novembre, l'agence Moody's menaçait de déclasser 87 banques européennes. Début décembre, Standard & Poor's publiait des perspectives négatives pour 15 pays de la zone euro. Le sommet européen des 8 et 9 décembre décidait de mettre au point pour mars 2012 un projet de traité établissant un nouveau « pacte budgétaire » entre membres de la zone euro, fixant des règles budgétaires et de contrôle des finances publiques plus strictes. Les banques centrales étaient priées de mettre 200 milliards d'euros supplémentaires à la disposition du FMI. La date d'entrée en vigueur du MES permanent était avancée à juillet 2012. La réaction des investisseurs sur les marchés financiers s'est pourtant encore avérée frileuse.

Les solutions envisagées ont jusqu'ici échoué

La crise de l'euro s'inscrit dans un contexte caractérisé par une faible croissance économique, un fort endettement privé et public, une grande vulnérabilité du système financier et bancaire, une insécurité croissante et des réactions politiques tardives et insuffisantes. Ces facteurs sont renforcés par divers mécanismes de rétroaction qui créent une spirale descendante entraînant les États l'un après l'autre. L'importance de la dette publique et du déficit budgétaire, associée à des perspectives de croissance négatives, a entraîné la perte de confiance des investisseurs. La demande d'obligations des États menacés sur le marché secondaire est devenue moins forte, si bien que leurs rendements ont augmenté. Si cette hausse perdure, la charge des intérêts pèse plus lourdement sur le budget national, de nouvelles obligations étant émises à ce taux d'intérêt plus élevé pour refinancer la dette en cours et couvrir les besoins accrus de financement. L'augmentation de la charge de la dette conduit à une détérioration réelle de la solvabilité. La dette de l'État s'accroît, et la confiance des investisseurs dans le service et le remboursement des dettes diminue. On passe d'une crise de liquidités – pénurie provisoire d'actifs liquides pour financer les budgets nationaux – à une crise de solvabilité.

Pour éviter une explosion de la dette, les gouvernements ont essayé d'améliorer leur solde budgétaire et adopté des programmes d'économies drastiques. En contrepartie des prêts accordés, Grèce, Irlande et Portugal ont pris d'importants engagements d'économies et de réformes structurelles. L'Italie, l'Espagne, la France et d'autres pays de la zone euro ont eux aussi lancé de vastes mesures de consolidation. Les efforts entrepris pour diminuer les dépenses ont été considérables. En 2010, le solde primaire du budget national[1] s'est amélioré de 5,5 % du PIB en Grèce, de 2 % en Espagne et de 0,5 % au Portugal par rapport à l'année précédente. En Irlande en revanche, le déficit du solde budgétaire primaire a beaucoup augmenté en raison des mesures de soutien aux banques. Au total, il est prévu d'améliorer les soldes primaires de 6,5 % (Espagne), 10 % (Irlande, Portugal) et 12 % (Grèce) du PIB entre 2009 et 2013. Cette rigueur a des conséquences particulièrement lourdes compte tenu de l'évolution économique : la production globale a diminué de 10 % en Irlande, 7 % en Grèce, 3 % en Espagne et 1 % au Portugal entre 2007 et 2010. Pour 2013, la Commission européenne prévoit un recul de 14 % de la performance économique de la Grèce par rapport à 2007. Toujours d'après ces prévisions, l'Irlande (- 6 %) comme le Portugal (- 5 %) devraient afficher en 2013 une performance économique bien moindre qu'en 2007.

Les mesures prises visaient pour la plupart à réduire les dépenses et à augmenter les recettes à brève échéance[2]. Mais une hausse de la TVA et de l'impôt sur le revenu, des diminutions de salaires et des suppressions de postes dans la fonction publique ainsi que la diminution des pensions de retraite entraînent immédiatement une baisse des revenus des foyers et freinent donc la consommation. Conséquences : un affaiblissement de la demande dans l'ensemble de l'économie et une baisse de la croissance. Ces mesures contiennent certes des réformes structurelles destinées à favoriser la croissance, mais elles n'ont la plupart du temps des effets qu'à long terme ; aucune mesure compensant à court terme la baisse de la demande n'a été prise. Une croissance moins forte entraîne à son tour une baisse des recettes fiscales et une hausse des dépenses, si bien que les objectifs d'économie ne sont pas atteints et que de nouvelles mesures de rigueur s'imposent. La Grèce a déjà annoncé que son déficit budgétaire pour 2011 serait plus élevé que l'objectif fixé ; dans d'autres pays, on peut s'attendre à ce que la situation évolue de la même manière. Les mesures d'économie drastiques atteignent pourtant déjà les limites de l'acceptable pour les

1. C'est-à-dire le solde budgétaire sans les dépenses liées au paiement des intérêts.

2. Commission européenne, *The Economic Adjustment Programme for Greece*, Bruxelles, 2010, « Occasional Papers », n° 61 ; *The Economic Adjustment Programme for Ireland*, Bruxelles, 2011, « Occasional Papers », n° 76 ; *The Economic Adjustment Programme for Portugal*, Bruxelles, 2011, « Occasional Papers », n° 79.

populations : grèves et manifestations sont à l'ordre du jour dans la plupart des pays concernés. Le gouvernement grec n'a obtenu que de justesse une majorité au Parlement pour la série de mesures de septembre 2011. Il reste à voir si les gouvernements d'experts dont se sont dotées la Grèce et l'Italie arriveront à mettre en œuvre de nouvelles séries de réformes.

Les mécanismes de rétroaction décrits plus haut créent une spirale descendante, la crise ne cessant de se renforcer dans un pays donné. Sa durée intensifie le sentiment d'insécurité des entreprises et des ménages. Consommation et investissements se réduisent, la demande diminue. Une réaction procyclique des agences de notation accélère encore cette spirale infernale. Il paraît peu vraisemblable que la Grèce, l'Irlande et le Portugal puissent à nouveau faire appel aux marchés de capitaux dans un avenir proche. De nouvelles aides sous forme de prêts pourraient s'avérer nécessaires pour couvrir leurs besoins de financement.

D'autres phénomènes de rétroaction existent au sein des systèmes bancaire et financier, qui détiennent une grande partie des obligations d'État. Le défaut de paiement d'un État réduirait les actifs des banques, diminuerait leurs fonds propres. Les établissements concernés risqueraient donc, dans le pire des cas, de se retrouver eux aussi en situation d'insolvabilité. Le système financier et bancaire européen est fortement interdépendant : les banques détiennent des actions et des obligations d'autres banques et s'octroient entre elles des crédits à court terme ; le défaut de paiement d'une grande banque mettrait donc aussi d'autres établissements en difficulté. Les tests de résistance menés dans toute l'Europe, qui ont souvent été considérés comme complaisants, ont probablement contribué aussi à la perte de confiance dans le système bancaire. Le renforcement de la crise appelait de nouveaux tests, plus exigeants. Le réajustement à la baisse de toutes les obligations d'État à leur valeur de marché n'a été soumis que mi-octobre 2011 à un « test de résistance rapide » par l'autorité bancaire européenne. Il a permis d'estimer les besoins en capitaux à 106 milliards d'euros. Le 8 décembre, les résultats détaillés ont été présentés pour 71 grandes banques d'intérêt systémique dans l'UE. Les besoins en capitaux sont désormais estimés à 115 milliards d'euros au total[3]. Le FMI avait déjà fait observer en octobre que les banques européennes devaient d'urgence augmenter leurs fonds propres : l'option avait alors été rejetée[4].

Le système financier et bancaire européen est fortement interdépendant

3. Voir *Eba.europa.eu*.

4. FMI, *Rapport sur la stabilité financière dans le monde*, Washington, DC, 2011.

Cette crise de liquidités pourrait devenir plus grave si du fait des incertitudes persistantes les ménages perdent eux aussi confiance dans la sécurité de leurs dépôts et commencent à les retirer (*bank-run*). Les banques pourraient alors redoubler d'efforts pour vendre une partie de leurs actifs immobilisés ou restreindre l'accès au crédit (assèchement du crédit) afin d'augmenter leur ratio de fonds propres. Cela conduirait à une chute des prix des immobilisations financières, si bien que les fonds propres seraient encore affaiblis. La crise de liquidités se transformerait alors en crise de solvabilité des banques. Pour l'éviter, la BCE a mis des actifs liquides en grande quantité à la disposition des banques. L'escalade de la crise du secteur bancaire a ainsi pu être évitée jusqu'ici.

Deux facteurs pourraient contribuer à ce que le secteur financier et bancaire se retrouve sous pression. Le ralentissement de la croissance pourrait entraîner une défaillance de crédit du secteur privé. Dans la mesure où les garanties – par exemple un bien immobilier – sont difficiles à vendre dans un contexte économique morose, les banques de prêt pourraient perdre une part de leurs actifs immobilisés, ce qui entraînerait une nouvelle réduction de leurs fonds propres – problème qui se pose particulièrement dans les pays où l'endettement privé est élevé. De plus, les directives sur les fonds propres, désormais plus strictes pour les grandes banques européennes, pourraient pousser celles-ci à réduire leur bilan. Dans la situation actuelle, il serait probablement difficile de placer des fonds propres sur le marché financier. Les banques pourraient de ce fait accorder moins de prêts à l'avenir.

La crise peut en principe s'étendre à n'importe quel pays de l'union monétaire. La probabilité que les investisseurs perdent confiance dans la solvabilité d'un État ou d'autres institutions est d'autant plus grande que les perspectives de croissance sont mauvaises et l'endettement privé et public élevé et, le cas échéant, que le système bancaire et financier est vulnérable. À mesure que l'incertitude dure et que la crise de l'euro s'accélère, le risque grandit que de nouveaux États soient touchés. Après la Grèce, l'Irlande et le Portugal, la crise menace désormais une série d'autres États – Italie, Espagne, mais aussi Belgique, France et Slovénie. Il existe un danger réel que ces pays, l'un après l'autre, décrochent du cœur de la zone euro. Seuls l'Allemagne et un petit nombre d'autres États profitent jusqu'à présent de l'évolution : les taux d'intérêt pour les obligations d'État allemandes baissent depuis le printemps 2011 et ont atteint à l'automne leur niveau le plus bas depuis la création de l'union monétaire.

Les aides financières et le FESF originel étaient conçus pour accorder des prêts aux gouvernements de certains pays de la zone euro si le refinancement de leur budget devenait de plus en plus lourd et s'ils risquaient l'insolvabilité. Ces procédures étaient censées être mises en œuvre seulement quand la crise atteignait un pays, ce dernier déposant une demande de prêt. La réforme du FESF a certes élargi ses possibilités d'agir préventivement, mais le caractère systémique de la crise n'a pas été suffisamment pris en compte.

Les mesures prises jusqu'ici ont toujours été précédées de négociations étirées sur plusieurs mois, souvent au grand jour. Avec l'extension de la crise, on n'a cessé d'envisager des mesures vigoureusement rejetées auparavant (par exemple une décote de la dette grecque). Les solutions proposées n'ont ainsi jamais été vues par l'opinion comme définitives et complètes, la situation entretenant un sentiment d'insécurité des entreprises et des ménages.

La crise ne peut être résolue que par des mesures de grande ampleur

Une solution globale doit tenir compte des mécanismes évoqués ainsi que des insuffisances des solutions proposées jusqu'ici.

Une solution « européenne »

En 2010, la dette publique représentait dans la zone euro environ 85 % du PIB : le taux d'endettement n'y est donc pas plus élevé qu'aux États-Unis, au Royaume-Uni ou au Japon. Mais les taux d'intérêt pour des obligations à dix ans sont moins élevés pour ces pays que dans la zone euro. Les États-Unis, le Royaume-Uni, le Japon disposent de leur banque centrale, qui intervient en cas de nécessité et fournit le marché des obligations en liquidités. Les États de la zone euro, en revanche, s'endettent dans une monnaie qu'ils ne contrôlent pas. Ils n'ont pas de banque centrale jouant un rôle de prêteur en dernier ressort. D'autre part, dans un espace à monnaie commune, les liquidités passent d'un État à l'autre[5]. Si les États de l'union monétaire se portaient garants collectivement, les craintes sur la solvabilité de certains pays disparaîtraient, et la crise serait stoppée.

Le FESF constitue un premier pas vers une européanisation des dettes. Il émet des obligations sur le marché financier et transfère les fonds aux États en crise sous forme de prêts. Depuis sa réforme, il peut aussi intervenir sur le marché secondaire ou accorder des prêts à des pays de la zone euro pour stabiliser le secteur financier et bancaire. Dans sa forme actuelle,

5. P. De Grauwe, *Governance of a Fragile Eurozone*, Bruxelles, Centre for European Policy Studies, 2011, « Working Document », n° 346.

il présente toutefois deux points faibles. Ses fonds ne sont pas assez importants pour qu'il apparaisse comme une réponse crédible à la crise. Le volume des prêts qu'il peut accorder est de 440 milliards d'euros, dont 140 milliards pour la Grèce, l'Irlande et le Portugal. Augmenter ses fonds grâce aux contributions des investisseurs semble difficile à accepter politiquement, les gouvernements de l'UE prévoient donc de créer un « effet de levier » sur le volume de fonds disponibles. Pour l'heure, deux possibilités sont envisagées. La première prévoit la création d'un « Co-Investment Fund » (CIF) auquel pourraient participer d'autres investisseurs en plus du FESF. La seconde préconise que le FESF garantisse 20 % de nouvelles obligations (« solution de l'assurance »). Ces deux solutions permettraient au FESF de consentir un plus grand volume de prêts sans augmenter ses fonds. Mais des doutes importants persistent sur ces solutions. Il est peu probable que des investisseurs privés ou d'autres États extérieurs à la zone euro participent à un CIF en l'absence de garanties supplémentaires. La solution de l'assurance pourrait certes faire baisser un peu le taux d'intérêt, mais serait sans doute sans effet en cas de grave perte de confiance[6]. Le moyen le plus simple d'augmenter le volume du FESF serait de lui octroyer une licence bancaire. Des emprunts pourraient ainsi être contractés, via le FESF, auprès de la BCE, afin d'acheter des obligations d'État[7]. Cette solution n'est cependant plus envisagée pour le moment : elle constituerait *de facto* un financement des obligations d'État par la BCE.

Le second point faible du FESF est que chaque pays ne se porte garant que pour une part déterminée. Les États qui ont déjà eu recours à des prêts ne participent pas à cette garantie. Si la crise s'étendait à d'autres pays, la capacité du FESF diminuerait. En outre, le volume d'obligations les mieux notées que le FESF peut mettre sur le marché est calculé en fonction de la part des pays bénéficiant de la note maximale du classement des agences de notation. Si l'un de ces pays perdait son triple A, le FESF verrait ses capacités d'émission diminuer. Il est donc urgent d'augmenter ses fonds, avant que d'autres États ne basculent dans la crise.

Un autre moyen d'européaniser les dettes serait d'émettre des eurobonds, obligations garanties de manière collective et solidaire par tous les États. La Commission européenne vient de proposer d'introduire ce type d'obligations communes (« obligations de stabilité[8] »), suivant trois

6. D. Gros, *The Pitfalls of Official First-Loss Bond Insurance*, Bruxelles, Centre for European Policy Studies, 2011, « CEPS Commentary ».
7. D. Gros et T. Mayer, *Refinancing the EFSF via the ECB*, Bruxelles, Centre for European Policy Studies, 2011, « CEPS Commentary ».
8. Commission européenne, *Livre vert sur la faisabilité de l'introduction d'obligations de stabilité*, Bruxelles, 2011.

variantes se différenciant d'une part par la forme de la garantie (commune/ par quote-part), d'autre part par l'ampleur de la substitution des obligations communautaires aux obligations nationales (totale/partielle). La variante la plus large prévoit une « européanisation » totale des dettes publiques. Dans ce cas, les obligations nationales seraient remplacées par des obligations de stabilité. Les États de la zone euro garantiraient collectivement les obligations. Le risque d'un défaut de paiement serait réparti sur toute la zone euro et, parallèlement, tous les États bénéficieraient du même taux d'intérêt pour leur dette publique.

L'émission de ce type d'obligations ferait émerger un marché très vaste et très liquide, soutenu par les performances économiques de l'ensemble de la zone euro. Il serait certainement attractif pour des investisseurs internationaux et jouirait d'un statut identique à celui du marché des obligations américain. Les obligations de stabilité obtiendraient donc selon toute probabilité un triple A dans le classement des agences de notation. Les pays dont la charge de la dette est actuellement très élevée bénéficieraient de taux d'intérêt nettement plus bas. La prime de liquidité plus élevée pourrait même conduire l'Allemagne à bénéficier de taux d'intérêt plus faibles.

Le principal problème de l'émission d'obligations de stabilité est qu'elle crée un aléa moral. Si les États se portent garants collectivement, la tentation est grande pour un État de s'endetter aux frais des autres. Il faut donc garantir que la dette publique ne dépasse pas certaines limites. Un autre inconvénient de cette solution est que sa mise en place prendra du temps, comme la substitution des obligations. Plusieurs années pourraient s'écouler avant que l'ensemble des dettes nationales soient transformées en dettes communes.

La deuxième variante prévoit l'émission de bonds de stabilité garantis collectivement jusqu'à un certain plafond : elle correspond dans ses grandes lignes à la proposition de Bruegel[9]. Il s'agirait de fixer la limite d'émission d'eurobonds à 60 % du PIB (« dette bleue »). Pour toutes les dettes au-delà de cette limite, des obligations nationales continueraient d'être émises dont chaque État serait comptable (« dette rouge »). La dette bleue serait servie prioritairement à la dette rouge. Les avantages d'un grand marché d'obligations liquide existent aussi pour cette variante, mais seulement pour les obligations communes. Pour les obligations émises sous la respon-

L'hypothèse des eurobonds

9. J. Delpla et J. von Weizäcker, *The Blue Bond Proposal*, Bruxelles, Bruegel, 2010, « Policy Brief », n° 3 et *Eurobonds: The Blue Bond Concept and Its Implications*, Bruxelles, Bruegel, 2011, « Bruegel Policy Contribution », n° 2.

sabilité des États, le risque de défaut de paiement et donc le taux d'intérêt augmenteraient. Ce qui aurait pour effet que le taux d'intérêt payé par les États pour leurs dettes supérieures au plafond de Maastricht serait relevé. Pour les pays à fort taux d'endettement, la pression des marchés resterait donc forte. Cette option ne pourrait pas fonctionner sans un cadre la complétant et imposant une limitation des dettes, nécessaire en particulier pour renforcer la crédibilité du plafond des 60 %[10]. Cette variante aussi nécessiterait plusieurs années avant que les obligations nationales soient transformées en obligations collectives. L'émission d'eurobonds rétablirait la confiance des investisseurs, abaisserait les taux d'intérêt et garantirait donc à court et à moyen terme la solvabilité des États. Mais cette solution semble difficile à faire accepter politiquement et nécessiterait sans doute une modification des traités européens.

La proposition de la Commission contient cependant aussi une option de garantie par quote-part au lieu d'une garantie commune, qui se rapproche donc beaucoup dans sa forme du FESF. Toutefois, un volume nettement plus élevé – jusqu'à 60 % du PIB de la zone euro – serait prévu. Cette option pourrait être mise en œuvre sans modification des traités, donc plus rapidement. Dans ce cas, les États ne se portent pas garants collectivement mais à hauteur d'une quote-part déterminée[11]. Les avantages liés à une plus grande liquidité et à une diminution des risques seraient nettement moindres que dans les deux autres schémas. Les États sur lesquels pèsent aujourd'hui des taux d'intérêt élevés devraient voir ceux-ci baisser sensiblement ; mais pour les États bénéficiant de taux d'intérêt faibles, en particulier l'Allemagne, on peut s'attendre à une hausse des taux d'intérêt : on débat de la valeur qu'ils pourraient atteindre. L'institut Ifo (Institut für Wirtschaftsforschung) part du principe que le taux d'intérêt qui sera appliqué à ce type d'eurobonds peut se déduire de la moyenne pondérée des taux d'intérêt payés par les différents États de la zone euro. Si cette hypothèse est juste, on assisterait à une hausse d'environ 2 points pour l'Allemagne. Mais si l'endettement total de la zone euro rapporté à sa performance économique correspond à peu près à celui de la France, ces obligations pourraient aussi être évaluées au même niveau que celles de la France, ce qui donnerait alors une hausse de 0,5 point pour l'Allemagne. L'avantage de cette variante est qu'il semble possible de la concrétiser sans modifier les traités, d'où une mise en place rapide. Les problèmes liés à la séparation entre dettes communes et dettes nationales seraient en revanche les mêmes que pour les autres solutions.

---

10. Commission européenne, *Livre vert sur la faisabilité de l'introduction d'obligations de stabilité*, Bruxelles, 2011.
11. Par exemple, proportionnelle à leur part dans le capital propre de la BCE.

Dans son dernier rapport, le Conseil allemand des experts économiques propose de créer un fonds d'amortissement de la dette[12]. Cette solution associerait une mutualisation des obligations à un mécanisme destiné à résorber la dette. Seraient versées au fonds d'amortissement les dettes publiques supérieures au plafond de 60 %. Pour ces dettes, les États de l'union monétaire se porteraient garants de manière solidaire. Les dettes situées en dessous du plafond relèveraient toujours de la responsabilité des États. Chaque pays s'engagerait à éliminer les dettes versées au fonds grâce à un processus de consolidation déterminé, sur 20 à 25 ans. La mutualisation des dettes diminuerait un peu la pression sur les pays auxquels sont appliqués des taux d'intérêt très élevés et les aiderait à se financer. Mais il s'agirait là d'une mesure temporaire : les dettes résorbées, le fonds serait dissous. La proposition du groupe d'experts prévoit aussi que la possibilité d'émettre des obligations nationales au-delà du plafond de 60 % serait limitée.

Le FESF réformé n'a pu remplir ses nouvelles missions. La BCE a dû intervenir à l'été 2011 et acheter des obligations d'État en grande quantité, pour stabiliser les taux d'intérêt en Italie et en Espagne. Le programme d'achat a été poursuivi à l'automne. Mais la BCE se réserve le droit de décider combien de temps et dans quelles proportions elle poursuivra cette politique. En novembre, elle annonçait le plafonnement du volume hebdomadaire de ses achats à 20 milliards d'euros. De plus en plus de voix réclament une garantie illimitée de la BCE pour les obligations d'État dans la zone euro. L'achat direct d'obligations sur le marché primaire étant interdit par les traités, la BCE pourrait annoncer qu'elle achètera des obligations sur le marché secondaire sans limite, pour empêcher les taux d'intérêt de dépasser un certain seuil : comme elle dispose de liquidités illimitées, cette annonce serait des plus crédibles. Elle réduirait considérablement le sentiment d'insécurité, et la BCE serait sans doute moins souvent contrainte d'intervenir réellement que lors de ses précédentes initiatives[13]. Mais ni les eurobonds ni une intervention plus ferme de la BCE ne figuraient à l'ordre du jour du sommet européen des 8 et 9 décembre derniers.

Stabiliser à court terme la situation économique

Le problème de la dette ne peut être réglé durablement que si la zone euro retrouve le chemin de la croissance. Si le contexte économique mondial se détériore, les effets des stabilisateurs automatiques ne doivent pas être

12. Conseil allemand des experts économiques, *Rapport annuel 2011-2012*, Wiesbaden, 2011.
13. P. De Grauwe, *Only a More Active ECB Can Solve the Euro Crisis*, Bruxelles, Centre for European Policy Studies, 2011, « Policy Brief », n° 250.

entravés ou affaiblis par de nouvelles coupes dans les dépenses. Cela implique de renoncer *de facto* à supprimer les déficits. La consolidation budgétaire à moyen terme devrait se faire par le biais de dépenses structurelles, pour que ses effets sur l'économie réelle soient moindres : les dépenses propres à stabiliser la conjoncture seraient augmentées dans un avenir proche et les mesures de consolidation remises à plus tard. Les retombées possibles sur d'autres économies nationales devraient également être prises en compte. Cette méthode créerait une marge de manœuvre renforçant les économies nationales en difficulté sans recourir à des transferts de capitaux : les pays disposant de moyens budgétaires importants contribueraient à la stabilisation plus que d'autres. En procédant ainsi de manière coordonnée, il faudrait pourtant s'assurer que chaque pays prenne les mesures les mieux adaptées pour stabiliser la conjoncture dans son contexte national.

Retrouver la croissance

Limiter la croissance de l'endettement à long terme

L'endettement privé et public a atteint un degré élevé dans la zone euro, ce qui rend le système économique européen plus vulnérable aux crises économiques et financières. Une stabilisation de l'endettement est nécessaire à long terme. L'augmentation à court terme des dépenses destinées à stabiliser la conjoncture devrait donc s'accompagner de mesures réduisant les dépenses à long terme. Des réformes structurelles à effets de moyen terme – système de retraite, système de santé, réforme de l'administration publique – sont les plus appropriées pour réduire les charges pesant sur les budgets nationaux. Une réforme fiscale pourrait être envisagée, avec par exemple une hausse des impôts sur le patrimoine.

Pour stabiliser à long terme la dette publique, il faut adopter des mesures limitant un nouvel endettement. Une garantie collective des dettes publiques par les États membres de l'UE peut inciter les différents États à s'endetter encore davantage. Pour réduire cette tentation, une plus grande coordination des politiques budgétaires s'impose, qui pourrait s'accompagner d'un contrôle plus strict des déséquilibres macroéconomiques (inflation, coûts salariaux unitaires, prix des actifs, accessibilité du crédit, etc.), tel que le prévoient les compléments au Pacte de stabilité et de croissance (*six-pack*). On pourrait aussi envisager à long terme la mise en place d'une véritable union budgétaire sur le modèle des États-Unis.

***

Les derniers événements montrent qu'une mutualisation au moins partielle des dettes publiques des pays de la zone euro est la condition première pour restaurer la confiance dans les finances publiques. Les effets de rétroaction entre la crise de confiance et l'économie réelle doivent, de plus, être stoppés. Pour ce faire, il faut prendre des mesures propres à stabiliser la croissance économique plutôt que de lancer des programmes répétés d'économies à court terme. Une démarche coordonnée à l'échelle européenne rendrait ces mesures plus efficaces. Enfin, il faut limiter à l'avenir l'endettement public avec des mesures de long terme.

De telles mesures impliquent une modification profonde de la stratégie de sortie de crise appliquée jusqu'à présent. Si la crise de l'euro n'était pas résolue à temps, l'union monétaire pourrait s'effondrer ou exploser. Cela générerait une immense onde de choc dans le système financier et bancaire, nuirait considérablement à la confiance dans la solvabilité des États de la zone euro et renforcerait massivement les craintes des ménages et des entreprises. Autant de phénomènes qui porteraient un coup très dur à l'économie réelle de la zone euro.

PE

MOTS CLÉS

Union monétaire européenne
Crise de la dette
Euro
Système bancaire

La notation souveraine

Par **Norbert Gaillard**

Norbert Gaillard, docteur en économie, est consultant indépendant et auteur de l'ouvrage *A Century of Sovereign Ratings* (New York, Springer, 2011).

La notation souveraine se met en place progressivement au début du XXe siècle. De plus en plus d'États émettent des titres obligataires et entrent donc dans cette logique de notation. Les investisseurs en sont les premiers usagers. Les critères de la notation sont divers, et la qualité des analyses des grandes agences est aujourd'hui critiquée : le prisme « occidental » de ces analyses leur aurait interdit d'anticiper les incidents de paiement des pays industrialisés.

politique étrangère

Le risque souverain est inhérent à l'existence même des États. Déjà, au cours de l'Antiquité, des cités-États se sont avérées incapables de rembourser leurs dettes. Au cours des siècles suivants, avec la formation des États-nations, le problème de l'insolvabilité de certains États s'est encore posé. L'Espagne, pourtant première puissance mondiale, a fait défaut sur sa dette au cours du Siècle d'Or. La France et les autres grandes nations européennes ont fait de même aux XVIe, XVIIe et XVIIIe siècles[1]. Le risque de défaut des États est donc très ancien et il a souvent entraîné la chute des banquiers prêteurs, l'exemple le plus marquant étant sans doute la faillite de la maison Fugger, au début du XVIIe siècle, qui a suivi les déboires financiers du Saint Empire romain germanique.

Jusqu'au début du XXe siècle, l'analyse du risque souverain était l'apanage des banques. Par exemple, dans les années 1810, Rothschild accepta de prêter au roi de Prusse mais lui imposa des taux d'intérêt plus élevés qu'attendu, au motif que son royaume ne connaissait pas d'état de droit[2]. À la fin du XIXe siècle, le Crédit lyonnais développa une méthode de

1. Voir M. Winkler, *Foreign Government Bonds: An Autopsy*, Philadelphie, PA, Roland Swain Company, 1933 et C. M. Reinhart et K. Rogoff, *This Time is Different: Eight Centuries of Financial Folly*, Princeton, NJ, Princeton University Press, 2009.
2. N. Ferguson, *The House of Rothschild: Money's Prophets 1798-1848*, New York, Viking, 1998.

notation souveraine à usage interne qui reposait en bonne partie sur le service de la dette de l'État[3]. Il faut finalement attendre 1918 pour voir apparaître les premières analyses de risque souverain complètement indépendantes des banques : elles sont publiées par l'agence Moody's Investors Service (plus communément appelée Moody's), qui se lance dans la notation des titres obligataires souverains. Ces notes, ou *ratings*, qui vont de Aaa (pour les obligations d'État jugées les plus sûres) à C (pour celles qui sont en défaut de paiement), reflètent une probabilité de défaut et renvoient donc à un certain niveau de solvabilité de l'État.

Apparition et essor des notations souveraines

Le contexte dans lequel est née la notation financière mérite d'être brièvement rappelé. Les tout premiers *ratings* apparaissent en 1909. John Moody, fondateur de l'agence Moody's, comprend que l'accroissement continu du nombre d'obligations du secteur *corporate* émises sur les marchés financiers américains – majoritairement par des entreprises industrielles et des compagnies de chemins de fer – ne permet plus de distinguer le degré de risque des divers titres échangés. Il a donc l'idée de publier des fiches de renseignements économiques et financiers sur les entreprises et d'ajouter une note qui mesure le risque de défaut de chaque obligation émise par la société en question. Ces fiches sont compilées dans de volumineux manuels qui sont vendus aux fonds d'investissement, établissements de crédit et investisseurs particuliers américains. Le succès est immédiat et Moody's voit rapidement surgir trois concurrents sérieux : Standard Statistics, Poor's (qui fusionneront en 1941 pour former Standard & Poor's) et Fitch. Un constat s'impose alors : la prospérité des agences de notation demeure intimement liée au développement des marchés financiers, et des marchés obligataires en particulier.

À partir de 1915, la France et la Grande-Bretagne sollicitent les investisseurs américains afin de financer l'effort de guerre. John Moody, conscient que les États-Unis sont en train de devenir le premier pays créancier au monde, se lance alors dans la notation souveraine au début de l'année 1918. Au cours des années 1920, la majorité des États européens et latino-américains délaissent les marchés londonien et parisien et émettent des obligations d'État sur la place de New York. Tous ces États sont automatiquement notés par Fitch, Moody's, Poor's et Standard Statistics[4]. Le

3. M. Flandreau, « Caveat Emptor: Coping with Sovereign Risk under the International Gold Standard, 1871-1913 », *in* M. Flandreau, C.-L. Holtfrerich et H. James (dir.), *International Financial History in the Twentieth Century: System and Anarchy*, Cambridge, MA, Cambridge University Press, 2003.
4. N. Gaillard, *Les Agences de notation*, Paris, La Découverte, 2010, coll. « Repères ».

krach de 1929 puis la Grande Dépression qui suit déclenchent une vague massive de défauts souverains à partir de 1931. L'incapacité de la plupart des pays d'Amérique du Sud et d'Europe centrale, et aussi de l'Allemagne, à rembourser leur dette[5], ainsi que les nombreuses faillites de fonds d'investissement et de banques, traditionnels acheteurs de titres de dette, assèchent complètement le marché obligataire souverain. Le déclenchement de la Seconde Guerre mondiale porte le coup de grâce au développement des marchés financiers. Les modalités de reconstruction des économies européennes après 1945, qui impliquent des mesures de soutien exceptionnelles (tel le plan Marshall) puis le retour à la croissance au cours des décennies suivantes, fondé sur l'interventionnisme étatique et l'intermédiation bancaire, rendent superflu tout recours aux marchés financiers.

Durant les années 1980, l'essoufflement de l'État providence dans les pays industrialisés et la crise économique en Amérique latine engendrent une forte augmentation des dettes publiques qui va contraindre les États à recourir au marché pour répondre à des besoins de financement de plus en plus conséquents. À peu près à la même époque, on assiste à un changement de paradigme qui voit les partisans du néolibéralisme imposer leurs conceptions. Ce basculement idéologique est symbolisé par le triomphe des dix propositions de réformes économiques, financières et monétaires, dites propositions du « consensus de Washington[6] ». Depuis lors, de plus en plus d'États ont émis des titres obligataires sur les marchés, sollicitant donc une notation. Le nombre de pays notés par Moody's est ainsi passé de 10 en 1980 à 32 en 1990, 89 en 2000 et 112 en 2011. Standard & Poor's est l'agence qui a la couverture la plus large avec plus de 120 États notés.

Les États recourent aux marchés pour se financer

Des notations rendues incontournables et « incontestables »

Le succès de la notation souveraine, et de la notation de façon générale, tient évidemment à l'usage extensif qu'en font les investisseurs depuis un siècle. Cependant, trois autres facteurs ont renforcé le pouvoir des agences au fil des décennies : l'intégration des *ratings* dans les réglementations financières ; l'absence, jusqu'au milieu des années 2000, de législation encadrant l'activité des agences ; enfin le statut juridique des notations.

5. Plus de la moitié des États qui ont emprunté sur le New York Stock Exchange dans les années 1920 ont fait défaut entre 1931 et 1939. Pour plus de détails, voir N. Gaillard, *A Century of Sovereign Ratings*, New York, Springer, 2011.

6. C'est l'économiste John Williamson qui a forgé la notion de « consensus de Washington » à l'occasion d'une conférence organisée par l'Institute for International Economics en 1989.

La première réglementation financière faisant référence aux notations est édictée en septembre 1931 par le Bureau du contrôleur de la monnaie (Office of the Comptroller of the Currency, OCC), première autorité de régulation financière américaine[7]. Intervenant dans un contexte de forte baisse des cours de bourse, elle oblige les banques à valoriser les obligations qu'elles détiennent dans leur portefeuille en fonction de leur notation. Les titres notés dans les catégories AAA/Aaa, AA/Aa, A/A et BBB/Baa sont entrés dans les bilans à leur valeur nominale, ce qui contribue à gonfler les bilans bancaires car, à cette époque, les agences n'ont dégradé qu'un nombre relativement restreint d'émetteurs de dette. Les titres notés BB/Ba et en deçà sont, eux, valorisés au prix du marché, ce qui implique de très fortes décotes[8]. C'est cette réglementation qui fait émerger les catégories *investment grade* (notes comprises entre AAA/Aaa et BBB/Baa) et *speculative grade* (notes en deçà de BBB/Baa), distinguant les titres dits « sans risque » des titres spéculatifs. Depuis les années 1930, de nombreuses réglementations intégrant les notations financières ont fleuri aux États-Unis puis en Europe. Celles-ci sont susceptibles de prendre deux formes. Il peut s'agir soit de règles qui limitent, voire interdisent, l'achat ou la détention de titres notés en dessous d'un certain *rating* ; soit de normes qui exigent des fonds propres d'autant plus élevés que les notations des titres détenus en portefeuille sont basses. Ce sont les règles de Bâle II, élaborées au début des années 2000, qui ont consacré le rôle incontournable de la notation sur les marchés financiers[9].

Cette logique de *delegated monitoring* a non seulement conféré aux grandes agences de notation un rôle de « quasi-régulateurs » mais a également conforté leur situation de rente.

La principale singularité de l'industrie de la notation réside dans le fait que les agences n'ont été soumises à aucune réglementation jusqu'en 1975, année où la Securities and Exchange Commission (SEC) américaine instaura le statut NRSRO (Nationally Recognized Statistical Rating Organizations) permettant aux agences de voir leurs notations utilisées comme références dans les réglementations financières. La création de ce label[10] a renforcé la structure oligopolistique de l'industrie de la notation : les trois grandes agences – Fitch, Moody's et Standard & Poor's – ont

7. La Securities and Exchange Commission (SEC) ne sera créée qu'en 1933.

8. Ce mode de valorisation des actifs visait tout simplement à soutenir les cours des titres notés entre AAA/Aaa et BBB/Baa.

9. Pour un aperçu des réglementations financières s'appuyant sur les notations, se reporter à Banque des règlements internationaux, « Stocktaking on the Use of Credit Ratings », *Basel Committee on Banking Supervision – The Joint Forum*, juin 2009.

10. L'obtention du statut NRSRO était conditionnée par l'expérience de l'agence et la transparence de ses méthodes de travail.

d'abord été les seuls acteurs à être agréés. Les rares agences qui ont obtenu le précieux sésame au cours des années 1980 et 1990 ont toutes été absorbées par leurs aînées, de sorte qu'au début des années 2000, seules Fitch, Moody's et Standard & Poor's bénéficiaient du statut NRSRO.

En votant le *Credit Rating Agency Reform Act* en septembre 2006, les législateurs américains ont décidé d'accroître le nombre d'agences agréées. Au 1er janvier 2011, sept autres agences de notation avaient intégré ce « club » de moins en moins fermé : Egan-Jones, Realpoint, LACE, A.M. Best, DBRS (Dominion Bond Rating Service), JCR (Japan Credit Rating) et R&I (Rating and Investment Information). La SEC estime que près de 20 agences de notation supplémentaires sont susceptibles d'obtenir cette accréditation à moyen ou long terme[11]. Néanmoins, le *Credit Rating Agency Reform Act* a sous-estimé l'influence des trois grandes agences qui continuent de concentrer près de 95 % du marché mondial de la notation.

Un autre facteur de la réussite des trois grandes agences est le statut juridique de leurs notes. Celles-ci sont reconnues comme des opinions indépendantes. À ce titre, elles sont protégées par le premier amendement de la Constitution américaine qui garantit la liberté d'expression. Le juriste américain Eugene Volokh a réaffirmé la validité de cette protection, dès lors que les agences ne sont pas rémunérées en vue d'émettre des opinions favorables et que leurs communications sont destinées au public et pas à une entité particulière[12]. Cet avis complète la jurisprudence en vigueur aux États-Unis, qui établit que les agences ne garantissent pas la fiabilité absolue des notes qu'elles attribuent et ne sont pas responsables des éventuelles pertes essuyées par les investisseurs. En septembre 2011, plusieurs fonds d'investissement de l'Ohio qui poursuivaient les trois grandes agences pour avoir attribué la note AAA à des produits structurés adossés à des prêts immobiliers qui allaient par la suite tomber en défaut ont été déboutés. Le juge a considéré que les notes incriminées n'étaient pas « fausses et trompeuses » (« *false and misleading* »), dès lors qu'il n'était pas prouvé que les agences avaient fait preuve de négligence ou qu'elles n'avaient pas cru elles-mêmes dans leurs propres opinions[13].

Les notes des agences sont reconnues comme indépendantes

11. Securities and Exchange Commission, *Annual Report on Nationally Recognized Statistical Rating Organizations*, Washington, DC, janvier 2011.
12. E. Volokh, *Testimony before the Subcommittee on Capital Markets, Insurance, and Government Sponsored Enterprises*, Washington, DC, Commission des services financiers de la Chambre des représentants, 15 mai 2009.
13. « Rating Agencies Win Dismissal of Ohio AG Lawsuit », *Thomson Reuters News & Insight*, 27 septembre 2011.

La crise des *subprime* de 2007-2008 a toutefois entamé la « toute-puissance » des agences et leur « quasi-immunité ». Les révélations sur les conflits d'intérêts dans lesquels elles ont été impliquées[14] ont fait prendre conscience aux régulateurs que la notation avait acquis un rôle démesuré. Le règlement n° 1 060/2009 du Parlement européen et du Conseil de l'Union européenne du 16 septembre 2009 a dressé un constat sévère : les agences se sont révélées incapables de « refléter suffisamment tôt la dégradation des conditions de marché dans leurs notations de crédit ». Plusieurs mesures ont été adoptées afin de remédier à ce problème. Elles consistent à améliorer la qualité des notations par une plus grande exigence sur les méthodologies utilisées ; à rendre plus transparent le processus de notation ; à améliorer la gouvernance et le contrôle interne des agences ; à assurer une supervision et un pouvoir de sanction à leur égard. Aux États-Unis, c'est le *Wall Street Reform and Consumer Protection Act* de juillet 2010 qui a renforcé la supervision des agences, favorisé la compétition au sein de cette industrie et, fait sans précédent, ouvert la voie à un retrait des notations de certaines réglementations financières. De son côté, la SEC a lancé en juillet 2011 une grande enquête sur les méthodes de Standard & Poor's en matière de notation des produits structurés. Le risque, pour l'agence, est de voir le régulateur démontrer qu'elle a volontairement « surnoté » les titres de dette en question, trompant de fait les investisseurs.

Les spécificités de la notation souveraine

Les récentes polémiques qui ont terni la réputation des agences ont essentiellement concerné les *ratings* des produits structurés[15], éclipsant les notations souveraines. Pourtant celles-ci présentent plusieurs particularités.

Depuis le début des années 1970, les émetteurs de dette doivent rémunérer les agences pour obtenir une note. Ce basculement du *business model* de l'« investisseur-payeur » vers celui de l'« émetteur-payeur[16] » a permis à Fitch, Moody's et Standard & Poor's d'accroître rapidement leur chiffre

14. Se reporter aux auditions d'anciens salariés de Moody's menées par la Commission d'enquête sur la crise financière en juin 2010.

15. Les quatre grands types de produits structurés notés sont les RMBS (Residential Mortgage-Backed Securities), les CMBS (Commercial Mortgage-Backed Securities), les ABS (Asset-Backed Securities) et les CDO (Collateralized Debt Obligations).

16. Plusieurs explications sont à l'origine de ce changement : l'essor de la photocopieuse qui menaçait de réduire le nombre d'abonnés aux publications des agences ; une controverse entre la municipalité de New York et Standard & Poor's sur les moyens humains et techniques des agences ; la récession américaine de 1970, qui incita de plus en plus d'investisseurs à exiger des entreprises et des collectivités locales qu'elles se fassent noter.

d'affaires et leurs profits[17]. Les principales sources de revenu sont les honoraires (*fees*) versés par les entreprises et par les institutions financières mettant sur le marché les fameux produits structurés. La spécificité de la notation souveraine tient au fait qu'elle rapporte très peu. Certains États ne paient pas : c'est le cas de pays industrialisés[18] – qui, dès la renaissance de la notation souveraine à la fin des années 1980, avaient jugé inutile de rémunérer les agences, les investisseurs connaissant leur solidité financière – ou de certains pays africains entrant dans la catégorie des *low-income countries* et exonérés du paiement d'honoraires. Les autres pays versent des honoraires relativement peu élevés, généralement compris entre 45 000 et 200 000 dollars par an[19]. À titre de comparaison, ceux versés par les entreprises ont un plancher fixé à 80 000 dollars et peuvent atteindre 0,055 % du montant de la dette émise sur le marché. Pour les produits structurés, les *fees* peuvent approcher les 0,12 % de la dette émise[20].

Les honoraires versés par les États ont beau demeurer faibles, la notation souveraine n'en reste pas moins centrale. En effet, la notation d'un État est une condition *sine qua non* à la notation de tout émetteur de dette placé sous la juridiction de l'État en question. C'est ainsi qu'au début des années 1990, certains États ont dû se faire noter pour qu'une entreprise située sur leur territoire puisse obtenir le *rating* qu'elle réclamait. Le plus souvent, la note souveraine est le *rating* maximum attribué aux émetteurs du pays donné. En juin 2011, Standard & Poor's recensait seulement 103 entreprises et collectivités locales qui étaient mieux notées que leur État respectif[21]. Les firmes en question sont généralement des filiales de grands groupes basés dans un pays industrialisé noté AAA, pour lesquels l'accès aux marchés de capitaux est aisé. Les collectivités locales notées au-dessus de leur État souverain sont situées dans des États à constitution fédérale ou fortement décentralisés ; leur forte autonomie budgétaire et fiscale leur permet d'avoir une solvabilité supérieure à celle de l'État fédéral ou central.

17. Les revenus et les profits des trois grandes agences ont en effet fortement augmenté au cours des dernières décennies. Le chiffre d'affaires et le résultat opérationnel de Moody's ont augmenté d'environ 500 % entre 1996 et 2010. L'agence, qui compte environ 4 500 salariés, a réalisé en 2010 un chiffre d'affaires de plus de 2 milliards de dollars. Les revenus de Standard & Poor's et de Fitch atteignaient respectivement 1,7 milliard de dollars et plus de 600 millions d'euros en 2010. La grande majorité du chiffre d'affaires et des profits des trois agences est réalisée dans les pays industrialisés.

18. Au 2 novembre 2011, les économies avancées notées par Standard & Poor's mais ne versant pas d'honoraires à l'agence étaient : l'Allemagne, l'Australie, la Belgique, les États-Unis, la France, l'Italie, le Japon, les Pays-Bas, le Royaume-Uni, Singapour, la Suisse et Taïwan (se reporter à Standard & Poor's, *Sovereign Rating and Country T&C Assessment Histories*, 2 novembre 2011).

19. Standard & Poor's, *Standard & Poor's US Ratings Fees Disclosure*, 2011.

20. Dans le cas d'une émission de 1 milliard de dollars, les honoraires seraient de l'ordre de 1,2 million de dollars.

21. Standard & Poor's, *Corporate and Government Ratings that Exceed the Sovereign Rating*, 3 juin 2011.

La dernière spécificité de la notation souveraine est évidemment liée au statut des États. Ceux-ci sont susceptibles de tomber en défaut de paiement mais ils ne peuvent pas être « mis en liquidation » comme une entreprise. Certains gouvernements peuvent être tentés de profiter de ce statut pour ne pas respecter leurs engagements financiers[22]. Ce risque supplémentaire oblige donc les agences à évaluer non seulement la capacité de l'État à payer – comme pour tout émetteur de dette privé – mais également sa volonté de payer.

Comment sont notés les États ?

Les agences considèrent habituellement un grand nombre d'indicateurs économiques, financiers et politiques afin de déterminer la note d'un État. Cependant, les principaux déterminants des notes souveraines ont sensiblement peu changé[23] depuis les années 1920. Il est ainsi possible de dégager cinq grands critères « incontournables » : le produit intérieur brut (PIB) par habitant, la stabilité politique et institutionnelle, le niveau d'endettement, le respect par l'État de ses obligations financières au cours des années passées et le taux d'inflation.

PIB, stabilité, endettement public, inflation...

Le PIB par habitant est très fortement corrélé à la notation souveraine. Par exemple, tous les pays notés dans les catégories Aaa et Aa par Moody's ont un PIB par habitant supérieur à 10 000 dollars, à l'exception de la Chine. Les agences estiment en fait qu'une population riche a une plus grande capacité à épargner et peut donc être plus facilement mise à contribution par l'État pour le remboursement de la dette publique.

La stabilité politique et institutionnelle est également examinée de près. Fitch et Moody's font explicitement référence dans leurs méthodologies aux indicateurs de gouvernance de la Banque mondiale[24]. La qualité des institutions publiques (*government effectiveness*), le respect des normes juridiques et la préservation de l'état de droit (*rule of law*), enfin la stabilité politique (*political stability*) sont tout particulièrement pris en compte. Moody's justifie les notations très basses qu'elle attribue à l'Équateur et à la Pologne dans les années 1920 par la forte instabilité politique qui règne alors dans ces deux pays. En septembre 1989, Moody's dégrade la

22. Se reporter à M. Audit, « La dette souveraine – La dette souveraine appelle-t-elle un statut juridique particulier ? », *in* M. Audit (dir.), *Insolvabilité des États et dettes souveraines*, Paris, L.G.D.J. Lextenso Éditions, 2011.
23. N. Gaillard, *A Century of Sovereign Ratings*, New York, Springer, 2011.
24. Moody's, *Moody's Statistical Handbook – Country Credit*, New York, mai 2011 et Fitch, *Sovereign Data Comparator*, New York, juin 2011.

note de la Chine quelques semaines après les violentes manifestations de la place Tian'anmen. En 2008 et 2009, Standard & Poor's abaisse à plusieurs reprises la note de l'Ukraine, considérant que les institutions du pays sont trop fragiles.

L'analyse du niveau d'endettement public requiert une grande attention. En effet, les agences sont moins attachées au stock global de dette publique qu'à sa soutenabilité ; c'est pourquoi elles examinent les ratios de dette publique sur PIB et de dette publique sur recettes budgétaires. Ce second ratio offre d'ailleurs une meilleure description de la situation financière du pays car il révèle la capacité de l'État à lever l'impôt. L'économie indienne par exemple, qui bénéficie d'une forte croissance du PIB, souffre depuis longtemps d'un système fiscal relativement inefficace.

Le respect par l'État de ses obligations financières au cours des 20 années précédentes est un autre indicateur précieux, qui permet d'établir la réputation financière d'un pays. Par exemple, à l'exception de la Pologne, aucun État noté dans les catégories AAA, AA et A par Fitch en 2011 n'avait fait défaut sur sa dette en monnaie étrangère durant la période 1991-2011.

L'inflation est un déterminant qui a partiellement perdu de sa significativité au cours de la décennie 2000, suite aux politiques désinflationnistes qui ont été menées dans de nombreux pays émergents. Néanmoins, les États qui ont encore un taux d'inflation à deux chiffres ne peuvent prétendre à un *rating* bien élevé (Angola, Argentine, Venezuela).

Deux critères supplémentaires sont pris en compte par les agences lorsqu'elles ont à noter les pays émergents et en développement : les réserves de change[25] d'une part et les envois de fonds effectués par les travailleurs immigrés vers leur pays d'origine (*workers' remittances*)[26] d'autre part. Le gonflement des réserves de change des pays émergents, et surtout des « BRIC » (Brésil, Russie, Inde et Chine) depuis le début des années 2000, a été un indicateur clé à l'origine de l'augmentation de leur note. Les *remittances* constituent un critère pertinent lorsque les agences ont à noter les petits pays en développement. Le cas des pays d'Amérique centrale est de ce point de vue très instructif. Cinq des six États notés par au moins l'une des trois agences et ayant un ratio de *workers' remittances* sur PIB supérieur à 7 % ont vu leur notation, ou la perspective de leur notation, se dégrader entre septembre 2008 et juin 2010 (il s'agit du

25. A. Afonso, P. Gomes et P. Rother, « Short- and Long-Run Determinants of Sovereign Debt Credit Ratings », *International Journal of Finance and Economics*, vol. 16, n° 1, 2011.
26. R. Avendaño, N. Gaillard et S. Nieto-Parra, « Are Workers' Remittances Relevant for Credit Rating Agencies? », *Review of Development Finance*, vol. 1, n° 1, 2011.

Guatemala, du Honduras, de la Jamaïque, de la République Dominicaine et du Salvador). Les agences ont en fait sanctionné ces pays car la récession qui touchait les États-Unis laissait clairement présager une chute des *remittances* envoyés vers leur pays d'origine par les travailleurs originaires d'Amérique centrale et installés aux États-Unis.

Que valent les notations souveraines ?

Les agences de notation ont essuyé de nouvelles critiques depuis le déclenchement de la crise de la dette grecque en novembre 2009. Elles ont été jugées incapables de prévoir les difficultés financières de la Grèce, et les dégradations de note qu'elles ont décidées sont considérées comme « procycliques ». Cette seconde critique est largement irrecevable car c'est l'intégration des notations dans les réglementations financières qui amplifie les effets des abaissements de note. La qualité des notes souveraines se mesure essentiellement à l'aune de leur capacité à anticiper le défaut de paiement d'un État. Deux outils statistiques sont traditionnellement utilisés : les taux de défaut (*default rates*) et les ratios d'efficacité (*accuracy ratios*). Les taux de défaut représentent, pour un horizon temporel donné (un an, deux ans, cinq ans, etc.) et pour chaque catégorie de note (AAA, AA+, AA, etc.), le pourcentage d'émetteurs qui sont tombés en défaut. Les ratios d'efficacité sont des mesures plus complexes et plus élaborées, qui établissent la capacité d'une agence à attribuer des notes basses à des emprunteurs qui feront ultérieurement défaut et des notes élevées à des émetteurs qui resteront solvables.

Les notes des agences sont souvent vues comme « procycliques »

Une étude récente[27] a comparé la qualité des notes souveraines attribuées par les trois grandes agences pour la période 2001-2011. Plusieurs leçons peuvent être tirées. Les taux de défaut des notes *investment grade* (de AAA/Aaa à BBB-/Baa3) sont quasi nuls pour Fitch, Moody's et Standard & Poor's, ce qui révèle la fiabilité de leurs notes souveraines. L'examen des ratios d'efficacité montre qu'aux horizons un an, trois ans et cinq ans, les performances de Moody's et de Standard & Poor's sont très satisfaisantes et quasiment équivalentes mais légèrement meilleures que celles de Fitch. La moindre qualité des notes souveraines de Fitch est due à l'attentisme de l'agence lorsqu'il s'est agi de dégrader l'Argentine, le Venezuela et la Jamaïque qui étaient sur le point de tomber en défaut. Ces résultats méritent toutefois d'être relativisés, car le faible nombre d'États notés n'ayant pas respecté leurs engagements financiers entre le 1er janvier

27. N. Gaillard, *A Century of Sovereign Ratings*, New York, Springer, 2011.

2001 et le 1er janvier 2011 contribue à réduire les taux de défaut pour les catégories de notes les plus élevées et à gonfler les ratios d'efficacité[28]. Le défaut prochain de la Grèce, qui était encore notée BBB+ par Fitch et Standard & Poor's et A2 (soit deux crans au-dessus) par Moody's au 1er janvier 2010, détériorera sensiblement les ratios d'efficacité des trois agences, et en particulier ceux de Moody's.

Au-delà de la mesure de la qualité des *ratings* souverains des trois grandes agences se pose la question de la justesse des notes attribuées à certains pays de la zone euro. La Grèce, le Portugal, l'Espagne et l'Italie, qui connaissent des difficultés pour se refinancer sur les marchés, ont été indéniablement « surnotés » au cours des années 2000. Les agences ont cru, à tort, que l'appartenance à la zone euro réduisait considérablement le risque de défaut de paiement, y compris pour des États qui avaient une dette publique élevée (la Grèce et l'Italie), un système fiscal inefficace (la Grèce), ou souffraient d'un manque de compétitivité (l'Espagne, la Grèce et le Portugal). Plus largement, on peut en conclure que les agences ont perçu le risque souverain à travers un prisme occidental qui les a conduites à écarter d'office le spectre d'un incident de paiement de la part d'un pays industrialisé. Depuis 2010, Fitch, Moody's et Standard & Poor's révisent leurs opinions et dégradent les notes de la plupart des États développés. L'abaissement de la note des États-Unis est de ce point de vue plus que symbolique : elle démontre que même la première puissance économique mondiale doit se préoccuper de la soutenabilité de sa dette. Les dégradations récentes de certains pays de la zone euro, dont la France abaissée par Standard & Poor's de AAA à AA+, rappellent qu'il est temps de refondre des systèmes sociaux et fiscaux devenus coûteux et inégalitaires. Faute de réformes crédibles engageant le moyen/long terme, les pays industrialisés se rendraient dangereusement dépendants des marchés financiers et s'exposeraient à une crise non seulement économique mais aussi politique.

PE

MOTS CLÉS

Notation souveraine, agences de notation, dette souveraine, pays industrialisés

28. Des 12 États qui ont fait défaut entre le 1er janvier 2001 et le 1er janvier 2011 (l'Argentine en 2001, l'Indonésie et la Moldavie en 2002, l'Uruguay et le Paraguay en 2003, la Grenade en 2004, la République Dominicaine et le Venezuela en 2005, le Belize en 2006, les Seychelles et l'Équateur en 2008 puis la Jamaïque en 2010), cinq sont exclus de l'étude car ils n'étaient pas notés simultanément par les trois agences.

page 65 dossier

LES SOULÈVEMENTS ARABES : PREMIER BILAN

Le « printemps arabe » a maintenant plus d'un an. Arrivé par surprise, il est accueilli avec une sympathie bien reflétée dans les médias, notamment en France, même si, parfois, celle-ci se teinte de perplexité, voire d'inquiétude. Ces révolutionnaires pacifiques allaient faire tomber par effet domino tous les despotes du monde arabe. Branchée, cette jeunesse laïque et intégrée dans la modernité allait construire enfin la démocratie dans un monde demeuré jusqu'alors à l'écart d'un mouvement irrésistible. Ce « printemps » sonnait l'échec des mouvements islamistes et d'Al-Qaida : on entrait dans une ère postislamiste. Un an après, l'euphorie a laissé la place au catastrophisme. On serait passé brutalement du printemps à l'hiver. Les élections libres de Tunisie, du Maroc, d'Égypte ont mis ou mettent en place des gouvernements à direction islamiste. La sécurité d'Israël est fragilisée, les traités de paix signés avec l'Égypte ou la Jordanie seraient remis en cause. À Tripoli, un gouverneur autoproclamé, Abelhakim Belhadj, est un ancien djihadiste tandis que le président du Conseil national de transition (CNT) fait l'éloge de la charia. En Syrie, le régime de Bachar Al-Assad tient bon et continue de réprimer durement la population malgré les protestations de la communauté internationale. La contre-révolution s'organise autour de l'Arabie Saoudite pour faire obstacle aux mouvements révolutionnaires.

On est sans doute passé d'un excès à l'autre, et l'évolution actuelle appelle une analyse approfondie et des jugements plus nuancés, que ce dossier propose. En fait, ce « printemps arabe » a engendré un processus qui est loin d'être achevé. Il s'est complexifié pour quatre séries de raisons.

Des évolutions différenciées

En premier lieu, le « modèle tunisien », qui semblait devoir être une référence, est resté unique. La façon dont il a commencé laissait imaginer ailleurs des processus comparables. Mais ce « printemps » en trois étapes – révolution pacifique, départ du despote, processus démocratique avec élections libres et nouvelle Constitution, avec un calendrier – ne s'est pas répété. En Égypte, l'éviction du président Hosni Moubarak a résulté d'un coup d'État militaire : le Conseil suprême des forces armées dirige le pays, le gouvernement civil n'est qu'un exécutant ; la répression continue et les élections ont vu le triomphe des Frères musulmans qui, avec les salafistes, ont recueilli 70 % des voix. Les modalités d'élaboration de la future Constitution restent floues et donc aussi celles de l'élection présidentielle programmée pour juin 2012. En Libye, la révolution partie de la Cyrénaïque n'a triomphé que grâce à un appui militaire extérieur et à la mobilisation armée de milices islamistes qui ont pris une part décisive au renversement du colonel Kadhafi. Le gouvernement actuel, qui comprend plusieurs transfuges de l'ancien régime, est paralysé. Au Maroc et en Jordanie, la contestation s'est calmée pour l'instant, grâce à une gestion habile des deux souverains. L'Algérie n'a connu nul printemps, malgré de multiples manifestations : le souvenir du passé et l'achat de la paix sociale ont contribué à cette situation. En Syrie, la contestation persistante n'a pas déstabilisé le régime qui mène la politique du pire et risque de faire basculer le pays dans la guerre civile. Au Yémen, si le président Saleh quitte le pouvoir, il est difficile de qualifier de démocratiques les « arrangements » prévus par l'Arabie Saoudite. Dans les monarchies du Golfe, l'ordre règne. Il est vrai qu'à l'exception de Bahreïn, la contestation révolutionnaire y est restée modeste.

Les monarchies, dont la légitimité est sans aucun doute plus forte, semblent avoir mieux résisté que les républiques. On peut cependant identifier cinq types de situation. Un premier type est celui des pays où la démocratie semble en marche, même si celle-ci est chaotique : Tunisie, Égypte, Libye. Une deuxième catégorie réunit les pays où des réformes sont en cours et ont pu momentanément calmer la contestation : Maroc, Jordanie, sultanat d'Oman, Koweït. Une troisième catégorie est celle où les mouvements ont basculé dans la violence : Syrie et dans une moindre mesure Yémen. La dernière catégorie est celle des pays où l'ordre règne – Arabie Saoudite, Émirats arabes unis – ou a été rétabli – Bahreïn. Enfin, il faut classer à part les pays qui font face à des situations d'une autre nature comme l'Irak, le Liban, le Soudan ou la Palestine. Par-delà la typologie, ce qui frappe est l'absence de modèle commun.

De la révolution à la contre-révolution

Deuxième remarque : les gouvernements ne sont pas restés passifs, et les révolutions ont logiquement engendré des réactions contre-révolutionnaires. La contre-révolution a utilisé un éventail assez large de mesures, qui se sont parfois cumulées : réforme constitutionnelle, achat de la paix sociale, répression. L'Arabie Saoudite a été à l'origine d'actions concertées en relation étroite avec d'autres monarchies : l'appui donné au roi de Bahreïn par le Conseil de coopération du Golfe (CCG), à l'initiative de Riyad, en est un bon exemple. L'envoi conjoint de troupes, dans ce cadre, a permis de réprimer une contestation où plusieurs monarchies du Golfe voyaient, à tort ou à raison, la main de l'Iran. La proposition du roi Abdallah d'élargir le CCG à la Jordanie et au Maroc, malgré la distance géographique, a été également interprétée comme la mise en place d'une Sainte Alliance des monarchies. Mais la politique saoudienne est à géométrie variable. Dans le cas du Yémen, elle a contribué à une solution favorisant le départ du président Saleh qui ne maîtrisait plus la situation. En Syrie, elle a pris fermement le parti de déstabiliser le régime : un lourd contentieux très personnalisé existait entre Bachar Al-Assad et le roi Abdallah.

Le succès islamiste

Troisième élément de complexité : le succès islamiste. Ce « printemps arabe » s'accompagne partout d'une poussée des mouvements islamistes, parfois même, comme en Égypte, de groupes salafistes violents. Certes, ces mouvements – Frères musulmans en Égypte, Syrie, Libye, Ennahda en Tunisie, Parti de la justice et du développement (PJD) au Maroc – n'ont pas été à l'origine du « printemps arabe ». Ils ont pris le train en marche et l'ont très largement détourné à leur profit. Dans les processus électoraux organisés en Tunisie, au Maroc, en Égypte, demain sans doute en Libye, ils disposent de plusieurs atouts. Dans des pays où les pouvoirs autocratiques avaient éliminé ou marginalisé les partis traditionnels, ils sont la seule force organisée disposant, comme les Frères musulmans, de réseaux sociaux tissés depuis de nombreuses années et relayés par les mosquées. Victimes de ces pouvoirs, ils ont une réputation d'intégrité. Dans le chaos qui accompagne toute révolution, ils sont un facteur d'ordre, vus comme capables de redresser une situation économique désastreuse. De leur côté, les cyber-révolutionnaires qui ont effectivement déstabilisé les régimes autocratiques n'ont pas de véritable programme de gouvernement. Efficaces dans le rejet des régimes autoritaires et corrompus, ils sont novices en politique et n'ont pas su créer des partis structurés ayant un programme de gouvernement. La multiplicité des nouveaux partis – plus de 100 en Tunisie –, les rivalités de personnes, la faiblesse de leurs moyens financiers, leurs propos parfois peu islamiquement corrects les ont desservis et ont contribué à leur échec.

Est-ce à dire que les islamistes ont « confisqué » la révolution ? Pas encore, mais ceci peut arriver si les partis « libéraux » ne se ressaisissent pas. Tout d'abord, ces mouvements islamistes ont des dirigeants réalistes, conscients qu'ils ne doivent pas gâcher l'opportunité qui s'offre à eux. Ils sont le plus souvent divisés entre différents courants, dogmatiques ou réformistes. Des tensions entre générations existent également. Tous ces éléments ne peuvent que les inciter à la prudence. Ils comprennent qu'ils ne peuvent mettre en place un régime religieux fondé sur la charia à l'encontre d'opinions qui ont conquis leur liberté d'expression. De plus, ils vont devoir gouverner en coalition, comme au Maroc ou en Tunisie. Leur pragmatisme les incite à tenir des propos rassurants, ne serait-ce que pour ne pas décourager les institutions financières, les investisseurs ou les touristes dont ils ont besoin pour redresser des économies gravement affectées par la crise et la révolution. Ils devront donc faire leurs preuves dans une conjoncture particulièrement difficile. À l'évidence, ils n'auront pas de recette miracle. Le jeu reste donc ouvert, la suite dépendant beaucoup de la capacité des révolutionnaires libéraux à s'unir et à s'organiser.

Une nouvelle donne géopolitique

Le dernier élément de complexité est la nouvelle donne internationale générée par le « printemps arabe ». Déjà l'influence de l'Égypte avait décliné avec un président Moubarak vieillissant et accusé de complaisance à l'égard d'Israël ; la situation actuelle la met au moins provisoirement hors jeu. L'Irak est sinistré, la Syrie isolée, l'Algérie et le Maroc trop périphériques. Quant à l'Arabie Saoudite, les ennuis de santé persistants du roi et les tensions sur la succession handicapent sa diplomatie, même si, quand ses intérêts directs sont menacés, elle conserve une capacité d'influence. Le Qatar, profitant de sa présidence semestrielle du Conseil des ministres de la Ligue arabe, s'est engouffré dans ce vide politique. L'émirat s'est départi de son rôle habituel de médiation pour s'engager de façon à la fois déterminée et ambiguë aux côtés des révolutions arabes. Son activisme, en Libye comme en Syrie, peut surprendre, voire agacer, son engagement étant parfois à géométrie variable : il a par exemple soutenu la décision du CCG d'intervenir à Bahreïn. Malgré l'importance de ses ressources financières, il n'est pas sûr que l'émir, le cheikh Hamad, ait les moyens, notamment diplomatiques, de ses ambitions. Son influence risque de décliner avec la fin de la présidence ministérielle de la Ligue qui, après quelques initiatives hardies et une démonstration d'unité, se divise à nouveau.

Les acteurs régionaux non arabes ne peuvent pas se désintéresser des événements. La Turquie entend affirmer son influence en se présentant comme « source d'inspiration », tout en s'inquiétant de l'évolution de la situation en Syrie. L'Iran, satisfait de la disparition de Moubarak qui était à la tête de la coalition contre l'« arc chiite », peut s'inquiéter des troubles sanglants qui se développent chez son allié syrien. Quant à Israël, il semble tétanisé par une situation qu'il n'avait pas prévue et qui peut affecter sa sécurité sur tous les fronts, syrien et donc libanais, égyptien et jordanien. Quant à la communauté internationale, elle assiste largement impuissante aux événements. La Russie, la Chine et les grands pays émergents restent très réservés devant toute initiative d'ingérence dans les affaires intérieures des pays arabes, notamment de la Syrie. Ils comptent profiter des opportunités de la situation pour renforcer leur présence dans cette zone sensible. Les États-Unis et l'Europe se placent en position d'observateurs plus que d'acteurs. Leur appui financier, apporté par le Partenariat de Deauville, se manifeste essentiellement par l'intermédiaire des institutions financières qu'ils influencent, leur permettant de rester dans le jeu. À terme, les nouveaux pouvoirs, qui entendent écarter toute ingérence étrangère, prendront leurs distances vis-à-vis de partenaires qui avaient soutenu les régimes défunts.

Un an après le « printemps arabe », la seule certitude est que rien ne sera plus comme avant, dans la vie politique intérieure des pays, dans l'équilibre des acteurs régionaux ou pour les puissances extérieures à la zone. Un élément d'incertitude supplémentaire est survenu avec les tensions dans le Golfe liées au développement du programme nucléaire de l'Iran : on peut craindre que l'escalade entre sanctions, gesticulations militaires, attentats mystérieux et provocations débouche sur une option militaire qui aurait des conséquences majeures sur l'ensemble du Moyen-Orient arabe.

L'année 2012 sera donc difficile. Le dossier présenté dans ce numéro de *Politique étrangère* essaie à la fois de décrypter le présent et de dégager les lignes possibles d'évolution, étant entendu que, dans ce monde arabe plus encore qu'ailleurs, seul l'imprévisible est sûr.

Denis Bauchard
Conseiller pour le Moyen-Orient à l'Ifri

Maghreb : révolutions inachevées ?

Par **Mansouria Mokhefi**

Mansouria Mokhefi est responsable du programme Moyen-Orient/Maghreb de l'Ifri.

Spécifiques à l'expérience et à l'histoire de chaque pays, les événements de 2011 bouleversent la donne sociopolitique, idéologique et culturelle du Maghreb. Les islamistes vont devoir se mesurer au pouvoir et se confronter à d'immenses problèmes. Le Maghreb ne se reconnaît plus sans doute dans les formes démocratiques du modèle occidental – et particulièrement européen. Et de nouveaux acteurs ou modèles émergent pour la région, de l'expérience turque à l'activisme qatari.

politique étrangère

C'est au Maghreb que tout a commencé. Le vent de fronde de Tunisie, petit pays que l'on disait stable et prospère, a fait chuter Ben Ali en janvier 2011 et continue de souffler sur un monde arabe qui a connu plus de bouleversements en quelques mois que dans les décennies précédentes. Un an après le début du « printemps arabe » au Maghreb, l'élan islamique recueille ses fruits et l'arrivée au pouvoir des partis islamistes apparaît comme le début d'une lame de fond qui touche l'Égypte, le Yémen, Bahreïn, la Syrie et d'autres pays arabes.

Tunisie

À l'origine du soulèvement qui met fin au règne de Ben Ali se trouvent un mécontentement social[1] qui atteint les limites du supportable et la remise en cause d'un régime dont la brutalité devient insoutenable.

Suite à l'immolation par le feu le 17 décembre 2010 d'un jeune vendeur de fruits et légumes de Sidi Bouzid, les manifestations s'étendent. Les

1. Malgré des indicateurs de croissance positifs, les Tunisiens jugeaient qu'ils vivaient mal, alors que les organisations financières et économiques internationales vantaient les gains du pays en matière de produit intérieur brut (PIB) et ses réformes économiques. Les opinions positives formulées ces dernières années étaient fondées sur les mesures traditionnelles de la performance et du dynamisme économiques du pays. Ainsi la Tunisie a-t-elle gagné huit points dans l'indice de compétitivité mondiale du Forum économique mondial, passant de 40 pour l'exercice biennal 2009-2010 à 32 pour 2010-2011. De plus, la Tunisie était le seul pays d'Afrique du Nord à ne pas enregistrer une baisse de son classement selon cet indice durant ce même exercice.

revendications sociales se transforment en revendications politiques, les slogans sur le chômage et l'inégalité des chances[2] sont dépassés par les slogans contre la corruption, pour la justice et contre le président lui-même, symbole des inégalités et injustices dénoncées. Celui-ci doit abandonner le pouvoir[3] le 14 janvier 2011. Par un soulèvement endogène, spontané et pacifique, un peuple arabe renvoyait un dirigeant sans coup d'État ni putsch militaire.

La révolution tunisienne a fait environ 300 morts ; elle a tari les investissements étrangers et poussé à l'exil quelques centaines de jeunes gens, mais elle a envoyé un message puissant : il faut en finir avec l'exception régionale ; les Arabes veulent exercer leurs droits politiques et aspirent à la justice et à la démocratie.

Mais dans le pays le plus laïc du monde musulman, et à la suite d'un soulèvement que les islamistes n'ont ni prévu, ni déclenché, ni accompagné, ceux-ci se sont imposés comme force politique dominante et ont remporté les premières élections libres de la nouvelle Tunisie. Combattus et réprimés par le régime précédent, ils apparaissent aujourd'hui comme les grands bénéficiaires du soulèvement.

À l'accueil triomphal de Rached Ghannouchi[4] rentré à Tunis après plus de 20 ans d'exil, le monde découvre la popularité des islamistes en Tunisie et leur poids pour le devenir du pays : Ennahda remporte 89 des 217 sièges de l'Assemblée constituante. Partie prenante d'une coalition qui regroupe deux autres partis, le Congrès pour la République (CPR) et Ettakatol, le parti islamiste modéré de Rached Ghannouchi est aujourd'hui au pouvoir ; si le président est Moncef Marzouki, fondateur du CPR, le Premier ministre est Hamadi Jebali, secrétaire général d'Ennahda[5]. Soucieux de rassurer, les islamistes tunisiens se sont engagés à ne revenir ni sur les libertés publiques ni sur les droits des femmes ; ils ont promis de conserver les acquis de la modernité et de n'apporter « que quelques changements dans le *statu quo* institutionnel ». Mais le bloc fondamentaliste, au sein

---

2. Les Tunisiens, relativement plus éduqués que les habitants des pays voisins, se déclaraient moins satisfaits des écoles et autres établissements d'enseignement en 2010 (67 %) qu'en 2009 (73 %) et de plus en plus insatisfaits des autres services de base, notamment l'accès à des soins de santé de qualité ; 51 % se déclaraient satisfaits en 2010 des soins de santé auxquels ils avaient accès, contre 71 % en 2009.

3. À l'issue de trois procès, Ben Ali sera condamné par contumace à 66 ans et demi de prison pour les exactions commises par lui-même et son clan.

4. Rached Ghannouchi était exilé depuis 1991 à Londres, où il a obtenu l'asile politique. En 1992, il est condamné à la prison à vie en Tunisie. Il rentre en Tunisie le 30 janvier 2011, son parti Ennahda est légalisé en mars 2011. Il se défend d'être à la tête d'un parti religieux. Son modèle politique est le Parti de la justice et du développement (Adalet ve Kalkínma Partisi, AKP), le parti au pouvoir en Turquie.

5. Ingénieur de formation, opposant de longue date au régime de Ben Ali, il a passé 16 ans en prison pour appartenance à une organisation illégale. Gracié en 2006, il est élu de la circonscription de Sousse, sa ville d'origine.

d'Ennahda, a commencé à faire pression pour restructurer la Constitution en accord avec la charia et le secrétaire général du parti n'a pas hésité à évoquer l'idée d'un régime de califat[6] : attitudes et déclarations qui suscitent de profondes inquiétudes chez les laïcs et libéraux tunisiens. Ceux-ci sont cependant plus inquiets encore du programme radical[7] des salafistes et de leurs actions parfois spectaculaires[8]. Hostiles à l'élection d'une Constituante, symbole d'une démocratie dont ils ne veulent pas, les salafistes récusent la pratique fondée sur la séparation des pouvoirs : il ne saurait y avoir d'autre Constitution que la charia. Bien qu'ils ne constituent pas un groupe homogène, ils sont bien implantés dans le pays et sont déterminés à peser dans le jeu politique.

Tunisie : le rôle des islamistes et de l'armée

Autre source de préoccupation : le rôle de l'armée. Elle s'est vu accorder tous les pouvoirs depuis l'instauration de l'état d'urgence ; hier connue pour être une armée faible, discrète et apolitique, elle est aujourd'hui omniprésente. Suppléant au rôle de la police dont la toute-puissance a disparu avec Ben Ali, l'armée assure désormais le maintien de l'ordre et de la sécurité. Cette montée en puissance est illustrée par la nomination du général Rachid Ammar, chef d'état-major de l'armée de Terre pendant la révolution, devenu héros des Tunisiens pour avoir maintenu la neutralité de ses troupes et avoir même apporté soutien et secours aux manifestants, au poste de chef de l'état-major interarmées.

Nul ne peut pourtant présager de la réaction de l'armée si troubles et violences persistaient entre des islamistes voulant imposer leur agenda et des laïcs et libéraux déterminés à ne pas se laisser confisquer leur révolution. D'autant que la situation économique reste préoccupante. Les investissements étrangers[9] ont fortement diminué depuis un an. Et la chute brutale du tourisme[10] a asséché les caisses de l'État, sans compter l'afflux de réfugiés libyens[11] auxquels la Tunisie a dû, malgré sa situation économique, porter secours.

6. Discours prononcé le 13 novembre 2011 à Sousse.

7. Les salafistes prônent l'éducation séparée des filles et des garçons dans des écoles coraniques, dont la première a ouvert ses portes en août 2011 près de Bizerte ; hostiles aux idéologies étrangères qui, selon eux, ont pris la plus grande place en Tunisie, ils sont déterminés à « corriger » la vision de l'islam des Tunisiens.

8. Qui comptent le saccage d'une salle de cinéma à Tunis en juin 2011, des violences à l'université pour le port du *niqab*, des attaques contre la chaîne *Nesma TV* début octobre après la diffusion du film franco-iranien *Persepolis*, la chaîne étant accusée d'encourager la laïcité.

9. « Ideology v. Practicality », *The Economist*, 12 janvier 2012.

10. « Tunisie : le tourisme connaît la crise la plus importante de son histoire », *Jeune Afrique*, 6 juillet 2011 ; « Tunisie – Baisse de moitié des revenus du tourisme en 2011, selon Mehdi Houas », *Business News*, 16 juin 2011.

11. On évalue à 1,6 million le nombre de Libyens ainsi passés en Tunisie pendant les sept mois de guerre dans leur pays, mais tous ne sont pas restés dans les camps de fortune dressés à la frontière tuniso-libyenne.

Libye

Après des soulèvements qui ont très vite tourné à l'insurrection, le pays a sombré dans une guerre civile qui a duré huit mois et s'est achevée avec la chute de Tripoli le 23 août 2011 et l'exécution de Mouammar Kadhafi le 21 octobre.

Ce dénouement a été rendu possible par l'intervention d'une coalition occidentale, menée par l'Organisation du traité de l'Atlantique nord (OTAN) et autorisée par la résolution 1 973 (2011) du Conseil de sécurité de l'Organisation des Nations unies (ONU), et dont le mandat a pris fin le 31 octobre. Après plus de sept mois de bombardements, la mort de milliers de civils et la destruction d'une grande partie des infrastructures libyennes, les rivalités régionales et tribales canalisées sous la dictature de Kadhafi ont repris le dessus et les islamistes, combattus sous son régime, sont aujourd'hui sur le devant de la scène.

Le Conseil national de transition (CNT), que la France a été la première à reconnaître, est aujourd'hui aux commandes d'un pays profondément divisé en tribus et en clans, meurtri par les violences et les combats de la guerre civile. La *Jamahiriya* de Kadhafi abolie, le CNT doit maintenant définir les orientations de la nouvelle Libye, en s'attelant à la rédaction d'une Constitution et à l'organisation d'élections prévues pour 2012. Les déclarations du président du CNT Moustapha Abdeljalil, ancien ministre de la Justice de Kadhafi, sur la place incontournable de la charia[12] dans la future législation du pays ont été accueillies avec surprise et indignation par ceux qui ne voulaient pas voir que le soulèvement en Libye n'était en rien comparable à ceux de Tunisie ou même d'Égypte. L'insurrection libyenne a été dès le début récupérée, animée, organisée et dirigée par les islamistes libyens, auxquels les exemples tunisien et égyptien ainsi que les menaces de massacre proférées par Kadhafi ont offert des opportunités exceptionnelles[13]. À plusieurs reprises, le CNT avait laissé entendre que son projet de future Constitution serait inspiré de la charia et des préceptes coraniques ; projet inspiré à la fois par les convictions islamistes du CNT, par réalisme et par souci de préserver la cohésion d'une instance de plus en plus décriée par certaines factions islamistes.

Face aux dissensions et rivalités entre groupes tribaux, la construction par le CNT d'un consensus national sera longue et difficile, et les risques

12. « Toute loi contredisant les préceptes de l'islam sera considérée comme illégale. La loi régissant le mariage et le divorce est illégale et sera abrogée parce qu'elle contredit la charia. »

13. L. Fadel, « Islamists Emerge in Force in New Libya », *The Washington Post*, 14 septembre 2011 ; C. Boltanski, « Al-Qaida dans les rangs des rebelles libyens ? », *Le Nouvel Observateur*, 30 août 2011.

d'implosion territoriale ne peuvent être exclus. En janvier 2012, le CNT n'est toujours pas parvenu à désarmer les groupes et milices constitués durant la guerre civile. Ceux-ci disposant encore d'importants stocks d'armes, notamment puisés dans l'arsenal de l'ancien régime, ils réclament aujourd'hui des contreparties politiques. Le nouveau pouvoir libyen rencontre les plus grandes difficultés à canaliser l'influence des *katiba* d'Ismaïl Sallabi[14] et d'Abdelhakim Belhaj[15] et, à l'image des combats qui ont eu lieu le 2 janvier 2012 à Tripoli entre des groupes d'ex-rebelles défendant des intérêts locaux ou régionaux[16], les troubles et violences persistent. Le CNT semble n'avoir ni les moyens militaires ni la volonté politique d'entrer en conflit avec ces milices, dont celle de Sallabi qui l'accuse de laïcisme extrême, et Moustapha Abdeljalil n'exclut plus le spectre d'une guerre civile.

Libye : le rôle du Qatar

Face à cette situation, les puissances occidentales sont étrangement muettes[17]. France, Royaume-Uni et États-Unis, alliés en Libye, semblent aujourd'hui plus préoccupés par les retombées économiques[18] que par la situation politique du pays. Seul le Qatar, soutien de la révolution libyenne qui a servi de caution arabe à l'intervention de l'OTAN, continue à s'impliquer réellement dans la Libye de l'après-Kadhafi. Après que des centaines de soldats qataris[19] ont participé aux opérations militaires, jouant un rôle de coordinateur entre forces de l'OTAN et rebelles, le Qatar entend peser sur le terrain militaire libyen comme il l'a fait aux plans financier et politique. Mais le soutien du Qatar va prioritairement aux combattants libyens les plus islamistes, privilégiant les groupes de Belhaj et Sallabi. Ce soutien aux anciens djihadistes en Libye et ce rôle de sponsor de l'islam politique irritent les autorités de Tripoli. Pour Mahmoud Jabril, ancien président du bureau exécutif du CNT, les pétrodollars qataris alimentent « les rivalités et les circuits de désaccord entre les rebelles et les divers

---

14. Homme fort de Benghazi, il a combattu à Misrata à la tête de la brigade du 17 février ; il maintient un groupe de 200 hommes armés car selon lui la région ne serait « pacifiée qu'en surface » et prône l'avènement d'un gouvernement dirigeant le pays selon la charia.
15. Chef du conseil militaire de Tripoli, islamiste et ancien djihadiste, suspecté d'être un ancien d'Al-Qaida, emprisonné pendant six ans, il a fait partie des islamistes libérés après la négociation menée par Saïf al-Islam Kadhafi.
16. Ces combats ont fait quatre morts et au moins cinq blessés à Tripoli.
17. Les coûts de cette guerre s'élèvent à 300 millions d'euros pour la France, à 300 millions de livres (343 millions d'euros) pour le Royaume-Uni et à 500 millions de dollars (environ 395 millions d'euros) pour les États-Unis. *Le Figaro international*, 21 octobre 2011.
18. M. Blamont, « La France veut tirer les bénéfices de son action en Libye », *Le Monde*, 20 décembre 2011 ; J. Adetunji, « British Firms Urged to "Pack suitcases" in Rush for Libya Business », *The Guardian*, 21 octobre 2011.
19. Chiffres avancés par le général Hamid Ben Ali Attiya, *RFI*, 26 octobre 2011. D'autres chiffres ont été cités, notamment dans *Le Figaro* du 6 novembre 2011 : selon Georges Malbrunot, « le Qatar avait envoyé pas moins de 5 000 membres de ses forces spéciales en Libye ».

courants qui gèrent la période post-Kadhafi, et ce en répandant la sédition entre les Libyens[20] ». Mohammed A. Chalgam, représentant de la Libye auprès de l'ONU, met quant à lui en garde l'émir du Qatar contre « tout accès de mégalomanie, ou l'illusion qu'il dirige la région[21] ». Après son soutien à la révolution tunisienne et son implication dans la guerre libyenne, le Qatar a non seulement prouvé qu'il était favorable au changement politique dans le monde arabe[22] mais qu'il était déterminé à jouer un rôle grandissant au Maghreb[23] et principalement en Libye.

Maroc

Alors qu'il souffre des mêmes maux – inégalité du développement économique, problème démographique, limitation des libertés politiques, corruption –, le Maroc n'a pas connu de révolution comparable à celles des pays voisins.

Mais le Maroc n'a pas pour autant été épargné par le vent de fronde qui souffle sur le Maghreb. Dès février 2011, un mouvement de protestation s'organise : le Mouvement du 20 février pour le changement. Le Mouvement enclenche alors une vague contestataire qui poursuit depuis des mois son cycle de mobilisation sociale, avec des manifestations sur l'ensemble du pays. Constitué de jeunes issus de toutes les classes sociales, étudiants aussi bien que militants de l'aile radicale de la gauche ou venant du mouvement islamiste non parlementaire Jamaat al-Adl wa-l-Ihsan (Regroupement de la justice et de la bienfaisance), il réclame la fin de la corruption et des privilèges et appelle l'avènement d'une monarchie constitutionnelle. Le Mouvement du 20 février demande la poursuite du processus de démocratisation, annoncé par le roi Mohammed VI lors de son accession au trône ; il critique la corruption du régime, demande plus de justice sociale et un accès généralisé à l'éducation.

Contrairement aux manifestations de Tunisie, de Libye ou d'Égypte, le Mouvement ne cible pas un personnage haï de tous, adversaire désigné. Minoritaire et hétéroclite, loin de pouvoir contraindre le roi à céder sur ses pouvoirs, il exerce pourtant une vraie pression sur le régime

20. Déclaration à *El-Arabiyya*, 18 novembre 2011.

21. *Alkhabar*, 2 décembre 2011.

22. Dans le soutien au « printemps arabe », le rôle de la chaîne de télévision *Al-Jazira* est loin d'avoir été négligeable.

23. L'émir du Qatar ne cache plus que, pour lui, le changement en Algérie, comme pour les autres pays du Maghreb, passe par les islamistes modérés. Il affiche également son soutien à une partie de l'opposition algérienne en exil, notamment les réseaux de l'ex-Front islamique du salut (FIS). Son cofondateur Abassi Madani vit au Qatar où, grâce à la médiation de l'émir, il a tissé des relations très fortes avec le CNT libyen.

par la persistance des revendications et le fait que l'agitation, si elle ne s'est guère amplifiée, a néanmoins couvert presque l'ensemble du Royaume. Selon Béatrice Hibou[24], le mouvement s'est fait le porte-voix de frustrations et de revendications bien présentes dans la société marocaine. Mohamed VI s'était, dès son accession au trône (1999), engagé à leur apporter des réponses et avait ouvert un vaste chantier de réformes. Des progrès ont été accomplis dans plusieurs domaines, notamment celui des Droits de l'homme. La *Moudawwana*, nouveau Code de la famille, qui reconnaît davantage de droits aux femmes dans le cadre du mariage et la garde des enfants, a été adopté en 2004. Le processus de décompression autoritaire promis par le roi a bien été mis en place et l'Instance équité et réconciliation a enquêté, entre 2004 et 2006, sur les atteintes aux Droits de l'homme depuis l'indépendance, et précisément durant le règne d'Hassan II (1961-1999).

Au plan économique, le roi a décidé d'investissements dans le domaine de l'éducation (budget[25] en augmentation de 23 % depuis 2008) et dans le secteur des infrastructures[26]. Mais la société marocaine demeure très inégalitaire et malgré les efforts de la monarchie pour présenter le Maroc comme un pays stable, prospère et en voie de démocratisation[27], le pays occupe en 2011 la 130e place (sur 184) dans le classement par le Programme des Nations unies pour le développement (PNUD) en matière de développement humain, notamment à cause d'un taux d'analphabétisme élevé (56,1 %).

Si le Maroc n'a pas connu les bouleversements des pays voisins, il n'a pas été épargné par la contestation sociale et le « printemps arabe » a accéléré l'urgence, et le rythme, des réformes. S'adaptant à la situation régionale et cherchant à répondre au mécontentement général, Mohammed VI annonce le 9 mars 2011 une réforme constitutionnelle ainsi qu'un référendum. Dans la foulée, une nouvelle Constitution est adoptée le 1er juillet et des élections législatives anticipées ont lieu le 25 novembre 2011. Selon les dispositions de la nouvelle Constitution, le roi désigne Abdelilah Benkirane, chef du Parti de la justice et du développement (PJD) sorti vainqueur des élections, et celui-ci constitue le premier gouvernement islamiste du Maroc.

---

24. B. Hibou, *Le Mouvement du 20 février, le Makhzen et l'antipolitique*, Paris, Presses de Sciences Po, 2011, <http://www.ceri-sciencespo.com/archive/2011/mai/dossier/art_bh2.pdf>.
25. Dans le cadre des objectifs du Millénaire pour le développement.
26. Les investissements dans le port de Tanger en feront un des trois plus grands ports du Maghreb d'ici 2015.
27. Efforts reconnus par l'Union européenne qui lui a octroyé un « statut avancé » dans la Politique européenne de voisinage et en a fait un partenaire privilégié.

Par des discours novateurs au plan social et une attitude de riposte réformiste renforçant la légitimité d'un roi très populaire, le Maroc s'inscrit dans le « printemps arabe » comme un exemple de transition organisée ; d'aucuns n'hésitent pas à y voir une sorte de révolution silencieuse et tranquille. Cette transition « à petits pas » vers la démocratie pourra-t-elle éviter la mise en place d'une monarchie constitutionnelle ? Le PJD réussira-t-il à enrayer une désaffection politique croissante ? Le Mouvement du 20 février, qui souffre pour l'instant de son éclatement géographique et de son absence de leadership, pourra-t-il s'imposer dans le jeu démocratique comme un interlocuteur incontournable ? Ces questions demeurent en suspens.

Algérie

Si le « printemps arabe » a bouleversé le paysage géopolitique du Maghreb, l'Algérie semble, elle, demeurée en marge.

L'inertie algérienne a été expliquée par le traumatisme d'une population qui n'aurait pas « fini de panser les blessures de son passé », selon les mots d'Abdallah Djaballah, président du Front pour la justice et le développement (FJD)[28]. Or, malgré la mémoire de la répression sanglante des manifestations d'octobre 1988 et des années qui ont suivi, les Algériens sont descendus dans la rue et ont affronté les forces de l'ordre maintes fois, notamment en janvier 2011, et continuent de le faire. Mais les Algériens savent qu'il ne leur suffira pas de « dégager » Abdelaziz Bouteflika pour que les choses changent. Ils ne souhaitent pas non plus une révolution à l'égyptienne : un président déchu mais une armée toujours aux commandes. Ils pensent donc qu'il est plus urgent d'obtenir réformes et subventions pouvant améliorer le quotidien que de demander le départ de Bouteflika et de son gouvernement, qui ne changerait rien à la mainmise de l'armée sur le pays.

Si l'Algérie n'a pas connu le soulèvement spontané et unanime qui a renversé les présidents tunisien et égyptien, elle n'est pas pour autant à l'abri de la contestation sociale. On ne peut pas parler d'immobilisme : depuis les émeutes meurtrières de janvier 2011 contre la cherté de la vie, l'Algérie vit au rythme des grèves et des mouvements de protestation des cheminots, des chômeurs, des étudiants, des demandeurs de logement, les manifestations étant quotidiennes dans les villes et les villages. Alors que l'État algérien est riche – avec plus de 176 milliards de dollars de réserves de change[29] venant de la manne pétrolière et gazière –,

28. Parti islamiste non autorisé.
29. *La Tribune*, 4 janvier 2012.

la population est de plus en plus pauvre et les actes de désespoir – tel celui qui déclencha la révolution tunisienne – se multiplient dans le pays[30].

En réponse aux manifestations, le gouvernement a octroyé des augmentations de salaire, des subventions aux prix des produits de grande consommation ainsi que des logements et des aides aux entreprises. Pour l'heure, les réserves financières et le niveau élevé des prix du pétrole lui permettent de croire qu'il peut acheter la paix sociale et éteindre le feu de la contestation sans s'attaquer aux problèmes structurels : chômage, corruption, baisse des investissements.

Algérie : une agitation rampante et des réformes cosmétiques

Le saupoudrage financier fait pourtant figure de replâtrage. Face à la mauvaise gestion économique, à l'ampleur de la corruption, les appels à la mise en place d'une économie de concurrence où l'État n'aurait qu'un rôle de régulateur ne sont pas entendus ; l'Algérie n'est pas passée à une économie de marché productive comme celle qui existe dans les pays émergents. De plus, les mesures économiques visant à circonscrire la grogne populaire ne sont accompagnées d'aucune ouverture démocratique, même si – effet du « printemps arabe » – le président Bouteflika a annoncé quelques timides réformes qui n'étaient nullement prioritaires dans les revendications.

La levée de l'état d'urgence en place depuis 19 ans a été annoncée en avril 2011 et un quota obligatoire de femmes dans les assemblées élues proposé à la même date. De nouvelles lois sur la création des partis, sur les associations et sur l'information, annoncées en avril 2011, seront votées avant les législatives de 2012. Après la série de victoires électorales des islamistes dans la région, le pouvoir algérien a proposé un texte interdisant à toute personne « responsable de l'exploitation de la religion ayant conduit à la tragédie nationale de fonder un parti politique ou de participer à sa création ». Les législatives de mai 2012 pourraient pourtant permettre aux islamistes algériens du Mouvement de la société pour la paix de renforcer leur représentation alors même qu'ils participent au gouvernement depuis dix ans et de reposer publiquement le débat sur la place et le rôle de l'islam politique en Algérie.

Pour l'Algérie, l'arrivée à ses frontières des régimes islamistes n'est pas une mince affaire, et exige des remparts juridiques et un repositionnement géopolitique complet. Alger cherche aujourd'hui un *modus vivendi* avec les islamistes modérés qui sont désormais ses voisins.

30. I. Mandraud, « Algérie : les Désespérés », *Le Monde*, 10 octobre 2011.

L'ambiguïté de la neutralité officielle d'Alger vis-à-vis de la révolution libyenne recouvrait en réalité une opposition au soulèvement contre le dirigeant libyen et une vive opposition à l'intervention occidentale. L'Algérie, accusée d'avoir envoyé des mercenaires en Libye pour soutenir les forces loyalistes et de leur avoir fourni des armes, était fortement opposée à l'interprétation qui a été faite de la résolution 1 973 (2011) du Conseil de sécurité, interprétation qui a non seulement légitimé l'instauration de la zone d'exclusion aérienne mais favorisé le bombardement de la Libye pendant des mois par les forces de l'OTAN. Alger a fini par prendre acte de la reconnaissance officielle du CNT par l'ONU et a lui-même reconnu celui-ci fin septembre 2011. Et les autorités algériennes annonçaient, dans le cadre d'une rencontre tripartite Algérie-Qatar-CNT tenue en marge du premier Forum des pays exportateurs de gaz (Doha, novembre 2011), vouloir travailler en partenariat avec les nouveaux dirigeants libyens.

Aussitôt après sa victoire électorale d'octobre 2011 à Tunis, Rached Ghannouchi a été reçu par Abdelaziz Bouteflika à Alger. L'accueil de chef d'État qui lui a été réservé visait à indiquer que l'Algérie soutenait les révolutions arabes et qu'elle n'était plus hostile aux islamistes. Alger a également réagi avec courtoisie à la victoire des islamistes marocains en novembre 2011 et pris note du vœu exprimé par Abdelilah Benkirane, chef du PJD devenu Premier ministre, d'améliorer les relations entre les deux pays. Le nouveau président tunisien se rend à Alger en janvier 2012, une occasion pour Alger de réaffirmer son soutien au nouveau régime tunisien et, pour le président tunisien, de clarifier les propos tenus sur l'arrêt du processus électoral de 1991. En effet, appelant au respect de la victoire des islamistes, Marzouki avait déclaré que la décision algérienne d'annuler les élections de 1991 avait privé les islamistes du Front islamique du salut (FIS) de leur victoire, précisant : « Si les Algériens avaient accepté les résultats des votes, le pays n'aurait pas sombré dans la violence et les bains de sang. »

Autre conséquence du « printemps arabe » pour l'Algérie : la crainte d'une circulation incontrôlable d'armes depuis la Libye. L'inquiétude de voir ces armes passer de l'autre côté de la frontière a été exprimée par le Premier ministre algérien lorsqu'il a rappelé que celle-ci devait être sécurisée en attendant que les Libyens « se dotent des capacités de contrôler leurs frontières[31] ». Plus que les manifestations sporadiques qui restent concentrées sur des revendications locales, catégorielles, matérielles et corporatistes, et qui ne parviennent pas à inquiéter réellement le régime, la

31. M. Medelci, *La Tribune*, 4 janvier 2012.

question sécuritaire est source de préoccupation pour le pouvoir algérien. Celui-ci demeure l'ennemi désigné d'Al-Qaida au Maghreb islamique (AQMI), même si cette dernière n'a pas réussi à prendre pied dans le pays, est affaiblie par dix ans de lutte antiterroriste menée à son encontre et marginalisée par un « printemps arabe » qu'elle n'a ni prévu ni orchestré.

Quelles que soient les tentatives du pouvoir algérien pour se concilier ses nouveaux voisins, il est clair que dans ce Maghreb qui a changé et continue de bouger, l'Algérie a du mal à suivre, à évoluer, à admettre qu'elle n'est peut-être plus la grande puissance régionale qu'elle entend demeurer. Il est symptomatique que pour sa première visite à l'étranger, Moncef Marzouki ait choisi de se rendre en Libye et non en Algérie, signifiant ainsi que les cartes de l'influence et des alliances avaient été redistribuées et que la petite Tunisie n'était pas une *wilaya* de l'Algérie, comme aimait à le croire le Front de libération nationale (FLN) d'antan. Dans cette nouvelle configuration, l'Algérie semble isolée et son régime vieilli et dépassé. C'est en tout cas l'image donnée lors de la célébration du premier anniversaire de la révolution tunisienne le 14 janvier 2012 à Tunis, où le président Bouteflika faisait figure d'homme du passé et de représentant d'« un personnel politique honni et qui n'est plus de saison chez nos voisins[32] ».

***

Les bouleversements survenus au Maghreb redéfinissent la région sur les plans sociopolitique, idéologique et culturel.

Les islamistes maghrébins sortis vainqueurs des élections du « printemps arabe » de 2011 ne pourront gouverner seuls. En Tunisie, ils devront composer avec une société civile sécularisée, qui n'entend pas renoncer aux acquis de la modernité et s'appuie sur les laïcs modérés de la coalition au pouvoir. Au Maroc, ils devront tenir compte de la popularité d'un roi qui occupe une place de choix dans le cœur de ses sujets et est en train de démontrer qu'il est un stratège politique au même titre que son père. Ils devront aussi faire avec les partis institutionnels issus de l'indépendance et qui, même affaiblis par la vague islamiste, sont encore aux affaires. En Libye, ils devront composer avec les facteurs régionaux et tribaux qui peuvent facilement prendre le pas sur les idéologies. Tous devront relever de nombreux défis économiques et sociaux et seront jugés sur leurs résultats dans ces domaines par des sociétés longtemps muselées et frustrées, mais qui veulent aujourd'hui recouvrer leur droit à la parole.

32. S. Ayache, *Le Matin DZ*, 14 janvier 2012.

Les révolutions arabes donnent naissance à un Maghreb qui ne se reconnaît plus dans les formes démocratiques du modèle occidental. Les révolutionnaires ont utilisé Facebook et les réseaux sociaux modernes, mais les orientations politiques dans lesquelles ils sont engagés constitueront un véritable défi pour l'Occident. Les régimes issus des révolutions du Maghreb n'ont plus comme seul objectif de reproduire les valeurs occidentales ou d'adopter des Constitutions à l'européenne. Pour les populations maghrébines qui ont enclenché ces révolutions et la nouvelle génération de dirigeants islamistes et arabophones, l'heure de la post-indépendance a sonné, ce qui signifie un nouveau positionnement à la fois politique, idéologique et culturel. Même si l'Union européenne (UE) a entamé un travail de réflexion autour de la révision de sa politique de voisinage avec ses partenaires de la rive sud de la Méditerranée, elle demeure encore une entité qui s'est toujours préoccupée de nouer des relations économiques avec les États du Maghreb sans trop se soucier de leurs réalités politiques. La démocratisation du monde arabe ne se fera pas par un alignement sur la démocratie à l'occidentale. Les valeurs universelles que sont le droit à la liberté, à la justice, à la dignité, au travail apparaissent aujourd'hui comme pouvant être dissociées d'un idéal démocratique ou républicain, à l'américaine ou à la française. Les classes moyennes instruites, démocrates, laïques, féministes et souvent francophones qui représentaient les forces vives de ces pays depuis la décolonisation n'incarnent plus la nouvelle Tunisie, le Maroc ou l'Algérie de demain, émancipés des idéologies occidentales et rejetant toute relation déterminée par l'héritage du passé. C'est ainsi qu'il faut entendre la remarque de Moncef Marzouki qui appelait la France à réviser son attitude par rapport à la Tunisie : « Les Français sont souvent ceux qui comprennent le moins le monde arabe. [...] L'esprit colonial, c'est terminé[33]. »

Le « printemps arabe » favorise l'émergence de nouveaux acteurs régionaux. Plus peut-être qu'avec la Turquie, qui a pris le train en route et dont le modèle de gouvernement constitue une référence pour les islamistes modérés du Maghreb, c'est avec le Qatar qu'il faudra dorénavant compter dans la région. L'émirat, en quête de consécration diplomatique, développe sa stratégie dans une volonté manifeste de supplanter l'influence et le rôle diplomatique de l'Arabie Saoudite[34] et de se poser en sponsor de l'islam politique. Le Qatar est aujourd'hui de tous les conflits et de toutes les réconciliations. Il est devenu la plaque tournante du nouvel ordre politique dans le monde arabe et son implication dans la vie politique du Maghreb, de la Libye au Maroc, est impressionnante.

33. *Journal du Dimanche*, entretien exclusif publié le 17 décembre 2011.
34. *The Guardian*, 4 october 2011.

Le Maghreb, où a d'abord soufflé un vent de fronde destiné à bouleverser des équilibres en place depuis des décennies et à modifier le cours de l'histoire des peuples arabes, a ainsi acquis une place de choix dans le monde arabe, de la Mauritanie au Golfe, où les échos de la révolution tunisienne n'ont pas fini de se faire entendre.

PE

MOTS CLÉS

Maghreb
Tunisie
Libye
Maroc
Algérie

Élections et mobilisations dans l'Égypte post-Moubarak

Par **Bernard Rougier**

Bernard Rougier est directeur du Centre d'études et de documentation économiques, juridiques et sociales (CEDEJ, Le Caire). Il est notamment l'auteur de *L'Oumma en fragments. Contrôler le sunnisme au Liban* (Paris, PUF, 2011).

En Égypte, l'armée a usé de tout son poids pour éviter l'émergence de forces susceptibles de remettre en cause sa prééminence. Les débats des derniers mois ont porté sur le *timing* des élections et sur les pouvoirs de la future Assemblée. La plus grande surprise des législatives a été le succès des salafistes. Quant aux Frères musulmans, au pouvoir grâce aux élections et au compromis passé avec l'armée, ils vont devoir se confronter aux nombreux défis internes et externes du pays.

politique étrangère

Les islamistes ont acquis une majorité indiscutable dans le Parlement issu des premières élections libres en Égypte depuis 1952 : sur une chambre de 498 députés élus, la « coalition démocratique » dirigée par le parti Liberté et justice des Frères musulmans a obtenu 235 sièges, tandis que le parti salafiste Al-Nour (« La Lumière »), dont l'émergence fulgurante a constitué une surprise pour tous les observateurs, a remporté 121 sièges[1]. Les forces libérales se partagent le reste des sièges : 39 pour le parti Al-Wafd, 35 pour le Bloc égyptien (Al-Kutla al-Masriyya) et 10 sièges pour le parti Réforme et développement. La coalition révolutionnaire – « Révolution permanente » – n'a obtenu que 7 sièges. Étalée en trois phases successives, du 28 novembre 2011 au 5 janvier 2012, la période électorale s'est déroulée de manière satisfaisante d'une manière générale, en dépit d'un climat marqué jusqu'à la veille du scrutin par des manifestations parfois très violentes sur la place Tahrir et aux abords du siège du gouvernement.

1. La Haute Commission électorale n'a donné les résultats définitifs des élections que le 20 janvier 2012, soit presque deux mois après le début du scrutin. Le fractionnement de l'élection en trois étapes, les complications liées à l'organisation des « deuxièmes tours » pour les élections individuelles lors de chacune de ces étapes, ainsi que le recommencement de l'élection dans plusieurs circonscriptions après des invalidations judiciaires pour irrégularités expliquent la longueur du délai et l'imprécision quant au nombre exact d'élus, en dépit d'une connaissance, acquise dès la première phase, des tendances lourdes de l'élection.

Ces protestations collectives, qui ont rassemblé des acteurs distincts selon les enjeux, portaient tantôt sur le droit pour la future Assemblée de rédiger elle-même le texte de la nouvelle Constitution égyptienne, tantôt sur le caractère inachevé de la révolution au regard des objectifs de changement de régime portés par les révolutionnaires. Après un bref retour sur le contexte préélectoral, on se propose ici d'étudier le poids de la dynamique islamiste qui s'est manifestée lors des élections, avant de poser quelques hypothèses sur le type de régime issu de cette nouvelle configuration politique. Au-delà de la question, fondamentale, des futurs équilibres de pouvoir entre islamistes et militaires dans la vallée du Nil, les élections égyptiennes soulèvent une interrogation de fond sur le sens de la révolution du 25 janvier 2011, un an après son déclenchement.

Le contexte préélectoral

La phase de transition ouverte par la chute de Moubarak le 11 février s'est caractérisée par une série de décisions qui sont à l'origine de la crise actuelle. À la différence de ce qui s'est produit en Tunisie, il n'y a pas eu, en Égypte, de rupture avec l'ancien régime. La principale instance militaire du pays – le Conseil suprême des forces armées (CSFA) – a assuré l'exécutif après le départ de Moubarak. Dirigé par l'ancien ministre de la Défense du président déchu, le maréchal Hussein Tantawi, le CSFA a fait prévaloir la continuité sur la rupture, alors qu'en Tunisie, il incombait à une autorité *ad hoc*, constituée de juristes et de représentants des partis d'opposition, de détruire les fondements légaux de l'ancien régime avant l'élaboration d'une nouvelle loi électorale. L'hostilité populaire à l'encontre de Moubarak a permis à l'armée de mettre un coup d'arrêt au développement tentaculaire d'un pouvoir concurrent au sein de l'État, incarné par un appareil policier omniprésent – plus de 1 million d'employés – au service des ambitions de la famille régnante. La chute de Moubarak marquait ainsi l'échec d'une tentative dynastique qui heurtait la culture disciplinaire, les valeurs et les principes de l'institution militaire. En dépit de ces changements considérables dans la trajectoire du régime, l'armée n'entendait pas perdre les privilèges économiques et politiques qu'elle s'était constitués au sein de l'État depuis la révolution de 1952.

En février, l'armée a confié à Tareq al-Bichri, un ancien conseiller d'État passé à l'islamisme, le soin de procéder aux réformes constitutionnelles. En abaissant à quatre ans la durée du mandat présidentiel et en limitant à deux le nombre de mandats possibles, les réformes constitutionnelles proposées par le comité ont éludé la question de la structure du pouvoir. Mieux encore, le choix du référendum comme mode de légitimation des réformes donnait à l'armée, en cas de succès du « oui », la possibilité de passer de manière fictive dans le camp révolutionnaire. Pourvue d'une onction populaire, elle pouvait s'assurer le contrôle du processus de transition destiné « à rendre le pouvoir aux civils » dans les meilleures conditions possibles. Les milieux libéraux, en revanche, soucieux d'inscrire le plus grand nombre possible de garanties dans un texte constitutionnel en termes de séparation des pouvoirs et de libertés publiques, cherchaient à se prémunir en amont contre les effets potentiellement menaçants des élections législatives à venir.

Pour les islamistes, le choix du référendum s'imposait pour des raisons contraires : éviter la mise en place d'une nouvelle Constitution qui les aurait privés *ex ante* du plein exercice d'un pouvoir si longtemps convoité et dorénavant à portée d'élections. En faisant de la place de la charia le principal enjeu du conflit politique, ils sont parvenus à dramatiser le scrutin autour de la défense de la religion contre des révolutionnaires présentés comme porteurs d'idées étrangères à l'identité égyptienne. Dans un climat de très forte polarisation, le clivage « islamistes »/« laïques » s'est dangereusement substitué pendant la campagne référendaire au débat sur les enjeux d'une démocratisation réelle de l'État.

La victoire du « oui » (77,27 %) sur le « non » (22,73 %) lors du référendum du 19 mars 2011 a illustré le poids du vote islamiste dans le pays. À l'origine de la révolution du 25 janvier sur la place Tahrir, les milieux libéraux ne sont pas parvenus à inscrire l'utopie révolutionnaire dans la vie institutionnelle. Ce sont les islamistes, déjà munis de leurs références textuelles sacrées, qui ont réussi à s'emparer d'un moment révolutionnaire qu'ils n'avaient pas initié pour l'absorber dans leur dynamique politique.

Opposition entre « communautariens » et « individualistes libéraux »

Le libéralisme politique égyptien échouait ainsi face aux deux principales forces constituées du pays – l'armée et les islamistes –, tandis que le libéralisme politique tunisien réussissait, lui, à occuper « par le haut » le moment de la transition comme il avait occupé « par le bas » l'avenue Bourguiba en janvier 2011.

Les débats qui ont eu lieu en Égypte sur l'ordre de priorité entre rédaction d'une nouvelle Constitution d'une part et élections législatives d'autre part n'étaient donc rien moins que techniques. Ils répliquaient en terre d'Orient l'opposition entre « communautariens » attachés à l'« éthique de la vie bonne » (ici les islamistes) et « individualistes libéraux » tenants d'une « éthique du droit » garantissant en termes constitutionnels l'exercice du pluralisme politique et culturel[2]. Or, pour les prédicateurs islamistes, un préambule sur les droits fondamentaux est contraire à la conception islamique de la « vie bonne ». De leur point de vue, la neutralité philosophique affichée par l'État occidental constitue en soi une provocation inacceptable – l'équivalent d'une machine de guerre contre l'islam.

Après le succès de ce premier coup tactique, le CSFA a pris une nouvelle initiative institutionnelle en s'engageant, dans la Déclaration constitutionnelle du 30 mars 2011, à tenir des élections dans un délai de six mois – à charge pour l'Assemblée élue de « constituer un comité constituant composé de 100 membres pour préparer le projet d'une nouvelle Constitution pour le pays et cela dans un délai maximal de six mois à compter de sa composition ». Promulguée le même jour, une loi sur les partis a bouleversé la composition de la Commission des partis, désormais constituée de juges indépendants et non plus de membres du Parti national démocratique (PND) – l'instrument de contrôle politique de Moubarak, dissous le 19 avril 2011 – pour lesquels la Commission, garante de l'hégémonie du parti dominant, était le principal instrument de filtrage des candidatures. Par la suite, les décisions contradictoires du CSFA sur la loi électorale ont témoigné d'une certaine fébrilité : le 30 mai, le scrutin majoritaire devait s'appliquer aux deux tiers des sièges de l'Assemblée, élue pour un tiers à la proportionnelle, ce qui apparaissait comme une prime aux notabilités locales ; le 20 juillet, les deux modes de scrutin cohabitaient à égalité ; le 25 septembre, un tiers des sièges devait être alloué à des « candidats indépendants », ce qui provoqua aussitôt une menace de boycott de toutes les formations politiques, islamistes en tête, qui redoutaient de voir resurgir sous cette étiquette des personnalités de l'ancien régime (les *fouloul* dans le lexique politique local). Les préoccupations du CSFA semblent avoir oscillé pendant cette période entre un plafond – utiliser la loi électorale pour empêcher l'émergence d'une force politique indépendante capable d'instaurer un rapport de force avec les militaires – et un plancher – assurer coûte que coûte la tenue d'élections libres afin de respecter une promesse dont dérivait l'essentiel de sa légitimité, à l'intérieur de la société égyptienne comme auprès de la communauté internationale. Ces hésitations ont encouragé l'organisation régulière de mobilisations de masse à Tahrir – les manifestations « millionnaires » selon l'expression consacrée. L'une des plus spectaculaires fut celle du 27 juillet durant laquelle les

Les hésitations des militaires

2. Voir, sur ce débat, la contribution fondamentale de Charles Taylor, « Cross-Purposes: The Liberal-Communautarian Debate », *in* N. L. Rosenblum (dir.), *Liberalism and the Moral Life*, Cambridge, MA, Harvard University Press, 1989.

slogans initiaux négociés entre islamistes et mouvements révolutionnaires – jugement de Moubarak, justice pour les familles des « martyrs de la révolution », fin de l'état d'urgence et des tribunaux militaires, calendrier de remise du pouvoir de l'autorité militaire à l'autorité civile – furent progressivement remplacés par des mots d'ordre islamistes – application de la charia, refus des principes supraconstitutionnels, compétence constituante de la future Assemblée –, ce qui obligea les militants révolutionnaires à quitter les lieux après plusieurs échauffourées.

Le 27 septembre, la date des élections fut finalement fixée par le CSFA au 28 novembre, en retard de deux mois sur le calendrier établi par la Déclaration constitutionnelle. Les Frères musulmans poussaient le CSFA à tenir des élections le plus tôt possible, alors que les groupements révolutionnaires et les partis libéraux manquaient de temps et d'expertise pour faire face aux défis de la première élection concurrentielle en Égypte depuis 60 ans.

La loi électorale, définitivement adoptée le 1er octobre, prévoyait la proportionnelle « au plus fort reste » pour les deux tiers des sièges, contre un tiers de sièges élus au scrutin uninominal majoritaire, mixant ainsi les deux systèmes électoraux déjà expérimentés dans les années 1980 et 1990. La prime au scrutin proportionnel a été interprétée, à juste titre, comme une concession à la seule organisation disposant d'une identité idéologique forte – la confrérie des Frères musulmans. De même, la taille élargie des circonscriptions électorales, applicables au scrutin uninominal comme au scrutin de listes, traduisait une rupture avec la logique clientéliste antérieure (plus de 1 million d'électeurs en moyenne dans la plupart des 83 circonscriptions soumises au scrutin majoritaire). Au Caire ou à Guizé, les circonscriptions électorales font cohabiter quartiers huppés et bidonvilles (*achwaiyyat*). Pour ce type de scrutin, l'immensité des circonscriptions annule mécaniquement l'effet de notabilité, si bien que les personnalités disposant d'un ancrage local devaient être cooptées par les partis politiques nationaux pour avoir une chance d'être élues.

Héritage de l'ère nassérienne, la règle du quota prévoit qu'une moitié au moins du personnel parlementaire doit être composée d'« ouvriers » ou de « paysans », l'autre moitié étant issue des différentes catégories sociales (*fiat*). Cette règle complique considérablement la procédure électorale, puisque si les listes assurent l'équilibre entre les deux catégories, il revient à l'électeur, lors du scrutin majoritaire uninominal, de voter pour deux candidats, dont l'un est obligatoirement ouvrier ou paysan. Si aucun des deux candidats n'obtient la majorité absolue des suffrages ou si l'un seulement parvient à ce résultat, l'élection se rejoue lors d'un deuxième tour qui a lieu la semaine suivante pour pourvoir les sièges vacants. À l'échelle nationale, l'élection se déroule sur trois phases étalées dans le temps, en raison du nombre insuffisant de magistrats en charge de la surveillance du scrutin. L'électeur égyptien est donc conduit à voter deux fois : il choisit une liste dans le cadre du scrutin proportionnel et il choisit deux candidats dans le cadre du scrutin majoritaire, à l'intérieur de circonscriptions qui ne sont pas soumises au même découpage électoral selon le mode de scrutin.

L'annonce du calendrier électoral ne ralentit pas le cycle des manifestations. L'une d'entre elles, organisée par des coptes protestant contre des agressions commises à l'encontre de leur communauté en Haute-Égypte, est marquée le 10 octobre par une répression disproportionnée qui fait plusieurs dizaines de morts, écrasés par les assauts incontrôlés de véhicules militaires. Au mois de septembre, l'armée avait réagi avec beaucoup plus de lenteur après que des manifestants avaient investi les locaux de l'ambassade d'Israël, ce qui avait manqué provoquer une crise régionale de grande ampleur.

Moins d'un mois avant le commencement de la première phase des élections égyptiennes, le vice-Premier ministre Ali al-Silmy présente le 1er novembre aux partis politiques et à l'opinion un document qui retire à l'Assemblée législative l'essentiel de ses prérogatives constitutionnelles pour les confier à un « Comité constituant » d'une centaine de personnes, dont une majorité issue de la société civile et 20 % seulement de futurs élus. Cette initiative, en contradiction flagrante avec la Déclaration constitutionnelle du 30 mars, était conçue comme une concession du gouvernement aux milieux libéraux, afin de retirer à une Assemblée islamiste la capacité de définir à elle seule les termes du nouveau contrat liant l'État à la société. Le CSFA semble avoir intégré au « document al-Silmy » des dispositions assurant la création d'un « Conseil national de défense » qui disposerait d'une compétence exclusive pour discuter des affaires militaires, l'Assemblée étant tenue de voter le budget militaire sans pouvoir exercer le moindre contrôle.

Le « document al-Silmy »

Face à cette initiative maladroite, islamistes et libéraux se mobilisent ensemble place Tahrir, mais pour des raisons différentes. Pour les premiers, le document al-Silmy est le symbole d'une expropriation électorale, puisqu'il retire à la future majorité le droit de définir l'identité religieuse du pays ; pour les seconds, le document crée un « État dans l'État », dans la mesure où il immunise l'institution militaire contre toute forme de contrôle parlementaire et place les civils sous la tutelle des militaires sur les questions liées à la défense nationale, aux industries militaires, ainsi qu'à l'ensemble très étendu des activités économiques administrées par des militaires.

L'initiative du vice-Premier ministre posait une question de fond contenant déjà les affrontements futurs : il n'y a pas nécessité de provoquer l'élection d'une Assemblée si le régime est légitime… Or si celui-ci n'est pas légitime, pourquoi la législature constituante serait-elle tenue de respecter les injonctions d'une instance militaire largement solidaire de cet ancien régime ?

Le 18 novembre, soit dix jours seulement avant le début des élections, Tahrir est donc à nouveau le théâtre d'une immense mobilisation contre le document honni, réunissant des acteurs – islamistes et révolutionnaires – aux objectifs divergents. Celle-ci est suivie par de nouveaux rassemblements où se mêlent des revendications sur l'indemnisation des familles des « martyrs » ; sur l'accélération du processus de transition ; sur l'élection, avant le mois de mai 2012, d'un nouveau président ; sur la formation d'un gouvernement non soumis à l'influence du CSFA. Au départ, ces regroupements réunissent peu de monde et les forces islamistes, soucieuses d'établir leur influence lors des élections, se gardent d'y participer. Une nouvelle fois, la gestion violente des manifestations par la police militaire provoque des dizaines de morts dans la rue Mohammed Mahmoud, où les jeunes activistes se sont regroupés après l'investissement de la place Tahrir. Ces événements provoquent la démission du gouvernement d'Issam Charaf le 25 novembre 2011, aussitôt remplacé sur décision du CSFA par un ancien ministre de Moubarak, Kamal al-Ganzouri. La contestation prend alors une nouvelle dimension, faisant passer auprès d'une partie de l'opinion le CSFA pour une extension organique de l'ancien régime – ce qui était l'objectif des révolutionnaires. Cependant, les dérapages intervenant au milieu du mois de décembre près du siège du Conseil des ministres, attribués aux activistes, entraînent un retournement de tendance. L'engouement électoral, entretenu par le CSFA et les partis islamistes, avait déjà commencé à s'exprimer avec le lancement du processus le 28 novembre 2011.

Les surprises d'une élection libre

Dès la première phase du cycle électoral – les deux journées des 28 et 29 novembre 2011, suivies du « deuxième tour » pour les sièges individuels les 5 et 6 décembre 2011 –, la carte politique de la nouvelle Égypte était dessinée dans les neuf gouvernorats les plus urbanisés, avec environ 70 % des suffrages exprimés en faveur des islamistes. Le parti Liberté et justice, bras politique des Frères musulmans, réunissait environ 45 % des suffrages, tandis que le parti salafiste Al-Nour oscillait autour de 23 % des voix. Alors que la règle, éprouvée lors des élections professionnelles ou syndicales, voulait qu'une forte participation contienne le poids électoral des Frères musulmans, cela n'a pas été le cas lors de la première phase des législatives de 2011-2012, qu'ils ont remportées avec un taux de participation proche de 60 %.

Le succès fulgurant de l'islam salafiste a été la grande surprise du scrutin. La première question qui se pose est de comprendre comment une formation née en avril 2011 a pu se constituer aussi rapidement en deuxième force politique du pays. Loin de surgir du néant, le parti Al-Nour est l'émanation politique d'un groupement de cheikhs médecins établis dans la ville d'Alexandrie – connu sous l'appellation générique de « prédication d'Alexandrie ». Les personnalités qui le composent ont été socialisées dès le début des années 1970 lors de leurs études à la faculté de médecine de l'université d'Alexandrie, dans le cadre des *gamaat islamiyyat* (associations islamiques), encouragées à l'époque par le président Anouar el-Sadate pour affaiblir les groupuscules d'extrême gauche. En 1977, le groupe annonce au sein de la *gamaa islamiyya* la création de l'« école salafiste », afin de marquer sa différence avec la confrérie des Frères musulmans, de plus en plus puissante au sein de l'association islamique de l'université. En 1979, le groupe prend son indépendance et dote l'école salafiste d'un conseil d'administration, dirigé par un « intendant » (*qaim*), le titre d'imam ne pouvant être porté, selon ses membres, qu'au sein d'un émirat islamique encore inexistant. Des heurts se produisent en 1980 sur le campus d'Alexandrie entre la *gamaa islamiyya* dominée par les Frères et les étudiants salafistes qui organisent des conférences sur le thème de l'unicité divine.

Le succès du salafisme issu de la « prédication d'Alexandrie »

Cette nouvelle génération ne se reconnaît pas davantage dans une expression plus ancienne du salafisme incarnée par l'association des « partisans de la *sunna* prophétique », fondée au Caire en 1926 par Mohammed Hamid al-Faqqi, qui cantonne son activité aux questions juridiques et religieuses. En 1985, l'école salafiste, devenue la « prédication salafiste », met en place le premier institut salafiste d'Alexandrie – l'institut Furqan – qui contribue à délocaliser la prédication pour l'étendre à l'ensemble de l'Égypte. La bureaucratisation de la prédication d'Alexandrie, structurée en différents comités – un « comité exécutif », un « comité des gouvernorats », un « comité social », un « comité des jeunes » – traduit dès lors une ambition de peser au plan national.

Les militants de la prédication d'Alexandrie présentent donc les caractéristiques d'une hybridation originale et réussie entre une culture organisationnelle et partisane empruntée aux Frères musulmans – fréquentés et combattus à l'université d'Alexandrie – et une identité religieuse salafo-wahhabite, qui revendique la propriété des origines pour mieux récuser les pratiques « impures » des autres organisations islamistes. Au début des années 1990, la police de Moubarak restreint le champ d'activité de la prédication d'Alexandrie et les cheikhs, souvent arrêtés pour des périodes déterminées, n'ont plus le droit de quitter la ville. L'interdiction d'évoquer leur existence dans les médias nationaux explique la rareté des travaux de recherche sur ce groupement, qui n'a pourtant jamais cessé d'irriguer de manière souterraine une partie de l'islamisme égyptien jusqu'à la révolution de 2011.

Les cheikhs de la prédication d'Alexandrie se sont signalés par des prises de positions très radicales sur les droits des femmes ou ceux de la minorité religieuse copte en Égypte[3]. L'un des plus connus et des plus influents, le cheikh Yasser Burhami, a interdit de voter dans des circonscriptions où le parti Al-Nour n'avait pas de candidats, au motif qu'« il ne faut pas élire ceux qui veulent détruire la charia », ce qui n'a guère été apprécié par les Frères musulmans. Pour lui, voter n'est pas un devoir civique mais un acte religieux qui s'inscrit dans l'obligation islamique de « faire le bien et [d']interdire le mal ». Abd al-Mounim Chahat, le porte-parole de la prédication d'Alexandrie, a considéré dans une émission télévisée que les livres de l'écrivain Naguib Mahfouz – dont l'Égypte célébrait pendant la campagne l'anniversaire de naissance – étaient une « incitation à la débauche et à la consommation de drogue » et qu'une instance religieuse devrait se prononcer sur le caractère licite de la vente de tels livres.

Outre une expérience organisationnelle ancienne mise au service d'un nouveau parti, Al-Nour a su combiner les avantages d'une identité religieuse immédiatement intelligible pour une majorité d'Égyptiens à la prise en compte pragmatique des réalités politiques locales, en faisant une place sur ses listes aux notabilités tribales ou aux membres les moins compromis de l'ancien PND (dans la région agricole du Fayoum ou dans le gouvernorat de Qéna en Haute-Égypte, des notables tribaux ont été élus sous l'étiquette salafiste). Pour beaucoup, militer dans les rangs d'Al-Nour offrait l'opportunité d'une carrière politique rapide – et permettait, pour les plus chanceux, d'accéder au Parlement sans passer par la voie plus éprouvante d'une lente progression dans l'organisation très hiérarchisée

3. Voir les *fatwas* du cheikh Burhami sur le site *Tariq al-salaf* (« La voie des salafistes »), *Alsalafway.com*.

des Frères musulmans. Le parti a pu ainsi rapidement trouver des relais militants sur l'ensemble du territoire égyptien.

Il y a une dimension sociale implicite dans le succès électoral du parti Al-Nour. Même si la question de la répartition inégale des richesses n'a joué aucun rôle pendant la campagne, les électeurs les plus pauvres ont pu trouver dans le vote salafiste l'expression d'une protestation contre le système social et politique profane auquel ils attribuent leur exclusion ou leur paupérisation – et auquel les Frères musulmans ont été, de leur point de vue, associés au cours des dernières décennies, notamment lors de l'élection semi-pluraliste de 2005 qui a vu la confrérie obtenir 88 sièges.

Al-Nour a aussi bénéficié de l'imprégnation salafiste de la société égyptienne depuis le milieu des années 2000, lorsque les premières chaînes satellitaires religieuses ont vu le jour, avec des chaînes aux titres évocateurs – *Al-Rahmat* (« la Miséricorde »), *Al-Majd* (« la Gloire ») –, dont les slogans publicitaires ne proposent rien moins que d'« emmener les téléspectateurs au paradis ». Cette imprégnation a aussi touché l'espace des mosquées, puisque les réseaux religieux salafistes ont pu investir les lieux de culte grâce à l'aide du pouvoir, à une époque où la police de Moubarak était surtout soucieuse de combattre l'influence des Frères musulmans.

Enfin, des rumeurs, invérifiables en l'état, affirment que le parti Al-Nour aurait bénéficié de la manne financière des institutions religieuses saoudiennes. Il s'agirait pour Riyad de trouver des relais en Égypte pour contrer l'influence du Qatar, considéré comme le principal contributeur des Frères musulmans égyptiens, et d'éviter ainsi un « encerclement » du Royame en retrouvant une profondeur stratégique dans la vallée du Nil[4].

La victoire électorale des Frères musulmans était, quant à elle, la conséquence presque mécanique du rejet du régime qui les avait réprimés, avec une intensité certes variable, durant les dernières décennies. L'organisation touchait ainsi les dividendes électoraux d'une solidarité naturelle avec les victimes des persécutions passées, à l'image du succès des partis communistes européens après la Seconde Guerre mondiale. Tardivement mobilisés pour se rendre place Tahrir, les Frères avaient pourtant joué un rôle clé dès la fin du mois de janvier et pouvaient à ce titre revendiquer leur part de légitimité révolutionnaire. Au plan tactique, ils ont géré la période de

4. On peut rappeler ici que le nouveau prince héritier saoudien et ministre de l'Intérieur, le prince Nayef, a souvent affiché son hostilité aux Frères musulmans, accusés après le 11 septembre 2001 d'avoir abusé de l'hospitalité saoudienne en radicalisant une partie de la jeunesse du Royaume. Connu pour ses relations de confiance avec les milieux religieux, il serait un des inspirateurs de la politique de soutien au parti Al-Nour.

transition avec une exceptionnelle intelligence politique, en se plaçant au centre du jeu politique, négociant avec le CSFA sans jamais perdre la possibilité de constituer une masse critique de manifestants lorsqu'ils estimaient que leurs intérêts vitaux étaient en jeu, à l'instar de ce qui s'est produit lors des manifestations hostiles au document al-Silmy de novembre 2011.

Dans un contexte de grande volatilité politique et institutionnelle, les Frères se sont appuyés sur un appareil organisationnel patiemment reconstruit depuis les années 1970, au point de constituer l'équivalent, dans la société, de ce que représente aujourd'hui l'armée dans l'État – la seule organisation efficace et hiérarchisée, dont le fonctionnement repose sur une culture sacralisée de l'obéissance et un sens éprouvé du secret[5]. Au-delà d'un noyau dur, dont les membres oscilleraient entre 100 000 et 500 000, astreints au paiement de cotisations mensuelles et organisés sur la base de « familles » se réunissant au moins une fois par semaine, la confrérie réunit des cercles plus larges de « partisans », « soutiens » et « sympathisants » qui en font une organisation de masse pouvant atteindre – voire dépasser – le million de personnes.

La participation électorale ne signifie pas la victoire du courant « réformateur » ou « démocratique » au sein de la confrérie, surtout depuis l'accession de Mohammed Badi au titre de guide suprême en 2010 et le rôle croissant joué par Khayrat al-Chater au sein du bureau de la guidance (*maktab al-irchad*). Par un hasard de l'histoire, c'est une direction politique « dure », établie pour répondre au durcissement de la répression, qui doit à présent assumer son action dans un environnement politique beaucoup plus ouvert. La relative démocratisation du pays n'a pas modifié l'*ethos* autoritaire des Frères musulmans. Juste après le départ de Moubarak, les responsables de la confrérie s'étaient engagés à limiter les candidatures aux élections afin de rassurer les partis, l'opinion et l'armée sur leurs intentions politiques. Puis cet engagement initial a été renié par paliers successifs et la confrérie a finalement présenté des candidats dans toutes les circonscriptions. Au plan interne, l'interdiction faite aux membres de la confrérie de s'inscrire dans un autre parti politique a été dénoncée par la section étudiante des Frères, dont plusieurs responsables ont fait sécession en avril 2011 pour protester contre un processus décisionnel opaque – ces jeunes dissidents du « Courant égyptien » ont préféré se solidariser avec les groupes révolutionnaires de la place Tahrir et devenir membres du bureau exécutif de la coalition de la « Révolution permanente ». Le parti

5. Sur les évolutions les plus récentes de l'organisation des Frères musulmans, voir, en arabe, *Les Transformations au sein des Frères musulmans* [*Tahawullat al-ikhwan al-mouslimun*], du regretté Houssam Tamam, Le Caire, Librairie Madbouly, 2006.

Liberté et justice, créé par la confrérie à la même période, est totalement dépendant des dirigeants des Frères, tant au plan financier que pour le choix des personnes. C'est d'ailleurs la principale instance exécutive des Frères, le bureau de guidance, qui a négocié la composition des listes électorales et sélectionné les candidats. Frappé d'interdiction sur décision judiciaire, le slogan « L'islam est la solution » fut maintes fois répété par les candidats du parti pour convaincre une société conservatrice de « ne pas craindre ceux qui craignent Dieu ».

Et maintenant ?

Les représentants du CSFA vont très probablement vouloir rassurer leurs interlocuteurs occidentaux sur la question des engagements extérieurs de l'Égypte, arguant de l'existence d'un compromis entre Frères et militaires garantissant la conservation par ces derniers des ministères les plus stratégiques, comme les Affaires étrangères ou la Défense. Sur le court terme, la majorité islamiste ne devrait pas revendiquer la formation d'un nouveau gouvernement. Elle laissera le gouvernement de Kamal al-Ganzouri diriger le pays jusqu'à l'élection du nouveau président, prévue en mai 2012.

Une Assemblée constituante et législative

La question de fond porte sur le caractère durable de cette entente et les modalités de son application, lorsque les Frères – et à un moindre degré les salafistes – voudront investir les divers lieux de pouvoir au sein de l'État, ce qui ne manquera pas de provoquer des tensions avec l'institution militaire. Ainsi, les candidats à l'Académie militaire ayant des liens avec une organisation islamiste continueront-ils à être systématiquement écartés pour des raisons de « sécurité nationale », comme ce fut le cas jusqu'à présent ? La police, longtemps spécialisée dans l'arrestation et la torture de militants islamistes, devrait faire l'objet d'assez larges purges administratives – un phénomène conjuré ces derniers mois par un regain subit de religiosité au sein de certains services…

L'islamisme égyptien s'est mobilisé au plan électoral en raison du poids des questions normatives et symboliques soulevées par l'enjeu constitutionnel. Ces questions risquent de peser sur les débats à venir, d'autant que les Frères musulmans, en crise idéologique depuis la disparition de leurs principaux intellectuels religieux, seront confrontés à un risque de surenchère en provenance des députés salafistes. De surcroît, les élections ont créé une « législature constituante » et non une « Assemblée constituante » dont la vocation aurait été de s'autodissoudre après la rédaction du texte constitutionnel. Dominée par les islamistes, pareille Assemblée aura le plus grand mal, de par sa nature, à distinguer les enjeux de la politique ordinaire des enjeux de la politique constitutionnelle, ce qui menace les conditions d'élaboration d'une Constitution consensuelle, sans vainqueur ni vaincu, conçue pour restreindre les possibilités d'abus de pouvoir par la majorité du moment. En raison de sa double nature, constituante et législative, l'Assemblée élue est appelée à durer dans le temps et à se réclamer d'une très forte légitimité électorale et populaire, qui ne pourra pas facilement être contestée par d'autres institutions.

L'avenir dira si la « légitimité par l'origine » incarnée par le phénomène Tahrir pourra continuer à alimenter l'utopie d'un réel changement de régime face à une configuration politique dont les principaux acteurs – militaires et islamistes – voudraient à présent arrêter le mouvement révolutionnaire, les uns pour en exploiter les acquis (les islamistes), les autres pour en limiter les effets au nom de la sauvegarde du *statu quo* (les militaires). Le 14 janvier 2012, l'annonce par une des figures les plus crédibles de l'opposition libérale, Mohammed el-Baradei, du retrait de sa candidature à l'élection présidentielle pour se consacrer à la poursuite de l'action collective « avec les jeunes » traduit une volonté de miser sur le caractère durable de la dynamique révolutionnaire, un an après son déclenchement[6]. La situation égyptienne offre ainsi le paradoxe d'une réconciliation entre le référent libéral et le référent révolutionnaire, avec des forces libérales anti-islamistes qui pourraient être tentées de recourir à des moyens extraparlementaires pour contrer les tentations hégémoniques du Parlement.

Les dates des deux tours de l'élection présidentielle ont été fixées pour les 20 et 27 juin 2012. Les Frères musulmans n'apporteront pas leur soutien au dissident libéral Abdelmounim Abou al-Foutouh, exclu du mouvement le 19 juin dernier après s'être déclaré candidat à la présidentielle sans l'aval de la direction. Beaucoup moins charismatique, l'intellectuel islamiste Mohammed Selim al-Awwa pourrait constituer un candidat de consensus pour l'ensemble du spectre politique. Son élection semble plus probable que celle de l'ancien secrétaire de la Ligue arabe, Amr Moussa, plus énergique mais trop lié à l'ancien régime. Elle entraînerait un affaiblissement significatif de l'institution présidentielle face à un Parlement qui

6. Lors de son intervention télévisée, M. el-Baradei a critiqué la gestion de la période transitoire, « la pire gestion possible », en regrettant que la période n'ait pas été consacrée à la recherche d'un accord « sur les principes sur lesquels nous voulons faire reposer la maison que nous voulons bâtir », à travers la mise en place d'une « Constitution consensuelle », avec une loi sur les partis qui aurait garanti la « représentation de tous les segments de la société égyptienne ». Face à une situation « où les médias n'ont pas changé, avec des porte-voix du régime », où « la justice conserve les graves défauts du passé » et où, « pire encore, les gens se font arrêter, tuer ou torturer », M. el-Baradei justifie le retrait de sa candidature à la présidentielle et annonce sa volonté de « travailler avec les jeunes » dans l'espoir de transformer en profondeur le régime. Voir son annonce sur *YouTube*, <http://www.youtube.com/watch?v=-ruWs1Adx8A> (consulté le 18 janvier 2012).

entend exercer, pour la première fois depuis 60 ans, un réel pouvoir de contrôle et de décision. Par une ironie de l'histoire, c'est le courant politique qui a produit la théorie de la « souveraineté divine » contre les lois humaines qui se trouve aujourd'hui en mesure de transformer un type de régime trop longtemps synonyme de dictature au Moyen-Orient – le régime présidentiel – en un régime parlementaire qui pourrait servir de modèle dans la région.

Dès la réunion du Parlement, le 23 janvier, les islamistes vont devoir assumer la gestion d'une situation financière difficile, du fait d'un manque de liquidités qui pourrait déclencher une grave crise alimentaire si l'Égypte ne parvenait plus à payer ses importations de blé. Les islamistes pourraient aussi être tentés d'accepter la conditionnalité d'une aide du Fonds monétaire international (FMI), qui leur servirait de levier pour briser progressivement les « domaines réservés » de l'armée, à la manière dont le Parti de la justice et du développement (Adalet ve Kalkínma Partisi, AKP) turc a conçu ses relations avec l'Union européenne. Élus sur des slogans religieux, dépourvus de vision économique, les députés islamistes vont devoir inventer un « islamisme de gouvernement » dans un climat de crise sociale qui pourrait nourrir de nouvelles manifestations à Tahrir, à quelques mètres du Parlement, ainsi que dans toutes les villes du pays. Dans cette hypothèse, l'islamisme égyptien se briserait, pris entre deux logiques sociales, et les Frères deviendraient les premières victimes politiques d'une victoire recherchée depuis leur première participation électorale en janvier 1945, ce dont les organisations révolutionnaires, tout comme des formes d'islamisme plus radicales, pourraient profiter.

Enfin, la situation régionale fait peser une véritable hypothèque sur la nouvelle majorité. Une aggravation de la situation dans la bande de Gaza placerait les Frères égyptiens en porte-à-faux par rapport à leurs frères du Hamas, issus de la même matrice idéologique et militante. Ceux qui prônaient un devoir de solidarité avec Gaza lors des bombardements israéliens de 2008 pour discréditer Moubarak auraient le plus grand mal à justifier l'adoption d'une morale de responsabilité pour ne pas intervenir dans une situation similaire. Des groupes incontrôlés dans le Sinaï pourraient aussi être tentés par des actions de provocation, pour mettre les Frères musulmans devant leurs contradictions et obtenir la fin de l'aide américaine accordée à l'armée égyptienne pour prix de la paix signée avec Israël à Camp David.

MOTS CLÉS

Égypte, Conseil suprême des forces armées, Frères musulmans, salafisme

La révolte en réseau : le « printemps arabe » et les médias sociaux

Par **David M. Faris**

David M. Faris est professeur adjoint de science politique à la Roosevelt University. Son ouvrage *Dissent and Revolution in a Digital Age: Social Media, Blogging and Activism in Egypt* (Londres, I.B.Tauris) paraîtra en septembre 2012.

Traduit de l'anglais par Elsa Ryder.

En Égypte, l'activisme numérique s'est développé depuis le milieu des années 2000, nombre de blogueurs contribuant à dénoncer les abus du régime Moubarak. Un tel phénomène n'a pas pu voir le jour en Tunisie du fait de la censure exercée sur Internet. Toutefois, dans les deux cas, les blogs mais aussi les réseaux sociaux comme Facebook ou Twitter ont joué un rôle important au moment des révolutions de 2011.

politique étrangère

La question du rôle des médias sociaux dans le « printemps arabe » est bien souvent traitée de manière caricaturale. Certains n'ont pas hésité à parler de « révolution Facebook », « révolution Twitter » ou « révolution WikiLeaks », présentant l'avènement du Web social comme la cause principale du déclenchement des révoltes. D'autres, au contraire, ont expliqué qu'Internet n'avait joué aucun rôle. La question des rapports entre médias sociaux et changement politique requiert une approche plus nuancée, se fondant plus spécifiquement sur les cas de l'Égypte et de la Tunisie. Avant de se focaliser sur le « printemps arabe », un détour par le mouvement de contestation en Iran en 2009 s'impose.

L'expérience iranienne de 2009 et ses premières leçons

L'expression « révolution Twitter » a émergé en 2009, au moment de la vague de protestation consécutive à la réélection du président Mahmoud Ahmadinejad. Au cours des premiers jours de la révolte, Twitter est devenu le moyen essentiel, pour les observateurs internationaux, d'obtenir des informations concernant les événements en Iran. L'activisme numérique d'un petit groupe de militants iraniens « tweetant » en anglais a poussé certains analystes à mettre sur le compte de Twitter l'organisation de la révolte elle-même et à présenter le site de microblogging comme l'unique moyen pour les Iraniens de se tenir au courant ce qui se passait. Or, les spécialistes de l'Iran se sont presque immédiatement opposés à l'idée de considérer le « mouvement vert » comme une « révolution Twitter ». Ils ont soutenu que la mobilisation autour de Mir Hossein Moussavi, candidat opposé au président sortant, était à mettre sur le compte d'une coalition antérieure, unissant organismes de la société civile et militants de l'opposition, dans le but de « chasser Ahmadinejad du pouvoir[1] ». D'autres ont souligné que l'étude des statistiques d'utilisation de Twitter en Iran ne permettait pas d'accréditer la thèse selon laquelle ce site serait à l'origine du soulèvement[2]. Enfin, la répression implacable du « mouvement vert » a conduit nombre d'observateurs à récuser non seulement le rôle de Twitter dans le pays, mais plus généralement sa capacité à être vecteur de changement politique dans des États autoritaires. Les événements d'Iran auraient ainsi « démontré à la fois le potentiel et les limites de la technologie libératrice[3] ». Certaines oraisons funèbres du « mouvement vert » laissaient transparaître une certaine satisfaction de la part de ceux qui avaient manifesté dès le début leur scepticisme quant à la capacité des médias sociaux à produire des changements politiques fondamentaux.

En 2010, dans la foulée de la répression en Iran, les thèses des sceptiques ont tenu le haut du pavé. Parmi les défenseurs de ces thèses, Evgeny Morozov[4] a acquis une visibilité particulière. Il n'a eu de cesse d'expliquer que les efforts de promotion des médias sociaux comme réponse aux frustrations démocratiques dans les pays autoritaires resteraient vains. Dans son ouvrage *The Net Delusion*[5], il écrit : « Espérer qu'il suffise d'ouvrir tous les réseaux [...] pour rendre une transition vers la démocratie plus facile ou plus probable est illusoire[6]. » Dans la même veine, Malcolm Gladwell a expliqué, dans un article du *New Yorker*, que les médias sociaux ne pouvaient pas mener à des mobilisations de masse en raison de la faiblesse et de la volatilité des liens créés sur le Web[7]. Selon lui,

Les médias sociaux comme réponse aux frustrations démocratiques

1. A. Afshari et G. H. Underwood, « The Green Wave », *Journal of Democracy*, vol. 20, n° 4, octobre 2009, p. 6-10.
2. E. Morozov, *The Net Delusion: The Dark Side of Internet Freedom*, New York, PublicAffairs, 2011.
3. L. Diamond, « Liberation Technology », *Journal of Democracy*, vol. 21, n° 3, juillet 2010, p. 69-83.
4. Evgeny Morozov est un jeune chercheur originaire du Belarus qui a notamment été « Yahoo! Fellow » à l'université de Georgetown (*ndlr*).
5. Cet ouvrage a fait l'objet d'une recension dans *Politique étrangère*, vol. 76, n° 4, hiver 2011 (*ndlr*).
6. E. Morozov, *op. cit.*
7. M. Gladwell, « Small Change: Why the Revolution Will Not Be Tweeted », *The New Yorker*, 4 octobre 2010.

les individus sont susceptibles de prendre des risques en voyant leurs proches faire de même, mais ils ne sauraient mettre leur vie en danger en suivant le seul exemple d'une lointaine connaissance rencontrée sur Internet. Les sceptiques expliquent également – et c'est une évidence – que d'un point de vue historique, l'absence de médias sociaux n'a pas empêché le déroulement de nombreuses révolutions. En 1979, des millions de personnes se sont mobilisées en Iran alors que Twitter n'existait pas. Deux ans plus tôt, les Égyptiens n'avaient pas eu besoin de pages Facebook pour descendre dans la rue et protester massivement contre l'augmentation du prix des denrées alimentaires. En d'autres termes, l'existence des médias sociaux n'est *ni nécessaire, ni suffisante* pour inciter à l'action collective dans les sociétés non démocratiques.

À la fin de l'année 2010, après le musellement du « mouvement vert » en Iran et alors que la situation des Droits de l'homme ne semblait guère s'améliorer en Égypte et en Chine, il était difficile de trouver le moindre exemple susceptible d'étayer la théorie du potentiel libérateur des médias sociaux. De fait, après quasiment une décennie d'activisme numérique, les blogueurs égyptiens n'avaient pas réussi à faire évoluer le régime. La contestation était bel et bien présente : de 2004 à 2010, les militants du groupe d'opposition Kefaya et leurs alliés dans la blogosphère égyptienne ont été à l'origine de centaines de manifestations dans les rues du Caire et d'autres villes d'Égypte[8]. On peut même dire qu'ils ont banalisé la pratique des manifestations pendant cette période, même si, à l'époque, la plupart des Égyptiens se contentaient d'observer prudemment et de loin. Ces militants-blogueurs ont également permis de faire éclater les plus importants scandales de la dernière décennie, dont des affaires d'agressions sexuelles au Caire en 2006 et de pratiques de torture dans les prisons. Toutefois, en dépit de l'existence de solides communautés d'activistes numériques qui utilisaient tous les moyens – de Flickr à Facebook en passant par Twitter – pour partager, témoigner et mobiliser, l'avenir de la démocratie égyptienne paraissait sombre. Et la succession d'Hosni Moubarak promise à son fils Gamal...

Le facteur numérique dans la révolution égyptienne

Quelle a été la contribution réelle des médias sociaux à la révolution égyptienne ? Les premières manifestations du 25 janvier 2011 ont été organisées lors de la journée nationale de la police afin de dénoncer les actions sans foi ni loi des forces de sécurité du pays, en particulier la torture

8. R. El-Mahdi, « Enough! Egypt's Quest for Democracy », *Comparative Political Studies*, vol. 42, n° 8, 2009, p. 1011-1039.

devenue courante depuis l'arrivée au ministère de l'Intérieur d'Habib el-Adli. L'organisation de ces manifestations a été attribuée aussi bien au Mouvement du 6 avril (qui avait débuté sous la forme d'un groupe Facebook en mars 2008) qu'au groupe Facebook « Nous sommes tous des Khaled Saïd », ainsi nommé en hommage à un jeune homme d'Alexandrie tué par la police en juin 2010. Nombre d'analyses du rôle des médias sociaux dans la révolution égyptienne commencent soit au moment de la fondation du Mouvement du 6 avril en 2008, soit au moment de la création du groupe Facebook « Nous sommes tous des Khaled Saïd ». Ces deux mouvements, bien que d'une importance capitale, sont en fait venus s'ajouter à une base de protestation établie depuis des années par des activistes numériques. Sans leurs efforts initiaux pour amener la question de la torture dans la sphère publique, la mort de Khaled Saïd n'aurait pas connu la même résonnance, et aurait encore moins pu déclencher un soulèvement national.

D'abord concentrée autour de blogs en anglais comme *The Arabist* d'Issandr el-Amrani, *Sandmonkey* de Mahmoud Salem ou encore *3arabawy* d'Hossam el-Hamalawy, la blogosphère égyptienne s'est rapidement étoffée avec le lancement de blogs en arabe par Amr Gharbeia, Alaa Abdel-Fattah ou encore Wael Abbas[9]. Abdel-Fattah et son épouse Manal ont créé une sorte de cercle de blogueurs, « Manal and Alaa's Bit Bucket », qui a permis de soutenir l'émergence d'autres jeunes blogueurs. Cette communauté était très majoritairement basée au Caire et dans ses environs. Ensemble, ces activistes ont fait pression sur les nouveaux journaux indépendants du pays, comme *Al-Masri Al-Youm* ou *Al-Dustour*, pour qu'ils rendent publique une série de scandales gênants pour le régime.

Le 25 octobre 2006, Malek Mustafa, alias Malcolm X dans la blogosphère, fête l'Aïd-el-fitr avec des amis dans un quartier du Caire. Par hasard, ils sont témoins d'agressions sexuelles à l'encontre de plusieurs femmes, vraisemblablement commises par des sbires du régime habillés en civil[10]. Le récit de ces agressions est mis en ligne par Malek et circule à travers la blogosphère égyptienne et par e-mail. L'affaire est rapidement relayée à l'international et, au bout d'une semaine, finit par apparaître dans les colonnes de journaux indépendants égyptiens comme *Al-Dustour*. Surtout, il est possible d'établir un lien direct entre les mouvements de protestation qui font suite à cette affaire et le développement de cam-

9. C. Radsch, « Core To Commonplace: The Evolution of Egypt's Blogosphere », *Arab Media and Society*, n° 6, automne 2008.
10. R. Al-Malky, « Blogging for Reform », *Arab Media and Society*, n° 1, automne 2007.

pagnes pour les droits des femmes en Égypte, dont l'immense manifestation du 20 décembre 2011 est une illustration[11].

En 2007, le blogueur Wael Abbas a posté une vidéo montrant un homme, Emad el-Kabir, victime de torture et d'abus sexuel commis par des policiers. Cette vidéo a causé un tel scandale que les autorités ont été contraintes d'arrêter et de juger les coupables[12]. Un autre exemple de blog est celui de Noha Atef, *Torture in Egypt*, qui rassemble des témoignages de victimes de tortures et publie les noms et les portraits des officiers responsables. N. Atef a pu lancer ce blog grâce à l'aide d'Amr Gharbeia et d'Alaa Abdel-Fattah, ce qui montre bien l'importance des réseaux sociaux au sein de la blogospère[13]. Le gouvernement égyptien s'est largement abstenu de filtrer les activités sur Internet ou de bloquer des sites Web, préférant faire emprisonner ou harceler quelques blogueurs. Ceux-ci ont poursuivi leurs activités malgré le danger. Comme l'expliquait le militant Bassem Fathy au lendemain de la révolution : « Nous utilisions Internet depuis dix ans ; c'était le seul espace de liberté que nous avions[14]. » De fait, des milliers d'internautes ont afflué vers cet espace : en 2008, le nombre de blogs en Égypte était estimé[15] à 160 000.

160 000 blogs en Égypte en 2008

Ces premiers efforts d'organisation des blogueurs se sont avérés essentiels lorsque de nouveaux outils sont arrivés à la disposition de la communauté activiste. Fin 2007, alors que les Égyptiens commençaient à affluer en masse vers Facebook, on était encore loin d'imaginer que ce réseau deviendrait la plateforme privilégiée pour l'organisation de rassemblements populaires. En mars 2008, d'anciens membres de la branche jeunesse de Kefaya ont ouvert un groupe Facebook pour organiser un mouvement de solidarité envers les ouvriers du textile de la ville d'El-Mahalla dans le delta du Nil. Le 6 avril, des grèves et des manifestations ont ainsi eu lieu. Cette date marque un tournant. D'un phénomène mené et exécuté uniquement par des blogueurs, la contestation est devenue plus complète et diversifiée, s'appuyant dorénavant sur les médias sociaux comme Facebook et Twitter[16]. En outre, les événements du

11. D. Kirkpatrick, « Mass March by Cairo Women over Abuse by Soldiers », *The New York Times*, 20 décembre 2011, p. A1.
12. D. M. Faris, *Dissent and Revolution in a Digital Age: Social Media, Blogging and Activism in Egypt*, à paraître chez I.B.Tauris, Londres, 2012.
13. Entretien avec Noha Atef, Le Caire, 7 juillet 2011.
14. Entretien avec Bassem Fathy, Le Caire, 20 juin 2011.
15. OpenNet Initiative, « Egypt: Country Profile », 6 août 2009, disponible sur <http://opennet.net/research/profiles/egypt>.
16. D. M. Faris, « Revolutions Without Revolutionaries? Network Theory, Facebook and the Egyptian Blogosphere », *Arab Media and Society*, n° 6, automne 2008.

6 avril 2008 ont également donné naissance au Mouvement de la jeunesse du 6 avril, un des principaux instigateurs de la révolution du 25 janvier 2011. Dès lors, le nombre d'utilisateurs de Facebook en Égypte n'a cessé d'augmenter : de 822 560 en 2008[17] à 5 millions à la veille de la révolution et à plus de 9,3 millions au début de l'année 2012[18].

En juin 2010, la mort de Khaled Saïd a été l'incident de trop pour des milliers d'Égyptiens qui ne pouvaient plus supporter les tortures, emprisonnements et assassinats arbitraires. Le groupe Facebook « Nous sommes tous des Khaled Saïd » a été créé par Abdel Rahman Monsour, journaliste et militant basé au Caire, et Wael Ghonim[19], cadre de Google installé à Dubaï. Il a été utilisé pour organiser une série de manifestations audacieuses au cours de l'été et de l'automne 2010 et comptait alors des dizaines de milliers de membres[20]. Les administrateurs du groupe – c'est-à-dire ceux qui postent et rédigent les brèves – sont longtemps restés anonymes, mais c'est sur la page de ce groupe que les appels à manifester le 25 janvier 2011 ont commencé à circuler auprès de membres de plus en plus nombreux – jusqu'à 380 000 à la veille de la révolution[21].

L'élite des blogueurs du Caire savait très bien qu'elle ne pouvait pas à elle seule rassembler suffisamment de personnes dans la rue pour déstabiliser Moubarak, mais elle savait également qu'avec la maturation et l'expansion des réseaux sociaux, la base de volontaires et de protestataires potentiels s'élargissait également. Ces blogueurs – dont beaucoup ont fait de Twitter ou Facebook leur plateforme principale à partir de 2008 – avaient acquis un certain degré de crédibilité auprès d'une partie de la société égyptienne. Toutefois, dans un pays où le taux de connexion à Internet stagnait toujours autour de 24 % à la veille de la révolution[22], l'élite blogueuse restait encore largement inconnue en dehors des cercles d'activistes du Caire. Au final, cela n'a pas eu d'importance : ils ont capitalisé sur les réseaux forgés depuis une dizaine d'années, utilisé à plein les possibilités offertes par les plateformes technologiques et se sont associés entre eux pour encourager le plus de monde possible à descendre dans

---

17. L. Herrera, « Egypt's Revolution 2.0: The Facebook Factor », *Jadaliyya*, 12 février 2011, disponible sur <http://www.jadaliyya.com/pages/index/612/egypts-revolution-2.0_the-facebook-factor>.
18. « Africa », *Internet World Stats*, disponible sur <http://www.internetworldstats.com/africa.htm> (consulté le 8 janvier 2012).
19. On attribue souvent à tort la fondation du groupe à W. Ghonim seul.
20. D. M. Faris, « We Are All Revolutionaries Now: Social Media Networks and the Egyptian Revolution », *in* Lichtenstein Institute on Self-Determination, *Social Media Revolutions: All Hype or New Reality*, Princeton, PA, Princeton University, 2011.
21. « April 6th Youth Movement: Revolution in Cairo », *Frontline*, *PBS.org*, 22 février 2011, disponible sur <http://www.pbs.org/wgbh/pages/frontline/revolution-in-cairo/inside-april6-movement/>.
22. « Internet Usage Statistics for Africa », *Internet World Stats*, disponible sur <http://www.Internetworldstats.com/stats1.htm>.

la rue. Les autres facteurs – comme le refus de l'armée de tirer sur les manifestants, la menace d'une grève générale ou les conditions économiques difficiles – ont eu tout autant d'importance ; mais reconnaître ces facteurs à leur juste valeur ne doit pas pour autant nous faire ignorer le rôle essentiel des médias sociaux. Parmi les éléments explicatifs de la révolte, il ne faut pas négliger non plus l'effet de contagion : un mois avant les événements du Caire, la Tunisie était entrée en ébullition.

Tunisie : les blogueurs exilés

Les médias sociaux ont joué un rôle important dans le soulèvement tunisien, mais pour des raisons différentes du cas égyptien. Avant décembre 2010, la Tunisie était un État policier qui ne se privait pas de filtrer et de censurer Internet. Selon un rapport de 2010 de l'OpenNet Initiative, le régime pratiquait un « filtrage intense des sites Web des groupes d'opposition politique », sans parler de la censure à l'encontre des journalistes, blogueurs et militants des Droits de l'homme[23]. En Tunisie, il n'y a pas eu de campagne pour les Droits de l'homme menée par des blogueurs, pour la simple et bonne raison que le régime avait rendu difficile, voire impossible l'accès aux plateformes de blog. Les activistes numériques étaient également traqués de manière bien plus efficace dans la Tunisie de Ben Ali que dans l'Égypte de Moubarak. Lina Ben Mhenni, militante tunisienne, explique par exemple que contrairement aux militants égyptiens, les Tunisiens n'avaient vraiment pas la possibilité de photographier ou filmer les forces de police ou de sécurité en train de commettre des exactions[24]. Brandir un appareil photo dans la rue pour témoigner de la violence du régime, une pratique devenue si courante en Égypte au point d'en être banale, valait aux activistes tunisiens la confiscation immédiate de leurs téléphones portables ou caméras, et il leur était difficile de diffuser ce type de document à l'international. Cependant, si le régime est parvenu à empêcher l'émergence d'un solide groupe d'activistes cherchant à le renverser, il n'a pas pu se prémunir totalement de la contestation sur le Web. Certains Tunisiens contournaient en effet la censure en utilisant des serveurs proxy. En outre, des blogueurs exilés ne se privaient pas de s'exprimer sur le Web, à l'instar de Sami Ben Gharbia, cofondateur du blog *Nawaat*.

Contrairement à l'Égypte, où les manifestations du 25 janvier ont été ouvertement préparées, annoncées et organisées sur Facebook, les médias

23. OpenNet Initiative, « Tunisia: Country Profile », 7 août 2009, disponible sur <http://opennet.net/research/profiles/tunisia>.
24. Entretien avec Lina Ben Mhenni, Tunis, 21 juillet 2011.

sociaux n'ont semblé jouer aucun rôle dans l'éclatement des soulèvements en Tunisie. Les détails de l'immolation de Mohammed Bouazizi sont bien connus et ne nécessitent pas d'être rappelés, si ce n'est pour souligner que cet événement a pris tout le monde de court en Tunisie, y compris les dissidents. Lorsque les manifestations ont commencé à Sidi Bouzid, le gouvernement de Ben Ali a décidé d'autoriser l'utilisation de Facebook – une décision encore plus troublante avec le recul. Usant de sa toute nouvelle liberté sur les réseaux sociaux, la communauté activiste s'est servie de Facebook ou de Twitter pour faire circuler images et débats d'opinion sur le soulèvement en temps réel, permettant aux habitants de Tunis, mieux connectés à Internet, de voir ce qui se passait dans l'arrière-pays et de se mobiliser. Lina Ben Mhenni affirme clairement que Facebook et Twitter sont devenus très importants une fois la révolution lancée : « Dans le cadre de la révolution, le rôle des blogs, des réseaux sociaux et des cyber-activistes était d'informer les gens de ce qui se passait et de les mobiliser. Beaucoup de manifestations ont été organisées sur Facebook et Twitter[25]. »

La révolution tunisienne a été spontanée et n'a pas mûri sur Internet ; pour autant, des balbutiements de contestation numérique étaient observables à l'intérieur du pays, malgré la censure exercée par le pouvoir. Le 22 mai 2010, des activistes numériques tunisiens ont organisé une manifestation contre la censure à Tunis. L. Ben Mhenni se souvient : « Je pense que c'était la première fois que nous nous débarrassions de nos peurs et que nous réussissions à convaincre les gens de passer d'Internet au monde réel[26]. » Cette manifestation du 22 mai peut être analysée comme la naissance d'un mouvement similaire à celui qui avait commencé en Égypte à partir de 2003-2004. L'activiste Kacem Jlidi affirme que les observateurs attentifs pouvaient prédire que quelque chose se tramait avant même le mois de décembre, et que Facebook et Twitter y étaient pour beaucoup : « Trois mois avant le mois de décembre, il se passait des choses très importantes sur Internet ; on ressentait bien le mécontentement dans la rue, les gens qui en avaient marre. Il y avait beaucoup de vidéos, de billets, les prix augmentaient[27]. » Et bien sûr, même si beaucoup de ses contributeurs écrivaient de l'étranger, *Nawaat* avait en Tunisie plus d'importance que n'importe quel blog en Égypte. Pour L. Ben Mhenni, « Internet a permis aux gens de se connaître malgré la distance qui les séparait ». Et pendant la révolution, des sites comme *Nawaat*, Facebook et Twitter ont permis aux Tunisiens de contourner le silence imposé aux

Contourner le silence imposé aux médias

25. Entretien avec Lina Ben Mhenni, Tunis, 21 juillet 2011.
26. *Idem.*
27. Entretien avec Kacem Jlidi, Tunis, 25 juillet 2011.

médias par l'État, de se contacter entre eux et de transmettre des informations à l'étranger sur ce qui se passait dans le pays. Kacem Jlidi, activiste contributeur de *Nawaat*, se trouvait sur le sol tunisien pendant la révolution. Il explique : « Pendant la révolution, nous avions monté une équipe de six personnes et j'étais le seul à me trouver en Tunisie. Sous la section Sidi Bouzid du blog étaient rassemblés tous les photos, vidéos et extraits d'articles[28]. » C'est dans cette transformation que l'on peut apprécier l'importance à long terme d'un blog collectif tel que *Nawaat* : bien que principalement géré à l'étranger pendant la plus grande partie de son existence, il a joué un rôle très important au moment même de la crise.

Certains se demandent si WikiLeaks a joué un rôle dans la révolution tunisienne. Bien que la révélation des télégrammes diplomatiques sur l'opulence dans laquelle vivaient les responsables politiques du pays ait été potentiellement explosive, les activistes ont rejeté maintes fois l'idée que WikiLeaks ait pu mener les gens dans la rue. Comme le soutient Kacem Jlidi : « Après la révolution, WikiLeaks a cherché à s'en attribuer la responsabilité, mais en réalité les Tunisiens étaient déjà au courant. Les fortunes inexpliquées de certaines personnes du régime [n'étaient pas passées inaperçues]. Quant aux affaires de torture, ce genre d'incidents était mentionné sur Facebook par exemple. [Les services de sécurité] amenaient des gens voir leur fils ou leur frère se faire torturer, ces gens enregistraient ce qu'ils voyaient ou entendaient, et le régime n'y pouvait rien. Toutes ces petites choses s'accumulaient, s'accumulaient encore et n'attendaient plus qu'une étincelle pour s'embraser[29]. »

Cela ne veut pas dire que WikiLeaks n'a joué aucun rôle dans le soulèvement tunisien, mais que, selon les militants, les abus du régime étaient déjà bien connus. Afef Abrougi, autre activiste numérique tunisien, estime que WikiLeaks n'a eu d'importance qu'en conjonction avec le projet « TuniLeaks » de *Nawaat*, qui se proposait de traduire les télégrammes diplomatiques en français. « *Nawaat* a eu son influence parce qu'il s'agissait d'un petit réseau de blogueurs, et leur projet TuniLeaks, où des contenus de WikiLeaks étaient résumés en français, a obtenu un certain succès car la majorité des Tunisiens ne comprennent pas l'anglais[30]. »

Les événements en Tunisie fournissent au moins deux enseignements importants pour les observateurs de l'activisme numérique dans les États autoritaires. Tout d'abord, tout système de censure a ses failles. Sur le Web,

---

28. Entretien avec Kacem Jlidi, Tunis, 25 juillet 2011.
29. Commentaires de Kacem Jlidi à la conférence « From Pop Culture to Popular Protest », organisée par le Netherlands-Flemish Institute, Le Caire, 21 juin 2011.
30. Entretien avec Afef Abrougi, Tunis, 25 juillet 2011.

contourner les contrôles étatiques peut être plus ou moins difficile, mais ce n'est pas impossible. L'expérience de la Tunisie – dont le régime pensait certainement être parvenu à museler l'opposition numérique avant le suicide de Mohammed Bouazizi – souligne à quel point les régimes autoritaires peinent à comprendre et à contrôler le nouvel environnement médiatique. Ensuite, l'activisme numérique peut prendre des formes moins visibles que dans le cas égyptien, mais il n'en demeure pas moins potentiellement déstabilisateur pour le régime. Même dans des pays où cet activisme ne peut pas s'exprimer pleinement du fait de la censure ou de la répression, les médias sociaux peuvent avoir un impact significatif dans des moments charnières, comme lors de la mobilisation consécutive à l'immolation de Mohammed Bouazizi. Ainsi, il ne faut pas confondre l'absence de mobilisation numérique visible avec l'absence de tout potentiel. Comme l'ont démontré les militants tunisiens, il est possible d'activer pleinement ces outils lorsque le régime commence à vaciller.

La révolte en réseau

Les résultats du « printemps arabe » contrastent fortement avec ceux d'autres mobilisations populaires, comme en Iran ou en Birmanie. Savoir s'il convient ou non de qualifier les soulèvements arabes de « révolution Facebook » ou de « révolution Twitter » est un débat obsolète qui mérite d'être dépassé. Les médias sociaux sont aujourd'hui extrêmement présents, y compris dans les pays en développement, et il est désormais difficile d'imaginer qu'une mobilisation sociale puisse se faire sans eux. Autrement dit, la révolte se fera en réseau ou ne se fera pas. La révolte en réseau n'est pas un phénomène monocausal et il serait absurde de penser que les médias sociaux pourraient à eux seuls déclencher un soulèvement. Mais ils seront présents, d'une manière ou d'une autre.

L'Égypte et la Tunisie offrent deux exemples différents de la manière dont les réseaux sociaux peuvent entrer en jeu. Dans le cas de l'Égypte, un activisme de long terme s'est développé sur Internet. En Tunisie, un tel activisme n'a pu éclore du fait de la censure et de la répression exercées par l'État, mais les réseaux sociaux ont joué un rôle important au moment de porter l'estocade au régime. Les médias sociaux peuvent *à la fois* donner de l'élan à des réformes politiques et sociales et fonctionner à plein en temps de crise comme instruments de mobilisation et banques d'information. Dans le cas de l'Égypte comme dans celui de la Tunisie, le résultat de la mobilisation n'était guère prévisible. Une révolte en réseau peut aussi bien aboutir à un renversement du régime en place qu'à une sanglante répression. Une théorie satisfaisante sur le rapport entre activisme numérique et changements de régime ne pourra probablement jamais être élaborée.

Ces changements dépendent de nombreux facteurs, en particulier de ceux identifiés plus communément par les politologues comme la situation économique et sociale, les divisions à l'intérieur du régime ou encore le degré de répression.

La Tunisie et l'Égypte ont fourni deux exemples très différents d'activisme numérique et ont abrité deux communautés de militants aux capacités distinctes. Et pourtant, les médias sociaux ont eu autant d'importance en Tunisie qu'en Égypte – et qu'à Bahreïn d'ailleurs, qui héberge une solide communauté d'activistes numériques militant pour les droits des chiites depuis des années. Le fait que le soulèvement bahreïnien ait été écrasé tandis que les révoltes tunisienne et égyptienne ont abouti n'a rien à voir avec les capacités inhérentes ou les limites des médias sociaux, et plutôt tout à voir avec les forces politiques en présence, qui se sont accommodées du changement dans certains cas et pas dans d'autres. Au fond, peu importe la théorie : le travail accompli par ces activistes numériques continuera de produire ou au moins d'inspirer des révoltes en réseaux, et pas seulement dans le monde arabe. C'est sur les stratégies de ces activistes et de leurs gouvernements, et non sur les débats obsolètes des théoriciens, que doit désormais se concentrer l'analyse de ces révoltes.

PE

MOTS CLÉS

Printemps arabe
Égypte
Tunisie
Médias sociaux

Iraniens et Saoudiens à l'épreuve des révoltes arabes

Par **Mohammad-Reza Djalili** et **Clément Therme**

Mohammad-Reza Djalili est professeur honoraire au Graduate Institute de Genève et auteur de *L'Iran de A à Z* (Bruxelles, André Versaille, 2010).

Clément Therme est chercheur au Graduate Institute de Genève et membre associé au Centre d'analyse et d'intervention sociologiques (CADIS) de l'École des hautes études en sciences sociales (EHESS) à Paris.

À partir d'une même défiance vis-à-vis des éruptions démocratiques mais reposant sur des intérêts spécifiques et des relations opposées avec Washington, les jugements de Téhéran et de Riyad sur les révolutions arabes divergent fortement. D'où une véritable « guerre froide » entre les deux capitales, avec toutes les conséquences imaginables pour la région, en particulier en Irak ou en Syrie. Les deux logiques conservatrices sont ainsi mises en cause, en interne et dans leur diplomatie régionale.

politique étrangère

Face au « printemps arabe », les deux grands pays riverains du golfe Persique, Arabie Saoudite et Iran, rivaux depuis plus de 30 ans, ont eu, comme il fallait s'y attendre, deux interprétations, deux attitudes différentes. Ces visions et actions diamétralement opposées engendrent une aggravation de la « guerre froide » entre Téhéran et Riyad et un nouveau positionnement de l'ensemble des huit États qui jouxtent le Golfe. Par-delà ces visions antinomiques des révoltes arabes, l'Arabie Saoudite et l'Iran ont vu leurs poids régionaux respectifs subir des évolutions paradoxales : d'une part, des dictatures alliées de l'Arabie et de l'Occident ont été renversées, ce qui renforce par défaut la posture diplomatique iranienne ; d'autre part, la vague démocratique, soutenue, bien que tardivement, par l'Occident, représente à terme une menace existentielle pour la théocratie islamiste de Téhéran. En revanche, le risque d'islamisation par le haut des mouvements spontanés et démocratiques pourrait constituer un élément plutôt positif dans les perspectives saoudiennes et iraniennes. L'Arabie Saoudite pourrait apparaître comme le principal bénéficiaire des révoltes arabes dans une lecture privilégiant l'analyse du Moyen-Orient à l'aune du seul *hard power*[1]. Il est vrai que, allié de Washington et principal producteur

1. D. Ignatius, « Saudi Arabia Expands its Power as US Influence Diminishes », *The Washington Post*, 19 novembre 2011.

d'hydrocarbures de l'Organisation des pays exportateurs de pétrole (OPEP), le régime saoudien apparaît comme la première puissance régionale. Force est pourtant de constater une érosion du *soft power* saoudien dans un contexte de démocratisation/islamisation des systèmes politiques.

Pour comprendre l'accentuation des tensions irano-saoudiennes, il faut d'abord expliquer et comprendre les points de vue des deux pays sur ces mêmes événements, ainsi que les effets des révoltes arabes sur les *hard* et *soft powers* des deux pays. Il convient ensuite d'analyser les conséquences régionales de la guerre froide irano-saoudienne, qui provoque à la fois une bipolarisation accrue de la situation géopolitique au Moyen-Orient et un risque de transposition du conflit entre Riyad et Téhéran, notamment en Irak ou en Syrie. Enfin, on peut mettre en évidence l'affaiblissement de leurs systèmes politiques respectifs, qui ne peuvent apparaître comme des modèles permettant de répondre aux nouvelles demandes démocratiques des sociétés de la région.

Visions saoudienne et iranienne des révoltes arabes : la dimension antidémocratique

L'impact des révoltes arabes n'est pas uniforme. L'Arabie Saoudite n'a été touchée qu'indirectement. Anticipant une possible contagion, les dirigeants saoudiens ont pris des décisions visant à améliorer la situation socio-économique du pays : le roi a ainsi fixé comme priorité la lutte contre le chômage des jeunes (en Arabie Saoudite, 39 % des jeunes de 20 à 24 ans sont au chômage). Au lendemain de la chute d'Hosni Moubarak et de Zine el-Abidine Ben Ali, le roi Abdallah ben Abdelaziz Al-Saoud a annoncé le déblocage de 35 milliards de dollars pour financer des programmes sociaux : les demandes de réforme de la société civile seront peut-être contenues à court terme, mais à plus long terme le *statu quo* semble difficilement soutenable.

Il s'agit aussi de contrôler et de réprimer la contestation chiite, notamment dans la région de Qatif (province orientale d'Arabie Saoudite). Enfin, il faut mettre en place quelques réformes modestes au plan politique et au niveau de l'administration (élections municipales), pour masquer la dimension autocratique – et radicale, au plan religieux – de l'idéologie de la dynastie des Al-Saoud. Le risque existe d'une contagion du printemps arabe à la population saoudienne, du fait d'un décalage croissant entre la dynastie régnante et les aspirations populaires. Ici aussi, les réseaux sociaux pourraient faciliter l'expression des mécontentements dans l'espace public : l'Arabie Saoudite a un taux d'utilisation d'Internet supérieur à celui de l'Iran ou de l'Égypte.

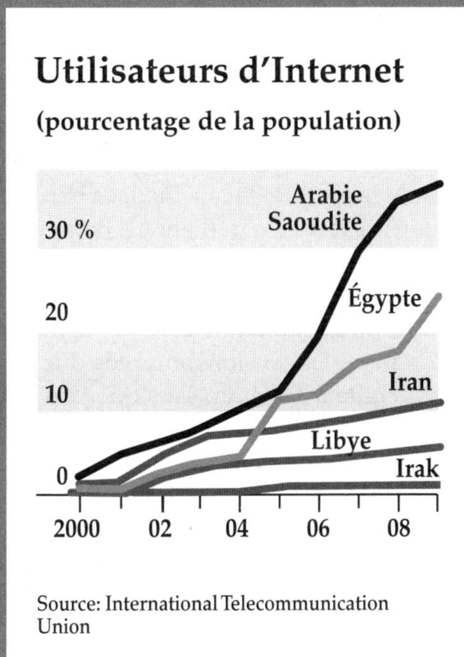

Source : C. Rhoads et F. Fassihi, « Iran Vows to Unplug Internet », *Wall Street Journal*, 28 mai 2011.

Ainsi le pilier de l'alliance anti-iranienne dans le Golfe semble-t-il fragilisé au plan interne. Manifestement, l'Arabie Saoudite, avec l'appui des autres membres du Conseil de coopération du Golfe (CCG), est en train de créer une « sainte alliance » contre le printemps arabe – renforçant au passage la pertinence de l'analogie avec le Printemps des peuples[2] de 1848… L'Arabie Saoudite se veut désormais une puissance du *statu quo*, qui n'hésite pas à intégrer dans une même politique régionale une alliance avec les pays occidentaux et un soutien financier et logistique des mouvements salafistes, notamment en Syrie et en Égypte. En outre, pour projeter sa puissance sur la scène régionale, Riyad instrumentalise le CCG.

L'ambition régionale de Riyad s'inscrit dans le contexte de tensions récurrentes avec son principal allié, Washington : quelques doutes sont apparus quant au soutien des Américains à leurs alliés régionaux après la chute de Moubarak. Pour Riyad, il s'agit aussi de gérer la perte de

2. T. de Montbrial, « Perspectives », *in* T. de Montbrial et P. Moreau Defarges (dir.), *Ramses 2012. Les États submergés ?*, Paris, Dunod, 2011, p. 17.

puissance de l'alliance sunnite, du fait notamment des incertitudes sur l'avenir de l'Égypte et du risque de voir émerger un ensemble géopolitique rassemblant l'Iran, l'Irak, la Syrie et le Liban, dans lequel les sunnites seraient durablement exclus du pouvoir. Au niveau de la péninsule, il s'agit de gérer la situation au Yémen et d'empêcher tout changement politique à Bahreïn. Cette hostilité de Riyad aux révoltes arabes suscite la réprobation de Washington mais, pour résister aux pressions américaines, Riyad agite le spectre de la « menace iranienne ». Autrement dit, la dénonciation de l'interférence iranienne à Bahreïn ou dans la région de Qatif[3] sert de justification à la répression de la contestation populaire chiite par les monarchies sunnites. Depuis la révolution islamique de 1979, Riyad impute généralement les tensions internes dues à la communauté chiite à Téhéran, sans que la réalité du soutien ou de la manipulation iranienne des chiites saoudiens soit avérée. Cette stratégie d'instrumentalisation de l'Iran pour justifier les contestations chiites saoudiennes a été particulièrement utilisée après l'intervention militaire en Irak[4] de 2003 ; face aux révoltes arabes, les dirigeants saoudiens ont une fois encore recouru à une rhétorique anti-iranienne qui permet de dédouaner la monarchie saoudienne de ses responsabilités vis-à-vis de sa propre population chiite.

Les tensions récurrentes entre Riyad et Washington

La recherche de la stabilité régionale par toutes les monarchies pétrolières s'assimile également à un moyen de contenir l'Iran, de constituer un axe sunnite conservateur et de renforcer les orientations sécuritaires du CCG. C'est dans le cadre de ce dernier objectif qu'il faut comprendre la proposition de coopération entre l'Organisation du traité de l'Atlantique nord (OTAN) et le CCG. Avec l'intervention de l'OTAN en Libye, le partenariat avec les pays du Golfe s'est développé de manière significative en 2011, ce qui pourrait permettre une institutionnalisation de l'alliance de sécurité entre pays occidentaux et pays membres du CCG[5]. Le « printemps arabe » a aussi poussé Riyad à afficher sa préférence pour le CCG, organisation régionale valorisée au détriment de la Ligue arabe, divisée[6] et surtout perméable à l'influence iranienne du fait de la présence

3. En novembre 2010, quatre citoyens chiites de la province orientale de Qatif ont été abattus par les forces de l'ordre saoudiennes. Le ministre de l'Intérieur a déclaré que les forces de sécurité avaient réagi à des tirs de manifestants agissant suivant des « ordres de l'étranger ». Voir « Time for Saudi Arabia to Embrace its Shias », *AFP*, 26 novembre 2011.

4. Sur la communauté chiite d'Arabie Saoudite et ses relations avec la monarchie, voir J. Teitelbaum, « The Shiites of Saudi Arabia », *Current Trends in Islamist Ideology*, vol. 10, 2010.

5. I. François, *NATO and the Arab Spring*, Institute for National Strategic Studies (INSS), National Defense University, octobre 2011, « Transatlantic Current », n° 1, p. 2.

6. M. Kamrava, « The Arab Spring and the Saudi-Led Counterrevolution », *Orbis*, vol. 56, n° 1, 2012, p. 99-101.

en son sein du Liban, de la Syrie et de l'Irak. L'Iran est donc redevenu l'accusé principal des régimes du Golfe, qui voient aisément la main de l'étranger dans les troubles que traversent les monarchies de la région.

La menace démocratique se transforme donc en menace iranienne. Ce sont les manifestations violentes aux frontières de l'Arabie Saoudite, à Bahreïn ou au Yémen, qui ont poussé les autorités saoudiennes à organiser la contre-révolution au niveau régional[7]. Pour ce faire, Riyad a proposé que le CCG intègre, au mépris de la géographie[8], la Jordanie et le Maroc, qui ne sont pas, de plus, producteurs de pétrole. Cette campagne idéologique saoudienne s'est accompagnée de la dénonciation sans relâche des interférences iraniennes dans la péninsule Arabique, comme si les mouvements de contestation des régimes autocratiques étaient toujours déclenchés depuis Téhéran.

À l'orientation sécuritaire pro-occidentale des monarchies du Golfe se combinent les intérêts économiques des producteurs de pétrole. L'interruption des exportations du pays a été l'une des conséquences de l'intervention de l'OTAN en Libye. Pour pallier cette interruption, les Émirats arabes unis (EAU), le Koweït et l'Arabie Saoudite ont décidé d'augmenter leur production et leurs exportations[9]. Les effets économiques du « printemps arabe » sont également positifs pour l'Iran : le soulèvement anti-Kadhafi de février 2011 se traduit pour une courte période par une augmentation de la demande internationale de pétrole iranien[10]. Aubaine pour Téhéran qui, du fait des sanctions financières de Washington à l'encontre des banques iraniennes, vendait difficilement son pétrole sur le marché international : le pays avait été obligé de mettre en place, en 2009, une politique de stockage du brut en mer dans des *tankers*[11]. En dépit de ces sanctions, les dirigeants iraniens décident alors de satisfaire la demande internationale en vendant plus de pétrole, comme n'importe quel autre pays de l'OPEP. Il est vrai que la quantité de pétrole stocké dans les *tankers* du Golfe représentait à la mi-février 2011 20 millions de barils. La crise libyenne a aussi entraîné une augmentation significative du prix du brut iranien, avec un prix moyen de 104,96 dollars le baril au 26 février 2011. Cette amélioration a cependant été de courte durée puisqu'en ce début d'année 2012 la mise en place progressive d'un embargo pétrolier par les pays occidentaux réduit d'ores et déjà les capacités d'exportation de l'Iran.

7. V. Nasr, « Will the Saudis Kill the Arab Spring? », *Bloomberg*, 24 mai 2011.
8. A. Gresh, « Séisme géopolitique au Proche-Orient », *Le Monde diplomatique*, décembre 2011, p. 8.
9. F. Beaugé, « Les pays concernés par le "printemps arabe" connaissent une forte chute de leur croissance économique. Les pétromonarchies du Golfe ont profité de l'effondrement de la production en Libye », *Le Monde*, 26 novembre 2011.
10. Déclaration d'Ahmad Ghalebani, vice-ministre du Pétrole iranien, 25 février 2011.
11. *Very Large Crude Carrier* (VLCC).

Par ailleurs, l'Iran regarde les révoltes arabes avec un intérêt certain mais aussi avec des préoccupations essentiellement liées à leur dimension démocratique. L'influence des révoltes arabes sur la politique intérieure iranienne reste relative. En Iran, au moment du déclenchement du « printemps arabe », l'expression publique massive de la contestation de l'ordre islamiste a déjà été circonscrite – entre la fin de l'année 2009 et le début de l'année 2010. Mais même si le régime affirme sa confiance vis-à-vis de la reconfiguration régionale en cours, la perte de légitimité populaire de la théocratie islamiste reste un des acquis du « mouvement vert » qui a suivi l'élection présidentielle de juin 2009. En raison de l'ambiguïté de ses dirigeants (Mir Hossein Moussavi, ancien Premier ministre, Mehdi Karoubi, ancien président du Parlement, Mohammad Khatami, ancien président), qui ne souhaitaient pas le renversement de la théocratie islamique, le Mouvement vert n'a cependant pas pu imposer de réforme, même limitée, des institutions. Sa principale victoire demeure d'avoir délégitimé le processus électoral.

Une perte de légitimité populaire du régime iranien

Face au « printemps arabe », Téhéran tente de faire entrer les contestations des régimes autocratiques arabes dans le cadre de l'imminence d'un grand soir islamiste au Moyen-Orient. Cet idéal révolutionnaire en politique étrangère s'inscrit pleinement dans l'idéologie khomeyniste qui donne sa cohésion à l'édifice institutionnel de la République islamique. Mais au-delà, la diplomatie khomeyniste a aussi une dimension de *Realpolitik*. En témoigne la prise de contact, à la fin de l'été 2011, entre les diplomates iraniens et des opposants syriens. Il existe une certaine proximité entre la République islamique et les Frères musulmans égyptiens et syriens, qui s'explique en partie par le soutien de Téhéran au Hamas palestinien. Autrement dit, le soulèvement arabe constitue pour la République islamique à la fois une opportunité (détournement de l'attention internationale du programme nucléaire de Téhéran et chute de dictatures alliées de l'Occident) et une menace, du fait d'une reconfiguration régionale qui fragilise son allié syrien.

Dans la grille de lecture de la République islamique, la contre-révolution conduite par l'Arabie Saoudite au Moyen-Orient et soutenue par Washington est une opportunité à saisir pour renforcer le *soft power* de Téhéran et dénoncer le double standard occidental en matière de Droits de l'homme et de démocratie. Cette accusation de la propagande iranienne ne donne pas pour autant de consistance à la théorie du « réveil islamique » promue par Téhéran pour expliquer le « printemps arabe ». L'atténuation de la portée de la révolte syrienne et le soutien de la révolte à Bahreïn révèlent tout autant un double standard iranien dans la région.

L'État théocratique est parvenu à contenir les mécontentements populaires en empêchant la jonction entre les revendications des étudiants et celles des travailleurs. La dernière expression publique de mécontentement, autour de la question d'Orumiyeh à la fin de l'été 2011, a réuni des facteurs environnementalistes et culturels azéris. Le déblocage de financements exceptionnels semble une nouvelle fois privilégié par les autorités pour éteindre ce foyer de crise[12]. Et si les autorités iraniennes accusent les États-Unis de tenter de déstabiliser le pays par la périphérie (en soutenant des groupes d'opposition azéris, kurdes ou baloutches), le pouvoir central a jusqu'à présent démontré sa capacité à maîtriser les défis ethniques.

Plus largement, le « printemps arabe » a confirmé ce que le printemps iranien de 2009 avait illustré : ce n'est pas l'activisme démocratique de la politique étrangère américaine qui a permis l'émergence d'une contestation des pouvoirs autoritaires ; c'est plutôt l'échec des néoconservateurs et de leur politique d'imposition de la démocratie de l'extérieur qui a permis l'expression soudaine des mécontentements, en Iran en 2009 et dans les pays arabes à la fin de l'année 2010. La prise de conscience par Washington des limites inhérentes à sa capacité d'imposer la démocratie au Moyen-Orient n'a pourtant pas rétabli sa position hégémonique dans la région : les campagnes d'Irak ou d'Afghanistan et les interventions ciblées au Pakistan ont durablement entamé le crédit démocratique de l'Amérique. Paradoxalement, c'est largement en raison de l'anti-américanisme des autorités de Téhéran que les États-Unis ont en Iran une image moins négative que dans le reste de la région. Si la vision iranienne du « printemps arabe » comme réplique du séisme de la révolution islamique de 1979 a été largement tournée en dérision dans les médias occidentaux, la victoire des partis islamistes aux élections tunisiennes et égyptiennes conduit à nuancer la première analyse. Certes, l'islamisme politique ne produit pas des partis uniformes : leur nature, leur idéologie varient fortement selon les pays et leur ancrage, chiite ou sunnite. Les modes d'accession au pouvoir des partis islamistes arabes contrastent avec le processus suivi par les partisans de Khomeyni en Iran. En 1979, l'ayatollah Khomeyni organisait un référendum pour ou contre la République islamique, prélude au filtrage des partis non islamistes et de ceux qui contestaient le principe de la tutelle du juriste-théologien (*velayat-e faqih*). À l'inverse, en Tunisie ou en Égypte, les islamistes entrent dans un jeu électoral fondé sur le multipartisme. Autre différence : Khomeyni s'est appuyé sur une partie du clergé chiite pour accéder au pouvoir alors que

12. Pour plus de détails : « Iran Allocates About 900m Dollars to Prevent Drying Up of Orumiyeh Lake », *Vision of the Islamic Republic of Iran*, Network 2, Téhéran (en persan), 4 septembre 2011, accessible sur le site de *BBC Monitoring Iran*.

dans le monde arabe, ce sont des partis politiques islamistes qui se disputent la prise du pouvoir. Le discours iranien sur le réveil islamique des Arabes ne reflète donc que très partiellement la nature des mouvements de contestation populaire au Moyen-Orient.

Les conséquences régionales de la guerre froide irano-saoudienne

Il existe non seulement une polarisation croissante entre l'Iran et les monarchies du Golfe mais encore un risque d'extension de guerre froide à des foyers de crise tels que l'Irak ou la Syrie. En avril 2011, une telle guerre froide entre l'Arabie Saoudite et la République islamique s'est matérialisée par des menaces de recours à la force émanant des médias ou de personnalités politiques aussi bien saoudiennes qu'iraniennes. Côté saoudien, l'ambassadeur au Caire déclarait : « Nous pourrons faire face [militairement] à l'Iran – si jamais ce pays cherche à déstabiliser la région du Golfe[13]. » Côté iranien, des étudiants ont manifesté en nombre devant l'ambassade d'Arabie Saoudite à Téhéran et les médias ont ouvertement évoqué le recours à l'option militaire pour répondre à l'occupation de Bahreïn par l'Arabie Saoudite (entre 1 500 et 4 500 soldats selon les sources). Avec le Koweït, la tension s'est accrue après le démantèlement d'un réseau d'espionnage iranien qui a entraîné l'expulsion de diplomates des deux pays au mois d'avril 2011. Enfin, le 4 avril, le Conseil de coopération du Golfe a accusé l'Iran d'« interférence flagrante » dans les affaires internes des pays membres, le président Mahmoud Ahmadinejad jugeant l'affirmation dénuée de tout fondement. Plus largement, Téhéran dénonce la « contre-révolution » saoudienne en particulier à Bahreïn, pays qui abrite une base militaire américaine.

Le contentieux irano-égyptien

L'Arabie Saoudite accepte mal, d'autre part, l'ambition de l'Iran, qui mise sur une évolution qui lui semble favorable en Égypte. La chute d'Hosni Moubarak a été perçue à Téhéran comme le signe de la fin de la stratégie égyptienne visant à constituer une coalition anti-iranienne dans le monde arabe. En dépit de déclarations de bonne volonté des deux côtés, il semble pourtant prématuré d'envisager la restauration des relations diplomatiques entre les deux pays. En mai 2011, un diplomate iranien a été arrêté en Égypte, accusé par la justice égyptienne d'avoir tenté de soudoyer certains groupes politiques égyptiens pour qu'ils agissent dans l'intérêt de Téhéran, puis expulsé d'Égypte. Les contentieux historiques entre les deux pays s'annoncent difficiles à surmonter. Pour Ahmadinejad,

13. Déclarations de l'ambassadeur d'Arabie Saoudite en Égypte, Ahmad Al-Qattan, citées par *MEMRI*, 10 avril 2011.

ces difficultés sont liées à l'action d'« ennemis » qui refusent de voir se constituer un « axe antisioniste » entre Téhéran et Le Caire[14]. Pourtant, les difficultés bilatérales vont au-delà de ces contraintes externes : elles sont liées à de lourds contentieux (lien entre l'Égypte et la famille Pahlavi par exemple) que la chute de Moubarak n'a pas suffi à apurer.

Dans cette guerre froide, l'Irak semble se tenir aux côtés de l'Iran, ce qui ne manque pas de susciter l'inquiétude d'Américains qui n'ont pas obtenu la prolongation de l'accord de stationnement de leurs troupes après fin 2011. La situation pourrait inciter Washington à négocier avec la République islamique pour éviter une aggravation des tensions confessionnelles en Irak, attisées par Riyad et Téhéran. Face à la crise syrienne, l'Iran aide son allié stratégique au Moyen-Orient pour endiguer la vague de contestation à laquelle se trouve confronté l'État syrien. C'est donc sans surprise que les autorités iraniennes ont accusé l'Occident, au lendemain du déclenchement de la révolte syrienne, de mener une « guerre douce » (*djang-e narm*) non seulement contre l'Iran mais aussi contre la Syrie, en raison de leur positionnement antisioniste commun. Cette guerre douce occidentale s'accompagne, selon les autorités iraniennes, d'une campagne psychologique et d'un programme de sanctions visant l'asphyxie économique du pays.

Or la prise de contact, à la fin de l'été 2011, entre diplomates iraniens et opposants syriens ne doit pas inciter à surestimer l'inflexion de la rhétorique du président iranien, qui appelle au dialogue pour régler la crise syrienne : avec la Russie et la Chine, l'Iran reste un des soutiens majeurs du régime alaouite sur la scène internationale[15]. Et le modèle de répression iranien après les mouvements de juin 2009 pourrait être utile en Syrie. Cette exemplarité possible conforte l'ambition des autorités iraniennes à se poser en médiateurs dans la crise syrienne. Face à cette alliance, l'Arabie Saoudite inscrit sa diplomatie syrienne dans le cadre fixé par les pays occidentaux tout en finançant les opposants au régime de Bachar Al-Assad.

La rivalité accrue avec l'Arabie Saoudite a aussi pour conséquence de compliquer la sortie de crise en Afghanistan. Alors que le retrait des forces de l'OTAN est annoncé pour 2014, l'intention des États-Unis de maintenir six bases militaires permanentes en territoire afghan suscite une vive opposition de la Russie, de la Chine, de l'Inde, du Pakistan, mais aussi et

---

14. Discours du 1er juin 2011.
15. A. Fielding-Smith et L. Saigal, « Syria's Allies Seen as Offering Lifeline Against Sanctions », *Financial Times*, 5 décembre 2011, p. 6.

surtout de l'Iran, qui perçoit cette présence militaire potentielle comme une menace. Plus encore, l'accroissement des tensions entre Téhéran et Riyad sur les révoltes arabes risque de provoquer un raidissement de la position saoudienne vis-à-vis de l'Afghanistan et du Pakistan. L'Arabie Saoudite va probablement chercher à garder le bloc Afghanistan-Pakistan dans son camp afin de contrebalancer le soutien iranien aux soulèvements chiites dans son arrière-cour, en particulier à Bahreïn[16].

Dans ce contexte, le positionnement du Qatar paraît intéressant à plusieurs titres. La dynastie al-Thani s'est positionnée en faveur des révoltes arabes, en particulier en Libye, en Syrie et en Égypte par un soutien financier et logistique aux mouvements islamistes. Malgré sa discrétion sur la révolte bahreïnie, Doha constitue en quelque sorte la caution diplomatique du CCG, que l'on peut qualifier de « démocratique » en ce sens que le Qatar soutient les changements, politiquement et médiatiquement, via la chaîne *Al-Jazira*. L'émirat a de plus choisi de servir et de favoriser l'acceptation par l'Occident de la poussée des partis islamistes au Moyen-Orient[17]. Enfin, le Qatar a profité de l'affaiblissement de l'Égypte pour jouer un rôle diplomatique dépassant largement son véritable poids géopolitique. Le soutien du Qatar à la « démocratisation » du monde arabe a aussi mis en évidence un déficit démocratique interne. Et pourtant, dans la guerre froide entre Téhéran et Riyad, Doha soutient l'axe géopolitique sunnite, défendu par Riyad, tout en gardant des relations de bon voisinage avec Téhéran.

Le nouveau poids du Qatar

Les Émirats arabes unis (EAU) partagent ce positionnement ambigu dans la rivalité opposant la principale puissance de la péninsule Arabique au grand voisin iranien. Face au risque d'escalade militaire, les petits émirats du Golfe savent qu'ils ont intérêt à un gel du conflit entre, d'un côté, l'Iran et, de l'autre, l'Occident et ses alliés arabes. En cas d'escalade, il n'est pas exclu qu'ils constituent un des objectifs militaires de l'Iran pour répondre au bombardement de ses installations nucléaires. Ils mettent donc en œuvre une diplomatie d'« apaisement » autour du programme nucléaire iranien, une stratégie qui sera difficile à maintenir dans l'hypothèse de la mise en œuvre effective d'un embargo pétrolier occidental contre l'Iran à partir de l'été 2012. Leur compensation des exportations d'hydrocarbures iraniennes au bénéfice des pays occidentaux pourrait conduire Téhéran à prendre des mesures de rétorsion contre ces États. Les

16. A. Rashid, « How US Intends to End War with Taliban », *Financial Times*, 18 avril 2011.
17. R. Khalaf et H. Saleh, « Qatar's Premier Urges West to Embrace Rise of Political Islam », *Financial Times*, 1er décembre 2011, p. 1 et 8.

rodomontades iraniennes ne semblent néanmoins pas en mesure d'altérer l'alliance entre les petits Émirats du Golfe et l'Arabie. En d'autres termes, si Riyad décide d'augmenter ses livraisons d'hydrocarbures aux pays occidentaux, il est probable que les autres États du CCG s'aligneront sur cette décision.

Cette relative cohésion des monarchies du CCG n'empêche pas certaines contradictions quant à l'attitude à adopter face à la République islamique. Ainsi, outre le Qatar, la diplomatie koweïtienne prône l'apaisement, tout comme le sultanat d'Oman, qui a traditionnellement de bonnes relations avec l'Iran, fondées sur une coopération autour de la gestion du détroit d'Ormuz et des échanges économiques significatifs. Par ailleurs, au sein des EAU, si Abou Dhabi est très agressif à l'égard de l'Iran, Dubaï joue un jeu ambigu, ce dernier choix s'expliquant par des raisons économiques évidentes et par la présence d'une importante communauté d'affaires iranienne sur son territoire.

***

Riyad, selon les termes mêmes de sa diplomatie, entend se poser en garant de l'ordre régional face au chaos révolutionnaire. Même si Riyad peut accompagner la transition (Yémen), voire aider les rebelles (Syrie), ces deux exemples ne concernent pas des monarchies pétrolières. Les Saoudiens appliquent ce que l'on peut qualifier de doctrine Monroe pour les monarchies pétrolières de la péninsule Arabique. Pour Riyad, le Yémen et la Syrie sont gouvernés par des systèmes politiques républicains qui, par nature, constituent une menace pour la stabilité de la région.

De leur côté, les dirigeants iraniens sont conservateurs parce qu'ils ont perdu le monopole du « front du refus » auprès des opinions arabes. Paradoxalement, l'Iran révolutionnaire et l'Arabie traditionnaliste partagent donc la même crainte d'un bouleversement régional échappant à leur contrôle. Quant aux aspirations démocratiques de 2011, elles semblent s'arrêter aux frontières de l'arabité et n'ont jusqu'ici que marginalement touché la République islamique. Elles sont directement liées à un sentiment d'appartenance commune (le nationalisme arabe) fondé sur une langue et une expérience historique partagées[18]. Mais au-delà de cette dimension culturelle, le souffle politique des révoltes arabes perturbe le discours de ces deux puissances sur les évolutions de la région, ce qui explique qu'en dépit de leurs analyses divergentes, leurs comportements aient quelques traits communs.

18. E. Rogan, « The Arab Wave », *The National Interest*, 19 avril 2011.

Le bouleversement géopolitique régional a aussi des incidences globales. La guerre froide irano-saoudienne s'inscrit par exemple dans une rivalité géopolitique plus globale entre la Chine et les États-Unis. Au Moyen-Orient, l'Iran tend à intégrer la sphère chinoise pour des raisons à la fois économiques (la croissance de la demande énergétique) et géopolitiques : conséquence des sanctions américaines et européennes contre le programme nucléaire iranien. En revanche, l'Arabie inscrit son action dans le cadre de la politique régionale américaine, tout en prenant ses distances avec l'agenda de démocratisation affiché par Washington. Si l'affaiblissement des États-Unis dans la région est propice au renforcement de l'Iran, Riyad compensera sans aucun doute cette reconfiguration de puissance par un activisme diplomatique accru. L'incertitude géopolitique créée par l'éclatement des révoltes arabes renforce le risque d'explosion sur des lignes de fracture nouvelles, qui vont bien au-delà de la rivalité traditionnelle entre « front du refus » et camp arabe pro-occidental. L'émergence des Frères musulmans sunnites comme force politique régionale incontournable pourrait ainsi atténuer la rivalité et les tensions confessionnelles entre chiites et sunnites. Le risque d'un rapprochement entre islamistes sunnites modérés et chiites révolutionnaires contribue au renforcement du soutien que l'Arabie apporte aux mouvements salafistes, en Syrie et en Égypte notamment. Le choix des alliances régionales de la nouvelle Égypte sera décisif dans la lutte acharnée que se livrent Riyad et Téhéran pour l'hégémonie régionale.

PE

MOTS CLÉS

Révolutions arabes
Arabie Saoudite
Iran
Conseil de coopération du Golfe

Israël face au « printemps arabe »

Par **Ilan Greilsammer**

Ilan Greilsammer est professeur de science politique à l'université Bar-Ilan (Israël).

En Israël, pays qui ne manque pas d'experts du monde arabe, les révolutions de 2011 n'ont pas été anticipées. Si la population de l'État juif se réjouit de la chute de tyrans qui étaient, à des degrés divers, anti-israéliens, elle est néanmoins inquiète de l'instabilité provoquée par les soulèvements populaires et par la montée en puissance des islamistes. Cette situation agitée profite à Benjamin Netanyahou, la population israélienne ne souhaitant pas changer de capitaine en pleine tempête.

politique étrangère

Le contexte israélien du « printemps arabe »

Les événements révolutionnaires qui se sont produits dans plusieurs pays arabes et qui ont été qualifiés de « printemps arabe » sont survenus dans un contexte israélien bien précis : au pouvoir à Jérusalem se trouve une large et solide coalition gouvernementale dirigée par Benjamin Netanyahou, une coalition dont l'orientation est très « de droite » en termes israéliens.

Le Likoud, le parti Israël Beteinou d'Avigdor Lieberman, les nationaux-religieux, le parti séfarade Shas et les ultraorthodoxes qui composent le gouvernement ont une attitude purement défensive et ultra-sécuritaire à l'égard du monde arabe. Ces forces politiques considèrent, au fond, que le monde arabe veut toujours la destruction totale d'Israël, que strictement rien n'a changé depuis 1948, qu'aucune avancée ne s'est produite avec les accords d'Oslo ou avec l'initiative de paix de la Ligue arabe fondée sur le plan saoudien de 2002 et qu'il faut être extrêmement méfiant et circonspect face aux développements internes qui ont lieu dans ces pays. Par rapport à tous les gouvernements antérieurs, l'équipe au pouvoir en Israël est particulièrement immobile et attentiste et ne veut prendre aucun risque. La politique étrangère est parfaitement statique. « Ne rien faire » semble être le leitmotiv de Jérusalem. Au moment où les premiers événements du « printemps arabe » surviennent en Tunisie, le processus de paix israélo-palestinien est au point mort et les perspectives de « renaissance » de ce processus sont inexistantes. Il n'y a, depuis longtemps, aucune « pression » réelle sur le gouvernement israélien pour qu'il « bouge », ni de la part du président américain ni de la part des Européens. Le Premier ministre israélien est très largement soutenu par la population du pays qui pense, globalement, qu'il agit dans le bon sens (sauf dans le domaine social) et si de nouvelles élections à la Knesset avaient lieu, le gouvernement actuel jouirait sans doute d'une victoire magistrale.

À la vérité, ce qui se passe dans le Machrek et le Maghreb intéresse beaucoup moins le gouvernement israélien que le sujet iranien. Tous les efforts d'Israël au cours des dernières années se sont concentrés sur la question du nucléaire iranien et plus généralement sur la lutte contre l'expansion politique iranienne dans la région.

La surprise

En Israël, les experts du Moyen-Orient, les chercheurs universitaires, les journalistes et les membres de l'*establishment* de Tsahal et des services de sécurité analysent en permanence les développements politiques, militaires, économiques et sociaux qui se produisent dans les pays entourant l'État juif : croissance des mouvements islamistes, changements de politique des gouvernements, changements dans les équipes au pouvoir, exercices militaires et revendications populaires sont généralement suivis de très près.

Or, curieusement, personne en Israël n'avait prévu le « printemps arabe ». À ma connaissance, personne dans chacun des trois grands journaux *Haaretz, Yediot Aharonot* et *Maariv* n'avait même évoqué, avant que ce vaste mouvement se déclenche à partir de la Tunisie, la possibilité de tels bouleversements politiques. Pas plus qu'au sein du monde universitaire auquel j'appartiens. D'après mes recherches, pas un seul article de mes collègues des cinq universités israéliennes (à Tel-Aviv, Jérusalem, Bar-Ilan, Haifa ou Beersheva) ne suggère ou n'évoque la possibilité de révolutions comme celles qui ont touché plusieurs pays arabes. Quant à la classe politique israélienne – tant les membres de la majorité gouvernementale de droite que l'opposition (Kadima, Parti travailliste, Meretz) –, elle a également été prise de court : personne ne semble avoir prévu une sérieuse remise en cause des régimes autoritaires qui entourent Israël. Le plus intéressant peut-être est que les personnalités arabes israéliennes, les députés arabes, les partis arabes (Liste islamique, parti communiste Hadash, etc.) et les journaux arabes n'ont semble-t-il jamais discuté de telles éventualités.

Certes, les universités israéliennes disposent d'excellents spécialistes du monde arabe, d'excellents « islamisants » et experts du Moyen-Orient. Depuis longtemps, les maux dont souffrait le monde arabe étaient parfaitement connus et décrits. Le caractère autoritaire, répressif et antidémocratique de ces régimes, l'aspect dictatorial du pouvoir des Ben Ali, Moubarak et Al-Assad, la grande pauvreté de larges couches de la population, souvent au bord de la famine, l'extrême injustice du système et les clivages sociaux, la corruption généralisée des cercles dirigeants, la *nomenklatura* et le népotisme des proches du régime, le fait que le pouvoir passait souvent de père en fils (de Hafez Al-Assad à son fils Bachar, Gamal Moubarak qui se préparait à succéder à son père Hosni), le rôle des polices politiques et des indicateurs, l'emprisonnement massif des opposants, souvent sans procès, la torture, etc. : ces caractéristiques des régimes entourant Israël étaient parfaitement décrites et analysées dans de très nombreux articles scientifiques écrits par les meilleurs experts israéliens (comme, d'ailleurs, par leurs collègues européens ou américains). Mais, exactement comme dans le cas de la destruction du mur de Berlin et de la dislocation de l'empire soviétique à la fin des années 1980, pour lesquelles personne, parmi les plus éminents soviétologues, n'avait prévu le « quand », le « où » et le « comment » de la chute, la même surprise a saisi les orientalistes israéliens lors de la fuite de Ben Ali, de la fin du régime Moubarak et de l'actuelle « guerre civile » en Syrie. Qu'il me soit permis ici de trouver cette surprise « surprenante » et à dire vrai un peu inquiétante, quand on constate que des personnes qui suivent quotidiennement l'évolution de sociétés dont dépend l'avenir d'Israël – des sociétés qui sont véritablement à ses portes – n'ont absolument pas prévu des développements aussi révolutionnaires et aussi fondamentaux.

L'ambiguïté fondamentale du point de vue israélien : démocratie ou stabilité ?

Israël fait certes l'objet, ces derniers temps, de vives critiques, en particulier à la suite d'une série de lois antidémocratiques initiées par le Likoud et surtout par le parti d'Avigdor Lieberman. Ces lois visent aussi bien la Cour suprême d'Israël que les associations de gauche et de défense des Droits de l'homme ou la liberté de la presse[1]. Il est vrai également que la politique menée par Israël dans les territoires occupés en 1967 n'est pas exempte de vives critiques en Israël même et que l'on déplore de nombreuses atteintes aux Droits de l'homme en Cisjordanie.

Et pourtant, malgré cela, il est parfaitement exact de définir Israël comme le seul État démocratique du Moyen-Orient. La population israélienne reste extrêmement attachée aux caractères formels de la démocratie parlementaire traditionnelle : pluralisme des partis politiques, liberté d'opinion, séparation des pouvoirs, gouvernement reposant sur une majorité élue, élections libres et démocratiques, respect des libertés fondamentales sous le contrôle de l'autorité judiciaire au sommet de laquelle se trouve la Cour suprême, qui effectue un travail remarquable. Bien que plusieurs catégories de population aient des « convictions démocratiques » plutôt problématiques[2], pour dire le moins, l'attachement du peuple israélien aux principes fondamentaux de la démocratie est profond et réel.

Dès lors, c'est vrai, nombreux sont les Israéliens qui ont ressenti une très nette satisfaction en assistant à la chute des dictateurs arabes. Qu'il s'agisse de Saddam Hussein, de Zine el-Abidine Ben Ali, d'Hosni Moubarak, de Mouammar Kadhafi ou bientôt de Bachar Al-Assad, la disparition des autocrates corrompus et sanguinaires est accueillie avec joie et surtout espoir par beaucoup d'Israéliens : l'espoir qu'à l'image d'Israël, de l'Europe et de l'ensemble du monde démocratique, ces pays connaissent une évolution vers le pluralisme politique, des gouvernements élus et le respect des Droits de l'homme. D'autant que nombre d'Israéliens pensent que l'établissement à terme d'une paix authentique ne pourra se faire qu'avec des régimes démocratiques.

Des autocrates violemment anti-israéliens

De plus, l'attitude de certains de ces autocrates (S. Hussein, K. Kadhafi ou B. Al-Assad) était, au moins sur le plan rhétorique, violemment anti-israélienne. Dans le cas de Saddam Hussein, cette hostilité était plus que rhétorique puisque, lors de la première guerre du Golfe, le dictateur irakien avait envoyé des missiles *scuds* sur Tel-Aviv, commettant ainsi de véritables actes de guerre. Par ailleurs, il subventionnait largement les organisations terroristes hostiles à Israël.

1. Au cours des derniers mois de l'année 2011, plusieurs propositions de loi avancées par les députés de la droite du Likoud (Elkind, Levin, Danon, etc.) et par les députés d'Israël Beitenou ont un contenu clairement antidémocratique. Ainsi, la loi qui « bride » les journalistes dans leur dénonciation des délits commis par les hommes politiques, en les menaçant de lourdes amendes pour « calomnie », est votée à la Knesset. D'autres propositions ont pour objectif de changer la composition de la commission qui nomme les juges à la Cour suprême ou à limiter les sujets dont peut s'occuper cette Cour. La proposition qui conduirait à faire élire un juge conservateur à la future présidence de la Cour suprême a été votée. La proposition visant à priver les associations de gauche ou de défense des Droits de l'homme des subventions qu'elles reçoivent des pays étrangers n'a été que très provisoirement écartée. D'autres propositions de ce type sont annoncées.

2. L'idée que « la démocratie passe avant tout » n'est pas acceptée par une partie de la population, qui estime que d'autres considérations (religieuses, nationales, sécuritaires) peuvent, le cas échéant, être beaucoup plus importantes. Les différents groupes de la société israélienne qui ont une attitude plutôt « problématique » à l'égard de la démocratie occidentale sont, pour des raisons différentes, d'abord les personnes originaires de l'ex-Union soviétique, ensuite une grande partie des juifs originaires des pays arabes, les nationaux-religieux et les ultraorthodoxes, enfin une grande partie des nouveaux immigrants les plus récents, d'Amérique comme d'Europe.

Dans le cas de Bachar Al-Assad, les liens très étroits du régime avec l'Iran, le fait que Damas abritait jusqu'à récemment les organisations palestiniennes les plus extrémistes et surtout le soutien accordé par la Syrie au Hezbollah libanais ne conduisent certainement pas les Israéliens à « regretter » sa chute éventuelle. Il faut aussi rappeler qu'Israël a bombardé en Syrie ce qui semble avoir été l'embryon d'installations nucléaires construites en coopération avec la Corée du Nord[3]. Bref, aucun des régimes tombés lors du « printemps arabe » ne pouvait être considéré comme véritable « ami d'Israël » et donc regretté en tant que tel.

Toutefois, ces régimes autoritaires avaient, d'un strict point de vue de *Realpolitik*, l'avantage considérable de la stabilité. Le fait est que, depuis la guerre du Kippour de 1973, Israël bénéficie d'un « calme » relatif et d'une certaine « tranquillité » à ses frontières.

Du côté de l'Égypte, les règnes d'Anouar el-Sadate et de Moubarak ont été marqués par une exceptionnelle stabilité des relations avec Israël. Le traité de paix israélo-égyptien a été signé par Sadate et Menahem Begin en 1979 et Moubarak a impeccablement respecté les termes de ce traité. Il s'agissait, comme chacun sait, d'une « paix froide », voire glaciale. Mises à part les relations diplomatiques, l'existence d'ambassades et de services consulaires, il n'y a eu absolument aucune « normalisation » réelle entre les deux pays : ni commerce, ni relations touristiques, ni échanges académiques, culturels ou artistiques – en somme, il s'agissait de relations diplomatiques purement formelles. À plusieurs reprises se sont produits de graves incidents entre les deux pays : arrestations arbitraires de citoyens israéliens en Égypte, heurts aux frontières, rappels d'ambassadeurs, etc., mais il s'agissait somme toute d'événements mineurs au regard de la situation de paix, ou plutôt de non-guerre. Bien entendu, l'Égypte a continué, comme les autres pays de la Ligue arabe, à critiquer et à condamner violemment la politique israélienne et à voter toutes les résolutions anti-israéliennes à l'Organisation des Nations unies (ONU) et dans les autres organisations internationales. Mais du strict point de vue de la sécurité d'Israël, les 35 années qui se sont écoulées depuis la visite historique de Sadate en 1977 ont été, globalement, des années de paix et de tranquillité aux frontières. La situation d'instabilité et de danger dans le Sinaï égyptien[4], qui a conduit à la diminution puis à la suppression quasi totale du tourisme israélien dans la péninsule, a été déplorée tout autant par les

---

3. P. Razoux, « Israël frappe la Syrie : un raid mystérieux », *Politique étrangère*, vol. 73, n° 1, printemps 2008, p. 9-22.

4. Différents groupes djihadistes opèrent dans le Sinaï et s'attaquent notamment aux gazoducs reliant l'Égypte à Israël. À ce sujet, voir notamment l'interview accordée par Boaz Ganor, directeur de l'International Institute for Counter-Terrorism (ICT, Centre Interdisciplinaire de Herzliya), à *JSS News* le 19 août 2011.

autorités égyptiennes que par les Israéliens. De même, les activités criminelles, drogue et prostitution, dans lesquelles les tribus bédouines du Sinaï sont particulièrement actives dérangent et exaspèrent les Égyptiens comme les Israéliens. Par ailleurs, Israël ne peut réellement incriminer l'Égypte du phénomène d'immigration illégale massive de réfugiés africains qui passent par le Sinaï pour pénétrer en Israël à la recherche de l'asile politique ou d'un emploi[5]. L'infiltration de milliers d'Érythréens, Éthiopiens, Soudanais en Israël par le Sinaï est un phénomène de fond contre lequel l'Égypte peut difficilement lutter. Enfin, malgré l'absence de normalisation, l'Égypte a néanmoins fourni et continue de fournir son pétrole à Israël via le pipeline en provenance d'El-Arish (pipeline qui est régulièrement saboté par des tribus bédouines). Malgré les violentes attaques dont l'accord israélo-égyptien sur le gaz a fait l'objet en Égypte, la fourniture de gaz a toujours été respectée.

Sans vraiment parler de « relations amicales » avec le raïs, il est vrai que plusieurs hommes politiques israéliens (comme le président Shimon Peres, ou Fouad Ben-Eliezer, du Parti travailliste) ont gagné, au fil des années, la confiance du président Moubarak et se sont fréquemment entretenus avec lui de façon cordiale. Moubarak a souvent été interviewé sur les chaînes de télévision israélienne et s'est toujours montré rassurant. À cela s'ajoute le fait notable que le président égyptien a essayé, avec plus ou moins de succès, d'empêcher la contrebande d'armes du Hamas par les tunnels creusés vers la bande de Gaza. Cela ne faisait pas l'objet d'une politique constante et rigoureuse mais, d'une façon générale, les gouvernements israéliens ont été relativement satisfaits de l'attitude égyptienne dans ce domaine. Même pendant la très grave crise de l'intervention israélienne dans la bande de Gaza (opération Plomb durci), les relations entre les deux pays n'ont pas été profondément affectées. Le pouvoir de Moubarak, malgré la paix glaciale et les divers incidents, a ainsi été considéré par les gouvernements israéliens successifs de façon globalement positive.

Du côté de la Syrie, la situation a été sensiblement différente. Les trois principaux reproches israéliens adressés au régime des Al-Assad sont les suivants :

– tout d'abord, le soutien militaire et politique accordé par Damas au Hezbollah libanais et le transfert des armements destinés à cette organisation via la Syrie et le Liban – il suffit de constater la panique de la

5. S. Lawrence, *Conditions in the Sinai Continue to Deteriorate*, Tel-Aviv, African Refugee Development Center, 24 décembre 2011. Voir aussi L. Anteby-Yemini, « Migrations africaines et nouveaux enjeux de la frontière israélo-égyptienne », *Cultures & Conflits*, n° 72, hiver 2008.

guérilla chiite[6] à l'approche de la chute du régime syrien pour comprendre à quel point cet ennemi d'Israël a profité de l'aide syrienne. Al-Assad a été personnellement impliqué dans cette politique d'aide massive au Hezbollah. Le chef des opérations du Hezbollah, Imad Moughnieh, habitait à Damas et y a été assassiné ;

– ensuite, l'accueil accordé par Damas aux organisations palestiniennes extrémistes : Front populaire de libération de la Palestine (FPLP), Front démocratique pour la libération de la Palestine (FDPLP), Hamas, etc. C'est de Damas que le chef politique du Hamas et ennemi juré d'Israël, Khaled Meshaal, a dirigé la politique et les actions du Hamas à Gaza. C'est de là que les ordres de tirs de missiles *Scud* ou de roquettes sur Israël ont été donnés. La Syrie a fourni une plate-forme et un soutien logistique à toutes les organisations qui ont rejeté les accords d'Oslo ;

– enfin et surtout, la Syrie s'est posée en principale alliée du régime iranien, formant avec l'Iran une sorte d'« axe du Mal » du point de vue israélien, tout régime soutenant Téhéran et ses visées nucléaires étant considéré comme nocif par Jérusalem.

Cela étant, force est de constater que la frontière israélo-syrienne sur le Golan a toujours été d'une parfaite tranquillité. Certes, cette année a vu quelques incidents dans lesquels des groupes de Palestiniens ont tenté de franchir les barrières et les grillages, ont pénétré dans les villages druzes du Golan et ont réussi à prendre de court les quelques unités israéliennes en faction. Ces heurts, qui n'ont pas eu de suites, ont largement été interprétés en Israël comme des mesures de diversion d'un régime aux abois et non comme un changement fondamental d'attitude de Damas quant à la ligne de séparation des forces sur le Golan. En fait, les Al-Assad père et fils ont, depuis 1973, sauvegardé le calme absolu de cette ligne de démarcation et n'ont pas remis en cause la situation concrète sur le terrain. La revendication de restitution du Golan est restée purement rhétorique, politique et diplomatique. C'est pourquoi, comme dans le cas de Moubarak, le régime de Damas n'a pas été considéré comme véritablement « gênant » du point de vue israélien.

Israël face au déclenchement du « printemps arabe » : attentisme et immobilisme absolus

À l'heure où sont écrites ces lignes, le « printemps arabe » a essentiellement touché cinq pays (la Tunisie, la Libye, le Yémen, l'Égypte et la

6. M. Yacoubian, « Hezbollah after Assad: Why the Fall of Damascus Might Compel Hezbollah to Turn Inward », *Foreign Affairs*, 1er décembre 2011, disponible à l'adresse suivante : <http://www.foreignaffairs.com/articles/136709/mona-yacoubian/hezbollah-after-assad?page=show>. Voir aussi « Hezbollah Showed Real Face by Siding with Assad: Ghalioun », *The Daily Star* (Liban), 5 décembre 2011.

Syrie) et a eu quelques impacts dans d'autres pays arabes tels que Bahreïn et, dans une moindre mesure, la Jordanie, où s'est développé un mouvement de contestation.

Du point de vue d'Israël, ces pays n'ont pas du tout la même importance stratégique et politique. La Tunisie, le Yémen et la Libye n'ont pas de frontière commune avec Israël et ne l'ont jamais mis en danger. L'intérêt porté par Israël à ces pays est donc minime. Dans le cas du régime Kadhafi, ce sont les États-Unis, les Européens et la communauté internationale qui avaient œuvré pour que le dictateur abandonne ses projets d'armement nucléaire bactériologique ou chimique. Seul l'appui ouvertement donné par le régime de Kadhafi au terrorisme international pouvait gêner Israël mais pas de façon « spécifique ». En revanche, ce sont les mouvements révolutionnaires survenus en Égypte et en Syrie, deux pays « aux portes » d'Israël, qui ont vivement préoccupé le gouvernement de Jérusalem et la population du pays, pour des raisons à la fois générales et particulières à chacun de ces deux pays.

D'une façon générale, tous les observateurs s'accordent sur le fait qu'il s'agit de mouvements révolutionnaires authentiquement populaires, dans lesquels les masses jouent le rôle central. Ces masses sont poussées par des motivations économiques et sociales, la pauvreté, l'écart entre les riches et les pauvres, les dysfonctionnements extrêmes de la société mais également par des motivations politiques : le refus de la dictature, l'aspiration à la démocratie et aux libertés publiques, l'exigence du respect des Droits de l'homme, la dénonciation de la corruption et de l'accaparement du pouvoir, etc.

Or, si une constatation s'impose, c'est que d'une façon absolue, les masses arabes sont beaucoup plus hostiles à l'État d'Israël que leurs gouvernants. Les dirigeants arabes, après avoir mené campagne contre l'existence d'Israël depuis la création de cet État, se sont en fait résolus à accepter le « fait accompli » israélien. Non par amour d'Israël, mais parce qu'ils ont compris qu'il était impossible de vaincre ce pays et parce qu'il y avait des dangers plus pressants. C'est le sens même des traités de paix signés par l'Égypte et par la Jordanie avec Israël et surtout de la position officielle de la Ligue arabe, sur la base de la proposition de l'Arabie Saoudite, selon laquelle tous les pays arabes seront prêts à reconnaître Israël et à normaliser leurs relations avec ce pays s'il renonce à l'ensemble de ses conquêtes de 1967 et évacue tous les territoires occupés, y compris Jérusalem-Est. Mais il importe de garder à l'esprit que cette position (relativement) modérée et pragmatique de la Ligue arabe représente uniquement la position des élites dirigeantes. Celles-ci sont intéressées avant tout à garder leur pouvoir et elles savent d'une part qu'un nouveau conflit armé et une nouvelle défaite face à Israël pourraient mettre celui-ci en danger et d'autre part que leur pouvoir dépend de leur situation économique et sociale, très détériorée par le conflit avec Israël. Surtout, ces élites sont avides de se concilier les Américains et les Européens, pour lesquels la sécurité d'Israël est intangible. S'ajoute à cela la terreur éprouvée par les régimes arabes à l'égard de l'Iran, terreur qui contribue naturellement à diminuer, à leurs yeux, l'importance du conflit avec Israël.

Mais les masses arabes ne partagent pas du tout cette modération, ou plutôt ce pragmatisme à l'égard d'Israël, comme on l'a justement constaté au cours des révolutions arabes. Des décennies de propagande anti-israélienne intensive et continue, propagande souvent à contenu clairement antisémite, de la part des régimes autoritaires arabes, ont eu de lourdes conséquences. Ces régimes dictatoriaux se sont constamment servis de la détestation d'Israël pour détourner le mécontentement de leurs peuples et les critiques concernant leur situation intérieure, économique ou sociale. D'ailleurs, pour contrer les récents mouvements populaires, les dictatures ont à nouveau essayé d'impliquer Israël, pour tenter de détourner les masses de leurs revendications. L'image d'Israël et des juifs comme ennemis mortels de l'islam et des peuples musulmans et arabes s'est profondément ancrée dans ces populations. Les deux traités de paix signés par l'Égypte et la Jordanie avec Israël et l'évolution positive de la Ligue arabe à son égard n'ont strictement rien changé à cette détestation d'Israël, puisqu'il n'y a eu aucun changement dans la teneur du discours arabe (en langue arabe) à l'égard du pays. Même en Égypte, un pays qui a signé un traité de paix avec Israël, les médias n'ont jamais hésité à faire renaître les accusations antisémites traditionnelles de meurtres d'enfants, de complot juif international, du judaïsme ennemi de l'islam ou de cupidité juive[7]. Dès lors, des mouvements populaires, animés par les masses, ne peuvent certainement pas, dans le contexte actuel, être considérés comme de « bonnes nouvelles » du point de vue israélien. Si les « masses » sont appelées à exprimer leur avis à la suite de ces révolutions, ce ne sera pas dans le sens d'une amélioration des liens avec Israël, bien au contraire.

Des décennies de propagande anti-israélienne

7. Le 20 novembre 2002, la Ligue des Droits de l'homme et la Fédération internationale des ligues des Droits de l'homme avaient accusé, à Paris, les médias égyptiens de comportement clairement antisémite. Ces deux organisations non gouvernementales (ONG) avaient noté la publication dans *Al-Ahram* d'un article intégralement inspiré des « Protocoles des Sages de Sion », ainsi que le passage à la télévision égyptienne du feuilleton antisémite *Le Cavalier sans monture*, inspiré lui aussi des « Protocoles ». Jusqu'en 2011, le mensuel *L'Arche* se faisait, de façon systématique, l'écho des nombreuses publications antisémites en Égypte.

Il faut souligner ce que les Israéliens, comme beaucoup d'autres, redoutent : la prise du pouvoir par les islamistes. Les forces et les partis islamistes constituent, au sein des masses, le facteur le plus violemment opposé à Israël et aux juifs en général. Plus ces partis sont extrémistes, plus ils sont opposés à Israël. Or le remplacement des pouvoirs autocratiques par les partis islamistes est précisément ce à quoi nous assistons aujourd'hui. La victoire d'Ennahda en Tunisie, la contestation des islamistes en Jordanie et surtout les premiers résultats des élections générales en Égypte dans lesquelles les Frères musulmans et les salafistes ont fait des scores records sont de très mauvais augure pour Israël.

Le cas de l'Égypte est de loin le plus angoissant du point de vue israélien. Le renversement du régime pose deux grands problèmes. Tout d'abord, que deviendra le traité de paix entre l'Égypte et Israël ? Il ne fait aucun doute, en Israël, que si les Frères musulmans, les salafistes et même les forces de la gauche laïque étaient entièrement libres d'en décider, sans aucune contrainte extérieure, ils annuleraient immédiatement ce traité. Les conséquences d'une rupture des relations diplomatiques et d'une annulation du traité de paix seraient très graves, surtout sur le plan militaire. Israël devrait réviser toute sa conception stratégique du front sud, masser des troupes le long de la frontière du Sinaï et se préparer au pire. Heureusement pour Israël, une telle décision d'un gouvernement égyptien islamiste ne serait pas aisée. Les États-Unis ont très clairement fait savoir aux Égyptiens que cela entraînerait la fin immédiate de l'aide économique à l'Égypte, une aide dont Le Caire ne peut absolument pas se passer. L'état de l'économie égyptienne est désastreux et le nouveau pouvoir qui sortira des urnes ne peut renoncer à l'argent américain sans mettre en danger sa propre victoire. Le nouveau pouvoir devra rétablir l'économie au plus vite, reconstruire intégralement la structure économique du pays, aboutir à des résultats très rapides quant à l'amélioration du niveau de vie des masses, faire revenir les touristes dans un climat de paix, rétablir la confiance internationale et la stabilité. En somme, il n'est pas du tout évident que le traité de paix soit vraiment en danger.

Deuxième problème : celui des relations entre le nouveau pouvoir égyptien et le Hamas. Du point de vue officiel israélien, le Hamas reste un ennemi total, qui souhaite la disparition de l'État d'Israël, qui n'a reconnu aucun des accords signés par l'Organisation de libération de la Palestine (OLP) avec Israël et qui n'a pas renoncé au terrorisme. C'est le Hamas qui, de sa citadelle de Gaza, bombarde régulièrement le territoire israélien. Cette organisation affirme vouloir rééditer la capture d'un soldat israélien pour tenter de faire libérer, comme dans le cas de Gilad Shalit, les grands chefs

Le Hamas reste un ennemi total

terroristes qui se trouvent dans les prisons israéliennes. Pour la plupart des Israéliens (à l'exception du camp de la paix), la réconciliation entre l'Autorité palestinienne et la perspective d'un gouvernement d'unité nationale palestinien ne change rien au caractère terroriste du Hamas. Dès lors, la question des relations qu'entretiendra le nouveau pouvoir égyptien avec le Hamas est de première importance. Tant Moubarak que la junte militaire dirigée par le maréchal Hussein Tantawi se sont efforcés de jouer les *go-between* entre Israël et le Hamas, en essayant d'être plus ou moins équilibrés dans leurs bons offices. C'est grâce au pouvoir militaire que l'accord sur la libération de Gilad Shalit a pu être conclu. La grande question est de savoir si le futur gouvernement égyptien, le futur président et la majorité parlementaire continueront cette médiation plus ou moins impartiale ou s'ils épouseront totalement la cause du Hamas à Gaza. Une telle éventualité aurait des conséquences graves, surtout quant au transfert d'armements lourds et sophistiqués à Gaza.

Derrière l'attentisme officiel : des voix différentes

C'est un fait, la majorité des Israéliens, perplexes face aux développements dans la région, approuvent l'attentisme du gouvernement Netanyahou, tout simplement parce qu'ils ont le sentiment qu'Israël est un îlot de paix et de tranquillité au milieu d'une mer démontée et que l'ouragan frappe de toutes parts. Les menées du Hezbollah au Liban, la guerre civile en Syrie, le roi de Jordanie au pouvoir instable, la grande inconnue du futur pouvoir égyptien et de sa relation à Israël, l'évolution problématique de l'Irak qui se rapproche de l'Iran, la tension avec une Turquie de plus en plus hostile et la possibilité d'une attaque des installations nucléaires iraniennes portent naturellement à l'attentisme et à l'immobilisme.

Mais il ne faut pas ignorer qu'une partie des Israéliens, notamment parmi les intellectuels et dans le monde universitaire, dont le journal *Haaretz* se fait souvent l'écho, pense très différemment. Au lieu d'apparaître comme un bloc monolithique, statue immobile qui refuse toute solution et tout changement, Israël devrait profiter des changements qui se produisent chez ses voisins pour « avancer » : cela signifie essentiellement tenter à tout prix de reprendre la négociation israélo-palestinienne avec Mahmoud Abbas et tenter d'esquisser des solutions aux problèmes posés par le conflit. Même s'ils ne sont qu'une minorité, ces intellectuels de la gauche sioniste et du camp de la paix[8], ainsi que certains hommes politiques, pensent qu'Israël devrait accepter, pour que la négociation

8. Sur la faiblesse du camp de la paix, voir T. Hermann, *The Israel Peace Movement: A Shattered Dream*, Cambridge, MA, Cambridge University Press, 2009.

reprenne, le gel provisoire de la construction dans tous les territoires occupés, qui est l'exigence posée par l'Autorité palestinienne. Face à un monde arabe en plein bouleversement, où les populations crient leur soif de démocratie et de prospérité économique, Israël devrait aller de l'avant, bouger et faire des propositions, ne serait-ce que pour sortir d'un isolement croissant. Certains Israéliens pensent qu'au lieu de refuser toute discussion avec le futur gouvernement d'union nationale palestinien sur le motif qu'il comprendra des membres du Hamas, Israël devrait prendre acte de l'évolution (à la manière de l'Irish Republican Army [IRA] ou de l'Euskadi Ta Askatasuna [ETA]) de ce mouvement vers l'abandon du terrorisme.

Malheureusement, il est plus que douteux qu'un tel « mouvement » israélien pour sortir de l'isolement et de l'immobilisme se produise dans les circonstances politiques actuelles.

MOTS CLÉS

Printemps arabe
Israël
Proche-Orient
Islamisme

Occident/monde arabe : une nouvelle donne géopolitique

Par **Frédéric Charillon**

Frédéric Charillon est professeur de science politique et directeur de l'Institut de recherche stratégique de l'École militaire (IRSEM).

Les soulèvements dans le monde arabe en 2011 n'ont pas été anticipés par les pays occidentaux. Ces derniers doivent maintenant analyser les bouleversements qui ont eu lieu, en comprendre les causes et les conséquences. En se livrant à des exercices de prospective, au sujet notamment de l'évolution possible des mouvements islamistes, ils pourront adopter une nouvelle diplomatie qui leur permettra de renouer pleinement avec le monde arabe.

politique étrangère

Les difficultés économiques et sociales d'une grande partie du monde arabe, l'immobilisme souvent peu vertueux de sa vie politique, l'aporie de son inscription dans les relations internationales entre présence américaine, intransigeance israélienne, impuissance européenne et absence de dialogue régional constituaient depuis longtemps une impasse connue et largement commentée[1]. Mais cette routine collective très peu évolutive[2] sur les dernières décennies s'est muée soudain, depuis 2011, en surprise stratégique à rebondissements multiples marquée par une grande différentiation des cas nationaux. Les processus toujours en cours, qui évoluent désormais dans des directions et à des vitesses différentes en fonction des pays concernés, changent à la fois la nature des éléments de ce sous-système régional, les règles de son fonctionnement et son rapport au monde extérieur. L'analyse de ces processus a déjà connu plusieurs temps. Le premier temps était celui des interrogations rétrospectives, aussi bien sur la nature des soulèvements initiaux que sur les leçons à en tirer pour les sociétés arabes comme pour les capacités de leurs partenaires occidentaux à comprendre ces évolutions. Le deuxième temps est celui de la

1. F. Charillon et B. Rougier (dir.), *Moyen-Orient : la triple impasse*, Paris, La Documentation française, 2008.

2. Dans laquelle plusieurs auteurs ont distingué une phase de nationalisme arabe avec mise en place de systèmes autoritaires (1950-1970), une dérive autoritaire paternaliste et prédatrice (1970-2000), enfin le recours à des stratégies de survie de la part de machines d'État et de régimes disqualifiés (2000-2010). Voir B. Khader, *La Mise en place et la crise du système autoritaire dans le monde arabe*, Barcelone, IEMed/EuroMeSCo, novembre 2011.

prospective, avec ses questions clés pour l'avenir des sociétés, de l'espace méditerranéen, des relations internationales en général.

Le temps des interrogations rétrospectives

Autant la question de l'anticipation – sur le mode « pourquoi n'avons-nous pas prévu ? » – était un faux débat[3], autant la capacité à interpréter désormais avec justesse les événements survenus ou les processus en cours constitue un enjeu fondamental. Sur deux points au moins, il importera de ne pas faire fausse route. En premier lieu, sur les causes des soulèvements arabes, entre illusion romantique d'un « éveil » populaire spontané et fantasme d'un complot islamiste ourdi de longue date. Ensuite, sur la nature des systèmes politiques arabes issus de cet épisode insurrectionnel, nature qui est loin d'être monolithique. Sur ces deux points, la justesse de l'évaluation effectuée depuis l'extérieur déterminera la nature de la relation à venir avec la région Méditerranée-Moyen-Orient.

Pourquoi les soulèvements arabes ?

Sur le premier point, plusieurs débats secondaires continuent de faire rage, et il convient de les relativiser. Le fait par exemple de savoir si la Tunisie, l'Égypte ensuite, la Libye et bien d'autres après elles, la Syrie à l'heure où nous écrivons ces lignes (janvier 2012), sont en « révolution », en « soulèvement » ou en « éveil » importe d'autant moins que chacun de ces concepts fait l'objet de définitions multiples. Tout comme il n'est guère essentiel de savoir si ces phénomènes méritent bien d'être qualifiés de « printemps ». Un autre débat porte sur le rôle des réseaux sociaux, parfois présentés à tort comme de véritables « acteurs » constitués, en mesure de faire ou défaire les régimes, alors qu'ils viennent logiquement renforcer le *skillful individual*, c'est-à-dire l'individu compétent, le simple citoyen, capable de se saisir des enjeux de la scène mondiale et d'y jouer un rôle prépondérant, comme annoncé dès le début des années 1990 par le regretté James Rosenau[4].

En revanche, d'autres diagnostics s'imposent, sur lesquels il serait préférable de ne pas se tromper. Quelles combinaisons de causes ont mené à une telle détermination des insurgés face à des machines autoritaires qui, si certaines ont perdu de façon providentielle le soutien d'une partie de

3. Par définition une surprise politique est peu prévisible dans la temporalité de son irruption, même si les facteurs qui y ont mené sont connus et observés de longue date. Reprocher aux diplomates européens de ne pas avoir prévu le calendrier de ce que les appareils d'État pourtant imposants des régimes concernés n'avaient pas vu venir eux-mêmes relève d'un procès d'intention pour le moins étrange.
4. J. N. Rosenau (1924-2011), *Turbulence in World Politics. A Theory of Change and Continuity*, Princeton, NJ, Princeton University Press, 1990.

leurs forces coercitives (comme en Tunisie et en Égypte), étaient connues pour leur brutalité répressive ? Il faudra bien des études encore pour répondre à cette question importante de sciences sociales. Il est probable que le facteur international, c'est-à-dire l'hostilité à l'Occident ou à Israël, a eu moins d'importance que certains observateurs ont bien voulu le dire. Il en va de même pour l'emprise de l'idéologie islamiste : si les partis religieux, mieux structurés, ont abordé en position de force la phase électorale et postinsurrectionnelle des bouleversements récents, les revendications des insurgés, de la place Tahrir aux rues de Tunis en passant par les autres capitales arabes, n'étaient ni partisanes ni religieuses mais bien plutôt démocratiques, voire libérales. La situation économique, à n'en pas douter, a été un facteur déterminant, surtout pour ceux des régimes en place qui, contrairement à l'Algérie ou aux pays du Golfe, n'avaient pas la marge de manœuvre qu'offre une rente énergétique pour acheter la paix sociale. Elle s'est combinée néanmoins avec une double frustration économique et sociale, qui renvoyait en permanence à la figure des populations l'image d'un insupportable décalage entre leur condition et celle des classes dirigeantes, qui avaient en outre perdu leur légitimité dans la durée interminable d'un règne dont la seule issue envisagée semblait la succession dynastique ou en tout cas familiale. Dans ce processus, les monarchies ont globalement mieux « tenu » que les autres systèmes où, pour reprendre les catégories chères à Max Weber, la légitimité par la tradition avait disparu sans pour autant être jamais remplacée par une légitimité charismatique ni encore moins légale-rationnelle. Comme le résume très justement Pierre Vermeren[5], économie de l'honneur, humiliation sociale, *hogra* – sensation de mépris, générant un sentiment de misère sociale doublée d'impuissance politique – ont donc joué un rôle majeur dans les colères exprimées, teintées de cette conviction que les bornes avaient été dépassées, qu'on n'avait plus rien à perdre et que l'affrontement, même fatal, était préférable au *statu quo* annihilateur de dignité[6]. Il convient bien évidemment de se souvenir de cette dimension des événements et d'adopter, depuis l'extérieur, une attitude qui en tienne compte.

Du processus au résultat : à quoi aboutit-on ?

À cette question importante du *processus*, c'est-à-dire du mécanisme déclencheur des bouleversements arabes, s'ajoute celle du *résultat*, c'est-à-dire de la nouvelle donne des systèmes politiques arabes. Moins encore que pour les processus, celle-ci ne saurait être monolithique. À une

5. P. Vermeren, « Les dynamiques à l'œuvre dans les pays du Maghreb », *Questions internationales*, n° 53, janvier-février 2012.
6. Voir également T. Behr et M. Aaltola, *The Arab Uprising. Causes, Prospects and Implications*, Helsinki, Finish Institute for International Affairs (FIIA), mars 2011, « Briefing Papers », n° 76.

première typologie des processus, dont le niveau de violence est sans doute un critère déterminant, se superpose donc dans un second temps une typologie des régimes en cours d'installation. La première distinguerait : a) les pays de transition rapide, où la chute des leaders est intervenue en peu de temps, par la combinaison d'une pression de la rue et d'un refus des forces armées de soutenir le régime (Tunisie, Égypte) ; b) les pays de convulsion violente, lorsque le régime a tenté d'écraser l'insurrection avec le soutien maintenu de son appareil répressif (Libye, Syrie, Yémen, dans une moindre mesure Bahreïn[7]). À ce jour (janvier 2012), seul le régime de Tripoli est tombé ; c) le maintien au moins provisoire de la paix sociale par des réformes politiques et institutionnelles ambitieuses (Maroc[8], dans une moindre mesure Jordanie, dans une moindre encore Oman) ; d) l'achat de cette paix sociale après des mouvements populaires par l'augmentation des prestations étatiques financée par la rente énergétique (Algérie, Golfe) ; e) enfin, les pays qui ont échappé à ce processus, pour des raisons variées (Palestine, Liban, Irak en proie à d'autres problèmes, Koweït et Émirats arabes unis [EAU] protégés par l'abondance). Une fois ces processus enclenchés, à quoi mènent-ils ? Une seconde typologie s'avère ici nécessaire. La plus simple consisterait à distinguer trois catégories seulement : a) les pays où un processus électoral jugé internationalement acceptable a déjà eu lieu, aboutissant à une alternance totale ou partielle de l'exécutif (Tunisie, Maroc) ; b) les pays où des réformes sont annoncées, parfois entamées, mais inachevées ou teintées de craintes pour l'avenir (Égypte, Libye, Jordanie, Oman) ; c) les pays enfin où les violences continuent (Syrie, dans une moindre mesure Yémen) et où le régime autoritaire se maintient (Bahreïn, Algérie). Cette typologie permet de dépasser le jugement de valeur sur le type de force politique (islamiste en l'occurrence) qui remporte les élections, pour se focaliser davantage sur le déroulement du processus électoral lui-même lorsqu'il existe. Et d'en tirer des conclusions sur les priorités de politique étrangère dans le soutien à apporter aux transitions en cours[9].

Le temps de la prospective

Cette question des priorités politiques qui doivent se dégager à partir de l'observation des processus arabes amène naturellement celle de l'antici-

7. Où le régime fut appuyé moins par ses propres forces armées que par l'intervention saoudienne.

8. Où la nouvelle Constitution prévoit, entre autres, que le roi désigne un Premier ministre issu du parti majoritaire, que la langue berbère devienne la deuxième langue officielle après l'arabe, que la personnalité du roi ne soit plus sacrée mais « simplement » inviolable ou encore que les dispositions juridiques internationales concernant les Droits de l'homme priment sur le droit national.

9. Voir A. de Vasconcelos (dir.), *The Arab Democratic Wave: How the EU Can Seize the Moment*, Paris, Institut d'études de sécurité de l'Union européenne, 2011, Rapport, n° 9.

pation des développements à venir. À quoi peut-on s'attendre, de l'extérieur, et à quels scénarios faut-il se préparer ?

Constats de non-retour

En premier lieu, bien des schémas antérieurs ont volé en éclat à l'occasion des révolutions, soulèvements ou « printemps » arabes, quel que soit le nom qu'on leur donne. Le premier d'entre eux concerne le clivage qui a longtemps existé au sein des pays arabes entre deux grandes familles de politique étrangère : celles qui avaient pour stratégie de se rapprocher de l'Occident et de soutenir ses initiatives et celles qui avaient à l'inverse pour stratégie de s'y opposer. Ces deux postures, pro-occidentale et réjectionniste, ont toutes les deux échoué. Aucune d'elle n'est plus payante aujourd'hui, aucune d'elle ne fournit plus de feuille de route[10]. Du côté des pro-occidentaux, et pour des raisons évidemment différentes, l'Arabie Saoudite, l'Égypte, la Jordanie doivent adapter leur approche de l'international. La première est en quête d'une réponse à des bouleversements qui menacent sa position conservatrice et elle ne la trouvera pas dans un resserrement de ses liens avec les États-Unis, tels qu'édifiés par l'alliance de 1945. La deuxième, si elle ne doit pas nécessairement, comme on l'a dit plus haut, ses troubles politiques à sa posture pro-occidentale antérieure, sait bien qu'il serait malvenu d'y revenir purement et simplement. La troisième doit probablement, sans pour autant rompre avec ses grands alliés occidentaux (États-Unis et Grande-Bretagne en tête), tenir compte d'une demande d'affirmation politique forte qui interdit dans le nouveau contexte une position internationale faible ou suiviste. Les postures défiantes, ou politiques étrangères protestataires[11], ne sont pas mieux loties, et l'isolement syrien marqué par la fuite en avant dans la violence le démontre tragiquement. En dépit du soutien iranien, de relais irakiens, du maintien du relais libanais que constitue le Hezbollah et des réticences russes et chinoises à abandonner totalement Damas, la condamnation croissante d'une Ligue arabe réveillée, le test que constitue pour elle une mission de bons offices au démarrage peu convaincant, l'impatience désormais hostile du voisin turc, les suggestions de l'émir du Qatar d'envoyer une force militaire arabe sur le territoire syrien, après plusieurs mois d'exactions et sans doute plus de 5 000 victimes civiles de la répression, montrent que l'ère d'une possible capitalisation syrienne sur sa posture défiante s'achève. Le Hamas, le Hezbollah bien sûr, peut-être même, plus loin et dans une moindre mesure, l'Algérie doivent méditer aujourd'hui

10. Voir T. Behr, *Reconfiguring Euro-Med Regional Cooperation*, EuroMeSCo, 26 mai 2011, « Brief », n° 1.
11. F. Charillon, « Les politiques étrangères contestataires », *in* B. Rougier, *Les Cahiers de l'Orient*, n° 87, juillet-septembre 2007, p. 25-31.

cette évolution. Tout comme le Maroc ou l'Autorité palestinienne doivent songer aux difficultés qu'implique la carte d'un soutien trop voyant aux initiatives occidentales.

La deuxième évolution majeure et sans doute irréversible provient du retour en force probable de la centralité des politiques étrangères arabes sur une scène moyen-orientale qui depuis quelques années était précisément dominée par les puissances régionales non arabes, c'est-à-dire l'Iran, la Turquie et Israël. C'est bien sur l'avenir et l'évolution des premières que le monde s'interroge aujourd'hui (surtout à propos de l'Égypte), tandis que Téhéran voit l'étau se resserrer autour de sa course au nucléaire dans une tension croissante avec Washington et une partie des Européens[12], tandis qu'Ankara doit revoir la politique étrangère pensée par son ministre Ahmet Davutoğlu autour de l'impératif du « zéro problème » (bien difficile à tenir dans ce nouveau contexte…) et que Tel-Aviv s'interroge sur la posture à afficher face à une évolution démocratique arabe qui demeure lourde d'interrogations (notamment après les victoires électorales islamistes), devant la disparition d'interlocuteurs arabes complaisants (comme Hosni Moubarak) ou la déstabilisation de ses « meilleurs ennemis », qui étaient devenus rassurants à force d'être prévisibles (comme Bachar Al-Assad).

Enfin, le séisme arabe a montré les limites des marges de manœuvre des acteurs traditionnels de la scène mondiale que sont les États-Unis et l'Union européenne (UE)[13]. Les premiers ont assisté non pas impuissants mais en spectateurs engagés à la destitution de ceux qui étaient leurs alliés, chute dont ils ont dû prendre leur parti (à Tunis et au Caire). Ils voient désormais tout un système d'alliances vaciller dans cette région autrefois qualifiée par les néoconservateurs de « Grand Moyen-Orient » : tandis que l'Égypte reste la proie de tensions fortes, d'autres alliés de Washington – Israël et l'Arabie Saoudite en tête – lui reprochent d'avoir abandonné si vite le raïs déchu et sont tentés de s'organiser sans l'Amérique[14]. Au même moment, la Turquie, membre de l'Organisation du traité de l'Atlantique nord (OTAN) et toujours officiellement alliée stratégique de l'autre allié israélien, se fait de plus en plus critique et quitte incontestablement sa docilité passée pour prendre les habits d'un leader régional autonome. Les

12. En janvier 2012, l'escalade verbale entre l'Iran et l'Amérique autour d'une possible fermeture du détroit d'Ormuz venait rappeler des époques bien antérieures.

13. Voir K. M. Pollack, *The Arab Awakening. America and the Transformation of the Middle East*, Washington, DC, Brookings Institution, 2011.

14. À l'image de l'intervention saoudienne sous couvert du Conseil de coopération du Golfe (CCG) pour stopper la déstabilisation de son allié sunnite à Manama, en proie à une révolte chiite. À l'image également de la tentative de la même Arabie d'étendre ce CCG au Maroc et à la Jordanie, prenant ainsi quelque liberté avec la géographie pour transformer l'organisation en club de monarchies sunnites.

tensions turco-israéliennes qui ont suivi l'opération Plomb durci à Gaza (hiver 2008-2009), les initiatives turques de concert avec le Brésil pour trouver à la crise du nucléaire iranien une porte de sortie, peu appréciées de Washington, montrent qu'une nouvelle phase s'est ouverte et que la relation avec Ankara, elle non plus, ne sera plus la même. À l'heure où l'Amérique tourne péniblement la page irakienne ouverte en 2003 et s'efforce de se sortir du piège afghan dans lequel elle était entrée en 2001, à l'heure où ses relations avec l'« allié » pakistanais – ou ce qu'il reste de ce qualificatif – sont bien assombries[15], la main tendue de Barack Obama au monde musulman[16], pour lucide et visionnaire qu'elle ait été, paraît bien loin, et la politique américaine dans la région doit être repensée. Elle ne trouvera pas, en tout cas, d'épaule secourable auprès de la Vieille Europe, prise de court par les soulèvements du Sud méditerranéen, incapable une fois de plus de s'ériger en acteur international crédible face à ces événements majeurs, empêtrée de toute façon dans une crise monétaire, économique et institutionnelle qui l'occupe à sa propre survie en tant qu'entité collective. L'opération libyenne, du point de vue de cette capacité européenne, apparaît sous certains aspects bien alarmante.

La politique américaine dans la région doit être repensée

Si la volonté franco-britannique d'intervenir militairement à partir de mars 2011 pour arrêter les promesses de massacres proférées par Mouammar Kadhafi à l'égard de sa propre population était sans doute nécessaire, si l'opération, montée dans l'urgence, a montré le savoir-faire des deux armées et s'est soldée par la mort du dictateur, il est difficile de ne pas constater que les deux plus grandes puissances militaires européennes (à vrai dire les seules), *ensemble*, ne sont parvenues à mettre à bas une armée libyenne bien éloignée de leurs standards qu'au bout d'un certain temps, en engageant l'intégralité de leurs moyens aériens, sur un terrain facile, certes sans intervention au sol mais surtout avec une aide logistique des États-Unis sans laquelle, de toute évidence, rien n'aurait été possible. Une page se tourne là encore, qui nous éloigne des temps où la France et la Grande-Bretagne avaient davantage de facilité à jouer la carte de leur supériorité militaire en Méditerranée.

Vers de nouvelles configurations

Ces constats des ères disparues étant faits, restent les questions sur l'avenir. Trois d'entre elles prédominent aujourd'hui. La première porte sur les relations interarabes à venir : se dirigent-elles vers la constitution

15. À la fois par les ambiguïtés d'Islamabad vis-à-vis de la situation afghane et de sa relation aux Talibans et par la mort d'Oussama Ben Laden dans le raid américain de mai 2011... à quelques kilomètres de la capitale pakistanaise.
16. Lors de son discours à l'université du Caire en juin 2009.

d'un nouvel acteur arabe sinon unifié, du moins revivifié à l'heure du réveil de la Ligue arabe, ou plutôt vers une nouvelle dichotomie arabe[17] ? La rapidité avec laquelle Riyad a endossé le costume de chef de file conservateur décidé à résister à la contagion démocratique laisse entrevoir la constitution possible d'un bloc, auquel s'opposeraient à l'inverse ceux qui célèbrent la Révolution, à l'image des convives présents à Tunis le 14 janvier 2012 pour le premier anniversaire de la révolution tunisienne[18]. L'hypothèse d'un tel clivage pose naturellement la question du positionnement des principaux États et celle des tensions internes qu'il ne manquerait pas de générer au sein des nouveaux systèmes politiques désormais pluralistes. L'Égypte, avec une armée toujours omniprésente mais des partis religieux conservateurs qui, même divisés, pourraient représenter les deux tiers des voix à l'issue d'un long et complexe scrutin en plusieurs phases[19], illustre ce risque. Après une victoire islamiste de moindre ampleur mais néanmoins importante au Maroc, le Royaume chérifien suscite les mêmes interrogations. La situation ne serait plus seulement celle d'une division entre des régimes « pro » ou « anti », conservateurs ou progressistes, mais cette typologie s'enrichirait d'une troisième catégorie pour le moins instable : celle des pays dont les orientations pourraient varier et dépendraient fortement des rapports de force internes, dont on peut espérer seulement qu'ils procéderaient d'élections régulières. L'observation minutieuse de la crise syrienne et de sa gestion par la Ligue arabe constituera à cet égard un test important de l'harmonie qui pourra sortir de cette période agitée de l'histoire arabe récente.

Deuxième interrogation prospective : quelles conséquences ces évolutions auront-elles sur l'Europe, voisine immédiate du monde arabe ? Comment l'UE peut-elle répondre aux situations particulières qui émergent de ce contexte, tout en promouvant une approche régionale[20] ? Parmi les suggestions les plus audacieuses, qui partent généralement du constat d'une réponse européenne insuffisante depuis le début des soulèvements arabes, on trouve entre autres la nécessité de revoir totalement la politique de voisinage de l'UE, éventuellement d'ouvrir l'Union

17. Comme nous en avons déjà observé, par exemple au moment de la crise du Koweït en 1990, avec un camp opposé à la guerre américaine contre l'Irak et un autre qui y était favorable, autour de l'Arabie Saoudite principalement.

18. Ces cérémonies qui marquaient le premier anniversaire de la chute de l'ex-président tunisien Ben Ali ont réuni plusieurs chefs d'État arabes, qui ont appelé à l'unité du Grand Maghreb après les révolutions, autour du nouveau président Moncef Marzouki et du Premier ministre Hamadi Jebali. Étaient notamment présents le chef du Conseil national de transition (CNT) libyen Moustapha Abdeljalil, le président algérien Abdelaziz Bouteflika et l'émir du Qatar, invité d'honneur. Ce dernier a fortement soutenu les rebelles libyens pendant la guerre et passe pour l'un des principaux bailleurs de fonds d'Ennahda.

19. Mi-janvier 2012, les Frères musulmans auraient recueilli 36 % des voix et les salafistes environ 25 % des voix, autour de la première formation de cette mouvance, Al-Nour (La Lumière). Voir l'article de Bernard Rougier dans ce numéro de *Politique étrangère*.

20. Voir A. de Vasconcelos, *op. cit.*

pour la Méditerranée (UPM) aux pays du Golfe pour embrasser l'ensemble du monde arabe, en tout cas de rénover profondément les partenariats[21]. Mais dans le même temps, la fin d'un rôle politique possible pour l'Union semble actée à l'heure du réveil arabe. Contrairement à la période précédente qui voyait les acteurs réclamer de l'Europe un rôle politique plus important qu'elle ne se sentait pas à même de tenir, ce sont désormais les acteurs arabes de premier plan qui estiment eux-mêmes que le temps des interventions politiques venues d'Europe est révolu[22]. Avec la possibilité désormais faible de jouer un rôle politique reconnu qu'elle n'a d'ailleurs jamais trouvé par le passé, avec un agenda trop périphérique par rapport aux enjeux actuels[23], le cadre euroméditerranéen semble avoir déjà laissé la place à d'autres partenariats comme le partenariat plus large de Deauville[24], en dépit des efforts récents du nouvel envoyé spécial de l'Union pour la région, l'Espagnol Bernardino León, ancien conseiller du Premier ministre José Luis Zapatero. Avec une UPM lancée sous le coparrainage d'Hosni Moubarak, et qui faisait de Bachar Al-Assad l'invité vedette de son inauguration le 13 juillet 2008, c'est à un véritable *rebranding* – pour reprendre l'expression que Tony Blair avait voulu appliquer à la politique étrangère britannique à la fin des années 1990 (*Rebranding Britain*) – que le projet français pour la Méditerranée doit procéder.

Le *rebranding* de l'Union pour la Méditerranée

Enfin, l'apparition de régimes arabes plus représentatifs, puisqu'issus d'élections pluralistes, se traduira-t-elle par un environnement régional plus propalestinien, plus intransigeant à l'égard d'Israël et plus difficile pour les États-Unis et leurs alliés européens ? C'est là toute la question de la « revanche des enjeux » qui est posée. Après la revanche des sociétés sur les appareils d'État, assistera-t-on à la remontée en puissance des thèmes que le jeu interétatique a voulu minimiser ? Ceux-ci recouvrent bien évidemment les questions les plus tragiques, présentes dans tous les esprits de la région : la Palestine, la situation de Gaza, les relations avec Israël y occupent une place de premier plan. L'expérience d'une politique étrangère formulée par un gouvernement dominé par les partis religieux

21. Voir par exemple N. Tocci, *The European Union and the Arab Spring: A (Missed?) Opportunity to Revamp the European Neighbourhood Policy*, EuroMeSCo, 17 juin 2011, « Policy Brief », n° 2.

22. À commencer par l'ancien secrétaire général marocain de l'UPM, Youssef Amrani, qui déclarait en juillet 2011 au quotidien espagnol *El Pais* que l'UPM devait proposer d'abord des projets dans le domaine de la démocratie et de la société civile, mais que face à un enjeu comme la répression syrienne, elle n'était pas en position de donner des « certificats de démocratie ». Et de conclure : « L'époque où l'Occident pouvait dicter les critères d'acceptation d'un pays est finie. »

23. Qui va de la dépollution de la Méditerranée à la mise en place d'autoroutes maritimes en passant par un plan solaire méditerranéen.

24. Lors du sommet réuni à Deauville en mai 2011, les banques multilatérales de développement se sont dites prêtes à mobiliser 20 milliards de dollars, dont 3,5 milliards d'euros provenant de la Banque européenne d'investissement (BEI), au profit de l'Égypte et de la Tunisie d'ici 2013.

issus d'un scrutin libre, régulier et reconnu comme tel est inédite en contexte arabe puisque les expériences électorales précédentes qui auraient pu y conduire ont été soit interrompues (en Algérie en 1992) soit non reconnues (après la victoire du Hamas aux élections palestiniennes de 2006). L'expérience turque sert pour l'heure de point de repère pour des scénarios futurs, en donnant à voir, sous l'autorité du Parti de la justice et du développement (Adalet ve Kalkínma Partisi, AKP), une politique étrangère qui, sans rompre les engagements internationaux passés, en développe une pratique plus exigeante, plus en phase avec la demande sociale, plus susceptible sur le plan du respect de ses intérêts et de sa reconnaissance. Une politique qui, en somme, pour être « islamiste modérée » ne s'en rapproche pas moins d'un certain nationalisme ou d'un souverainisme qu'il n'est pas sans fondement de comparer avec le gaullisme de politique étrangère. Si la politique étrangère égyptienne suit le même schéma, on peut imaginer une évolution similaire, qui ne remettra pas en cause les accords de Camp David ni l'alliance américaine, mais retrouvera une liberté de ton et d'action très atténuée dans les dernières années. Le cas tunisien retiendra également l'attention, avec la nomination de Rafik Abdesslem, issu du parti Ennahda, aux Affaires étrangères. Sans attendre la fin du processus électoral égyptien qui doit aboutir en juin 2012 à l'élection d'un président, Washington a pris acte de cette nouvelle donne[25], tout comme les Européens. Le contenu qui lui sera donné reste à écrire.

***

Les soulèvements arabes observés en 2011 se poursuivent donc à la fois par des modifications des donnes politiques internes et par des réajustements internationaux. Des États autrefois piliers prévisibles d'un immuable sous-système proche-oriental constituent désormais des inconnues majeures. D'autres vont s'efforcer, à partir d'un nouveau départ, de trouver leur place dans le jeu régional. À l'extérieur de ce monde arabe, l'embarras des voisins – turc, israélien ou iranien – est visible, tandis que l'Amérique comme l'Europe, sans grande prise sur les événements, espèrent un scénario vertueux. La bonne compréhension des événements de 2011 déterminera grandement la formulation de la juste diplomatie, capable de tisser une relation nouvelle avec un monde arabe qui s'est réinventé.

MOTS CLÉS

Printemps arabe, diplomatie, islamisme

25. À l'heure où nous écrivons ces lignes (janvier 2012), le numéro deux du département d'État américain doit rencontrer des représentants des Frères musulmans égyptiens.

repères

Le Groupe de Visegrad, 20 ans après

Par **Jana Vargovčíková**

Jana Vargovčíková est doctorante à l'Institut de science politique de l'université Charles à Prague et à l'Institut des sciences sociales du politique (ISP-CNRS) de l'université Paris 10. Elle est également assistante académique au Collège d'Europe, campus de Natolin.

Le Groupe de Visegrad (Pologne, Hongrie, République Tchèque, Slovaquie) a, en 20 ans, marqué de son empreinte la carte géopolitique de l'Europe centrale. Ce Groupe peut-il se constituer en acteur sous-régional dans l'Union européenne ? S'il démontre une efficacité locale incontestable, il semble n'avoir à Bruxelles qu'une efficacité réactive. Sa capacité à intervenir sur la politique européenne de voisinage ou dans la politique énergétique de l'Union sera un test de son poids pour l'avenir.

politique étrangère

L'année 2011 paraît placée sous le signe de l'Europe centrale. Les présidences semestrielles hongroise puis polonaise du Conseil de l'UE se sont succédé alors même que le Groupe de Visegrad (GV), réunissant la Pologne, la Hongrie, la République Tchèque et la Slovaquie, fêtait son 20e anniversaire. Cette coïncidence incite à revenir sur les espoirs, les opportunités et les réalités de la coopération de Visegrad durant deux décennies, à travers trois moments clés, pour en tirer quelques leçons et perspectives.

Trois retournements majeurs

Lorsque Václav Havel, Lech Wałęsa et József Antall se donnent rendez-vous le 15 février 1991 à Visegrad, berceau symbolique de la coopération

---

Le présent article fait écho à la conférence « The Next 20 Years of Visegrad Cooperation », organisée par le Centre français de recherche en sciences sociales (CEFRES) à Prague et par ses partenaires, le 27 mai 2011, à Bratislava, sous la direction de Georges Mink et avec le soutien du Fonds international de Visegrad (FIV).

politique en Europe centrale[1], l'espoir d'un avenir démocratique se répand dans toute l'Europe centrale. Les 40 années de pouvoir soviétique demeurent pourtant encore inscrites sur le sol, les troupes soviétiques stationnant toujours dans les trois pays, le Pacte de Varsovie et le Conseil d'assistance économique mutuelle (CAEM) attendant encore leur dissolution.

La Pologne est alors au cœur de la recomposition européenne, entre l'Allemagne fraîchement réunifiée à l'ouest et l'URSS en décomposition à l'est. Soucieuse d'éviter l'isolement politique dans un espace que d'aucuns voient comme un nouveau « cordon sanitaire » et pressée de trouver des garanties de sécurité, la Pologne s'investit dans nombre de forums régionaux – l'Initiative centre-européenne[2] (INCE), le Conseil baltique, le Groupe euroarctique et le Groupe de Visegrad – en même temps qu'elle noue un partenariat informel avec l'Allemagne et la France – le « triangle de Weimar » –, qui l'attire irrésistiblement vers les puissances européennes.

À la différence de l'INCE, le Groupe de Visegrad se dote d'une vision politique à large portée. Dès janvier 1990, moins de deux mois après la révolution de velours, le président de la Tchécoslovaquie Václav Havel déclare au Sejm, Chambre basse polonaise : « Nous avons une chance historique de transformer l'Europe centrale en une entité politique[3]. » Le Groupe de Visegrad tente de réinventer l'espace géopolitique de l'Europe centrale, tour à tour impériale, décomposée et mythifiée par le passé.

Dans une perspective hongroise, cette Europe centrale s'étendrait plutôt vers le sud pour inclure les pays du bassin danubien, d'où la préférence initiale de la Hongrie pour l'INCE. Confrontée aux conflits yougoslaves, Budapest se tourne pourtant vers ses voisins au nord pour chercher des garanties de sécurité, mais aussi pour poser dans un forum multilatéral la question qui la préoccupe : le statut des minorités hongroises à l'étranger.

La déclaration de Visegrad apparaît comme le fruit d'une triple motivation. Tout d'abord, répondre aux soucis communs : se dissocier du reliquat soviétique pour s'associer progressivement à l'Union européenne (UE) et à l'Organisation du traité de l'Atlantique nord (OTAN) à l'issue d'une

1. Ville hongroise, lieu d'une rencontre historique entre les rois de Hongrie, de la Pologne et de la Tchéquie en 1335, Visegrad fut choisie pour la signification symbolique du lieu où Charles Robert, Casimir le Grand et Jean de Luxembourg s'entendirent pour renforcer leur coopération politique et commerciale.
2. L'Initiative centre-européenne, initialement appelée Groupe alpino-adriatique, fondée en 1989, comprenait la Hongrie, l'Autriche, l'Italie et la Yougoslavie comme membres fondateurs, la Tchécoslovaquie et la Pologne adhérant à l'initiative au cours des années suivantes.
3. Disponible à l'adresse suivante : <http://www.vaclavhavel.cz/showtrans.php?cat=projevy&val=324_projevy.html&typ=HTML>.

transition politique et économique[4] ; puis donner forme à un sentiment d'appartenance commune et de proximité entre les pays, encore que non exempt de quelques frictions ; enfin, mieux répondre aux intérêts nationaux respectifs dans un cadre multilatéral.

Cette triple motivation se traduit par le triple caractère du Groupe. Il se présente comme une alliance politique, nouvel acteur sur la carte géopolitique ; mais aussi comme un « club d'élite » destiné à occuper la première place dans la file d'attente pour l'adhésion à l'UE et à l'OTAN ; et enfin comme une destination privilégiée des investisseurs étrangers. Missions réussies puisque, dès le sommet de Copenhague des 21 et 22 juin 1993, les pays de Visegrad sont considérés comme les favoris de l'intégration. Par ailleurs, depuis les changements de régime, 90 % des investissements étrangers dans les pays de l'Est européen sont réalisés dans les pays de Visegrad[5]. En définitive, Visegrad est bien considéré comme une alliance instrumentale, privilégiée quand les coûts s'avèrent assez compensés par les bénéfices – une caractéristique qui sera source de fragilité tout au long de ses 20 années d'existence.

Premier retournement : la division de la Tchécoslovaquie

Nonobstant ses ambitions, le projet du Groupe de Visegrad comme entité politique est battu en 1992, avec la victoire de l'opposition aux élections tchécoslovaques, qui portent au pouvoir Václav Klaus et Vladimír Mečiar, deux leaders nationalistes qui attisent les discordes tchécoslovaques et mènent le pays à la séparation du 1er janvier 1993. Le triangle de Visegrad devient un quadrilatère, lui-même temporairement réduit à l'Accord de libre-échange centre-européen[6] (*Central European Free Trade Agreement*, CEFTA), autre regroupement régional.

La création du CEFTA répondait au besoin réel de réanimer les échanges commerciaux en Europe centrale et orientale, en chute libre après 1989. Alors qu'en 1988 ils comptent encore pour moitié du commerce extérieur des pays de Visegrad[7], ils n'en représentent plus que 4 % environ

4. Déclaration de Visegrad, disponible à l'adresse suivante : <http://www.visegradgroup.eu/main.php?folderID=940&articleID=3940&ctag=articlelist&iid=1)>.

5. Voir J. Rupnik, « De l'élargissement de l'Union à l'unification de l'Europe », *Pouvoirs*, n° 106, 2003, p. 46.

6. Accord conclu en 1992 et entré en vigueur à partir du 1er juillet 1994, regroupant d'abord les pays de Visegrad, élargi ensuite à la Slovénie, à la Bulgarie et à la Roumanie. Depuis 2007, cet accord est devenu le CEFTA 2006, qui regroupe l'Albanie, la Macédoine, la Moldavie, le Monténégro, la United States Mission in Kosovo (UNMIK)/Kosovo, la Croatie, la Serbie et la Bosnie-Herzégovine (par ordre d'adhésion).

7. G. Kolankiewicz, « Consensus and Competition in the Eastern Enlargement of the European Union », *International Affairs*, vol. 70, n° 3, 1994, p. 485.

en 1991 et 1992[8]. Il n'en reste pas moins que la préférence tchèque et slovaque pour le CEFTA découlait de l'abandon délibéré du projet visegradien, la Pologne et la Hongrie essayant de maintenir dans cette période des relations bilatérales étroites.

Lors de la visite de Bill Clinton à Prague en janvier 1994, à l'occasion de l'adhésion des quatre pays au Partenariat pour la paix – antichambre à l'adhésion à l'OTAN –, le mot « Visegrad » est absent des communications de la délégation tchèque[9]. Václav Klaus va jusqu'à déclarer au *Figaro* au début de l'année 1994 que « la République Tchèque n'est pas concernée par Visegrad, parce qu'il s'agit là d'un processus artificiellement provoqué par les pays de l'Ouest[10] », propos qui en agaceront plus d'un, de l'opposition tchèque jusqu'au gouvernement hongrois.

Klaus : « La République Tchèque n'est pas concernée par Visegrad »

Si les propos sur l'artificialité de Visegrad relèvent de la provocation, force est toutefois de constater que ce sont les encouragements de l'Ouest qui ont pu empêcher son éclatement total en période de refroidissement. Aux quatre ambassadeurs du Groupe en visite à Washington en avril 1994, le sous-secrétaire d'État américain Clifton Wharton déclare que leur coopération est « une contribution positive à la stabilité et à la prospérité de la région de l'Europe centrale[11] ». La Commission européenne, à son tour, souligne que « l'intégration économique requiert que se développe la coopération entre les pays, ainsi que leur coopération avec la Communauté » et qu'elle reconnaît la valeur de la « coopération accomplie entre les pays suite à la déclaration Visegrad[12]. »

La position tchèque de l'époque est donc paradoxale : bien que Klaus questionne bruyamment le sens d'un groupe désigné comme artificiel et « élitiste » pour prôner un rapprochement avec l'Autriche, l'Allemagne et la Slovénie, il ne peut se permettre de le quitter et de perdre ainsi un argument dans la candidature de son pays à l'adhésion à l'UE et à l'OTAN. L'affaire est donc éclairante quant à la double influence de l'Union européenne et des États-Unis sur les relations internes aux régions candidates à l'adhésion – aujourd'hui les Balkans occidentaux ou le Caucase du Sud. L'encouragement à la coopération régionale aide à son développement ;

8. L. Lukášek, *Visegrádská skupina a její vývoj v letech 1991-2004* [Le Groupe de Visegrad et son évolution dans les années 1991-2004], Prague, Karolinum, 2011, p. 48, note 72.

9. G. Kolankiewicz, *op. cit.*, p. 478.

10. *Le Figaro*, 4 octobre 1994, cité *in* L. Lukášek, *op. cit.*, p. 43-44.

11. L. Lukášek, *op. cit.*, note 86, p. 53.

12. *Europe and the Challenge of Enlargement, 24 June 1992. Prepared for the European Council, Lisbon, 26-27 June 1992*, « Bulletin of the European Communities », supplément 3/92, p. 19.

mais la forme bilatérale des négociations d'adhésion fragmente cette coopération, incitant les candidats à chercher des arrangements spécifiques ou des alliés *ad hoc*.

Devant ces développements, Adam Michnik a exprimé une déception partagée par ceux qui avaient promu la fondation du Groupe comme alliance autour de valeurs politiques, constatant, presque en écho aux propos de Václav Havel : « Il semble que la plus grande occasion politique du XXe siècle pour les Polonais, les Tchèques, les Slovaques et les Hongrois sera manquée[13]. »

Second retournement : la relance de la coopération

Occasion manquée ou reportée ? Il fallut attendre deux autres développements pour surmonter cette « mort clinique[14] » : les changements de gouvernement dans les quatre pays en 1997-1998, qui voient l'investiture de leaders pro-Visegrad, notamment en République Tchèque et en Slovaquie, et l'ouverture des négociations d'adhésion à l'OTAN au sommet de Madrid de 1997 et à l'UE au sommet de Luxembourg la même année.

Ces élections ont une signification toute particulière pour la Slovaquie, l'opposition remplaçant le gouvernement quasi autoritaire et isolationniste de Vladimír Mečiar et se trouvant face à la difficile tâche de rattraper le retard pris dans les processus d'adhésion. La Slovaquie ne fait en effet plus partie du groupe de tête des pays candidats à l'adhésion tel que défini au sommet de Luxembourg de décembre 1997.

Face au risque d'une adhésion en ordre dispersé à l'UE, la mobilisation du Groupe en faveur de la Slovaquie portait rapidement ses fruits. Bratislava pouvait ainsi rattraper son retard et être reclassée dans le groupe de tête des pays candidats dès le sommet de Laeken de décembre 2001. Œuvre de solidarité ou d'intérêt ? Pour Soňa Szomolányi, « la solidarité visegradienne [...] a fortement contribué à ce que la Slovaquie se remette après un temps de démocratie antilibérale[15] ».

Au plan fonctionnel, la relance de la coopération s'est traduite par de nouveaux outils, les quatre allant jusqu'à briser un des tabous de leur coopération : « Il y a deux mots interdits dans le Groupe de Visegrad : l'élargissement et l'institution. La création du Fonds international de Visegrad (FIV) a brisé

13. « Foreign Broadcast Information Daily Service Daily Report for Eastern Europe », 11 janvier 1994, p. 26, cité *in* L. Lukášek, *op. cit.*

14. P. Vágner, lors de la conférence « The Next 20 Years of Visegrad Cooperation ».

15. S. Szomolányi, lors de la même conférence.

un de ces principes[16] », explique Petr Vágner, l'actuel directeur du FIV. Celui-ci a été pensé pour diversifier les modes d'action du Groupe et le rapprocher des citoyens grâce au financement sur concours de projets civiques, culturels ou transfrontaliers. En dépit d'un budget limité (6 millions d'euros en 2010), il est devenu partie intégrante des financements au profit des organisations non gouvernementales (ONG) de la région.

C'est à cette époque de coopération intense que les élites politiques et diplomatiques se rapprochent et s'habituent à la consultation, au sein du Groupe, sur des sujets figurant aux agendas des quatre pays. Le réflexe de composer d'abord le numéro du collègue d'un ministère centre-européen, avant la consultation d'autres partenaires, pratique attestée par certains diplomates, joue jusqu'à aujourd'hui le rôle de garde-fou pour cette coopération, en l'absence de structures proprement institutionnelles.

Garde-fou imparfait toutefois, puisqu'il n'est pas en mesure d'empêcher les frictions bilatérales au sein du Groupe, ébranlant çà et là sa stabilité. Ainsi en 2002, lors de la conclusion du processus d'adhésion et en pleine campagne électorale, Viktor Orban remet-il en question devant le Parlement européen la conformité des décrets Beneš avec le droit européen : « D'après ma conviction personnelle, les décrets Beneš ne sont pas conformes aux principes du droit européen et je ne peux donc que difficilement imaginer qu'un État devienne membre de l'UE alors qu'il garde dans son droit national des normes contradictoires avec celles de l'UE[17]. » Pays visé ? La Slovaquie, mais aussi la République Tchèque, à qui la même menace est transmise par Jörg Heider avant l'adhésion. Suite à cette déclaration, les trois Premiers ministres Mikuláš Dzurinda, Miloš Zeman et Leszek Miller se désistent du sommet de Visegrad qui devait se tenir à Budapest. Cet incident, tout comme l'adoption de la loi sur le statut des minorités hongroises à l'étranger[18] le 19 juin 2001, met ainsi quelques bémols aux relations au sein du Groupe.

Les vieilles amertumes ne resurgissent pourtant que rarement, les membres du Groupe ayant intégré l'intérêt de poursuivre la coopération. Les sommets réguliers ont contribué à réduire les tensions occasionnelles, notamment dans les relations slovaco-hongroises, même en l'absence prolongée de contacts bilatéraux réguliers. Le FIV, à son tour, aidait à dissiper préjugés et tensions au niveau des sociétés par le biais de projets civiques et culturels : « Le FIV a été inspiré par le Fonds germano-tchèque pour

16. P. Vágner, *op. cit.*

17. Cité *in* J. Vykoukal (dir.), *Visegrád, možnosti a meze středoevropské spolupráce* [« Visegrad, possibilités et limites d'une coopération centre-européenne »], Prague, Dokořán, 2003, p. 351.

18. A. Szörenyi, « La politique étrangère hongroise au début d'une nouvelle phase », *Revue internationale et stratégique*, n° 61, 2006, p. 42.

l'avenir [Česko-německý fond budoucnosti] [...]. Nous disions souvent en plaisantant : nous allons créer un fonds qui les obligera à coopérer [...] », explique son actuel directeur Petr Vágner[19].

Troisième retournement : l'adhésion à l'UE

Le 1er mai 2004, les quatre capitales centre-européennes fêtent le succès tant attendu : leur entrée dans l'Union européenne. Pour le Groupe de Visegrad, l'adhésion signifie la disparition de l'objectif principal de son agenda. Conscients de ce tournant, les quatre Premiers ministres se donnent rendez-vous deux semaines après l'adhésion, à Kroměříž, en République Tchèque, et définissent ce que pourrait devenir leur coopération d'*insiders* au sein de l'UE dans les *Guidelines on the Future Areas of Visegrad Cooperation*[20]. Ils peinent toutefois à définir ses moyens : le savoir-faire nécessaire à l'action politique à Bruxelles leur fait alors encore grandement défaut.

Le projet : s'investir dans la Politique étrangère et de sécurité commune (PESC) par rapport à l'Europe de l'Est et aux Balkans occidentaux ; participer activement à la Politique européenne de sécurité et de défense (PESD) et à son dialogue avec l'OTAN ; et coordonner les efforts en vue de l'adoption de l'euro.

En contraste avec ce programme, les prises de position du Groupe de Visegrad se sont d'abord plutôt raréfiées, se laissant rythmer par l'agenda européen. Rapidement, l'idée fantaisiste d'un nouveau bloc dans l'UE touchait ses limites : à la Convention européenne de Bruxelles, fin 2003, la Pologne s'arcboute sur la référence aux valeurs chrétiennes dans le préambule au projet constitutionnel, aux côtés d'un allié de circonstance, l'Espagne. Varsovie sera également seule dans le Groupe de Visegrad à s'opposer aux changements prévus du système de vote au Conseil. Les positions divergent aussi sur l'élargissement de l'UE. Alors que la Pologne, secondée par la Slovaquie, s'investissait promptement pour l'avenir européen de l'Ukraine après la « révolution orange » (novembre 2004-janvier 2005), la République Tchèque restait peu intéressée par cette perspective. De même, les positions des États de Visegrad étaient divergentes par rapport à la Croatie et à la Turquie[21].

---

19. P. Vágner, *op. cit.*
20. Disponible à l'adresse suivante : <http://www.visegradgroup.eu/cooperation/guidelines-on-the-future-110412>.
21. Alors que la Slovaquie soutenait très fortement l'adhésion de la Croatie, la Pologne accentuait les problèmes dans sa coopération avec le Tribunal pénal international pour l'ex-Yougoslavie (TPIY). Concernant la Turquie, en revanche, la Slovaquie exprimait ses réserves, alors que la Pologne et la République Tchèque soutenaient son adhésion. Voir V. Bilčík et T. Strážay, *Fungovanie Vyšehradskej štvorky pred a po vstupe jej členov do Európskej únie* [« Fonctionnement de Visegrad 4 avant et après l'entrée de ses membres à l'UE »], Bratislava, SFPA, 2006, p. 15.

Au plan économique en revanche, le Groupe de Visegrad fonctionne comme un bloc efficace. Les chefs d'États se retrouvent parfois avant les séances du Conseil de l'UE pour s'accorder, habitude redoutable pour certains – notamment pour le président Nicolas Sarkozy. Suite à une difficile séance du Conseil en amont du sommet de Copenhague sur le climat en 2009, où neuf nouveaux pays membres bloquaient la position commune proposée par la France et l'Allemagne, le président français a déclaré : « S'ils devaient se réunir régulièrement avant chaque Conseil, cela soulèverait des questions[22]. » En plus du refus de la position commune de l'UE sur le climat, le Groupe de Visegrad s'est opposé à l'harmonisation des impôts dans l'UE, a réclamé une plus grande mobilité sur le marché du travail européen et a récemment plaidé pour la sauvegarde du Fonds social européen (FSE), qui attribue aux quatre pays environ 1,3 % de leurs budgets annuels[23].

Perspectives d'une nouvelle étape européenne du Groupe de Visegrad

Après sept années dans l'UE, le Groupe de Visegrad forme-t-il un groupe d'intérêt efficace au Conseil ou demeure-t-il une plate-forme de coopération sous-régionale sur des sujets mineurs ? La réponse doit tenir compte d'une caractéristique fondamentale du Groupe, qui ressort de ces années d'expérience : il n'a jamais été et ne sera probablement jamais un lieu de *production* de consensus et de positions communes ; il est plutôt un lieu de *coordination* entre des intérêts communs préexistants, mobilisé pour les *soutenir* et *amplifier* la voix de leurs porteurs dans l'UE et qui n'exclut pas d'éventuelles coalitions extra-visegradiennes. Depuis trois ans cependant, Visegrad change d'image.

Visegrad va-t-il survivre à l'adhésion de ses membres à l'UE ?

Trois mythes à réviser

Visegrad : un antidote au couple franco-allemand ?

Si, au Conseil de l'UE, le poids des votes de Visegrad égale celui de l'Allemagne et de la France, il est improbable que le Groupe devienne un bloc oppositionnel, pour trois raisons principales.

La première tient aux objectifs du Groupe à moyen et long termes, généralement partagés par les États membres de l'UE[24] : une politique de voisi-

22. *Étoile*, blog du site *Touteleurope.eu*, 5 novembre 2009, disponible à l'adresse suivante : <http://etoile.touteleurope.eu/index.php/post/2009/11/05/Le-groupe-de-Visegrad-agace-Nicolas-Sarkozy#suite>.
23. Pourcentage moyen durant la période budgétaire 2007-2013, selon diverses sources.
24. Comme le souligne A. A. Basora, ancien ambassadeur des États-Unis en Tchécoslovaquie et en République Tchèque, dans son article « The Value of the Visegrad Four », Washington, DC, The Atlantic Council of the United States, 2011, « Issue Brief », disponible à l'adresse suivante : <http://www.acus.org/publication/value-visegrad-four>.

nage active, visant l'intégration des Balkans occidentaux et de l'Europe de l'Est[25], mais aussi la diversification des sources d'énergie en Europe – devenue un objectif urgent notamment à la suite de la crise autour du gaz entre la Russie et l'Ukraine en janvier 2009. La dépendance des pays de Visegrad vis-à-vis des approvisionnements de gaz russe (92 % en moyenne, 100 % pour la Slovaquie) les mène à intégrer le projet européen de corridor de gazoducs nord-sud, projet d'interconnection des mers Baltique, Adriatique et Noire, et les pousse à coordonner la mise en œuvre de connecteurs régionaux qui en feront partie sous un format Visegrad 4+ (V4+)[26].

La deuxième raison pour douter d'un avenir soudé du V4 est le recours régulier de ses membres aux coalitions extra-visegradiennes. Exemple révélateur, le Partenariat oriental (PAO), qui constitue aujourd'hui la politique phare du Groupe, a été conçu sans lui, par un accord polono-suédois ensuite approuvé par le Groupe. Le rappel du coordinateur tchèque responsable de Visegrad, Jiří Čistecký, est à cet égard précis : « Visegrad est parfois vu comme un bloc potentiellement fort dans l'UE. Mais il n'a pas cette ambition. Nous arrivons à proposer des candidats communs pour des postes dans les institutions internationales, nous arrivons à accorder nos voix en politique étrangère, [...] et à maintenir l'attention de l'UE pour la région qui nous importe[27]. »

En dernier lieu, le Groupe ne se définit pas en opposition au couple franco-allemand puisque les ambitions de son membre le plus influent, la Pologne, se trouvent liées aux relations avec la France et l'Allemagne au sein du « triangle de Weimar », que Varsovie chérit comme preuve de son importance. Son appartenance simultanée à Visegrad renforce son mandat au « triangle de Weimar » et réciproquement, son accès aux puissances européennes renforce sa position aux yeux des partenaires visegradiens[28].

25. Il est d'ailleurs significatif que lorsque le 3 mars 2011, les ministres des Affaires étrangères signent une déclaration commune sur l'importance du Partenariat oriental (PAO), les chefs de gouvernement de Visegrad signent le même jour et de concert avec Angela Merkel une déclaration sur l'importance de la Politique européenne de voisinage (PEV) au Sud.
26. Les pays de Visegrad, l'Autriche, la Bosnie-Herzégovine, la Bulgarie, la Croatie, la Serbie, la Slovénie et la Roumanie. Voir la déclaration du format V4+ lors du sommet sur la sécurité énergétique du 24 février 2010 à Budapest, disponible à l'adresse suivante : <http://www.visegradgroup.eu/2010/declaration-of-the>.
27. J. Čistecký, lors de la conférence « The Next 20 Years of Visegrad Cooperation ».
28. Pour en savoir plus sur la position de la Pologne au sein du Groupe de Visegrad, voir par exemple M. Gniazdowski, *Dilemata největšího z nejmenších. K visegrádskému rozměru polské politiky* [« Les dilemmes du plus grand parmi les plus petits. Sur la dimension visegradienne de la politique polonaise »], *Mezinárodní politika*, vol. 35, n° 3, 2011, p. 9-11.

Un Visegrad atlantiste ?

L'orientation atlantiste des diplomaties centre-européennes a subi une révision pragmatique ces dernières années, liée notamment à l'arrivée au pouvoir de Barack Obama. Sa décision d'annuler le projet d'installation d'un bouclier antimissile en Pologne et en République Tchèque, alors même que les gouvernements l'avaient porté à bras-le-corps, a laissé quelque amertume dans les élites politiques. Les tentatives de rapprochement entre les États-Unis et la Russie n'ont guère, elles non plus, rassuré les élites atlantistes (Václav Havel, Aleksander Kwasniewski, Lech Walesa, Michal Kováč et d'autres), qui ont en retour signé une lettre ouverte à Barack Obama le priant de ne pas abandonner l'Europe centrale[29] – abandon déjà signalé par le déplacement d'aides à la démocratisation de fondations américaines vers l'Europe du Sud-Est.

Ces développements ont conduit ces États à rechercher d'autres garanties de sécurité, notamment à travers la PESD. Aussi les quatre décident-ils le 12 mai 2011 de former avant 2016 un groupement tactique européen (*Battle Group*), similaire au groupement tactique nordique (*Nordic Battle Group*), rattaché à la PESD et commandé par la Pologne. Tout en demeurant proches des États-Unis sur nombre de questions, les quatre envisagent désormais cette relation de manière moins sentimentale et plus pragmatique.

Visegrad, bouclier contre la Russie ?

Forte aux débuts du Groupe, notamment après le putsch de Moscou en août 1991, la motivation antirusse s'estompe sur fond de rapprochement polono-russe depuis la victoire parlementaire du parti Plate-forme civique[30] (Platforma Obywatelska, PO) en 2007, et sur fond de relations commerciales qui ont plus que triplé en l'espace de quatre ans[31], de 2004 à 2008.

Un tel rapprochement pourrait difficilement devenir une cause visegradienne, compte tenu du coût du compromis pour chaque pays ; la politique du Groupe est donc ici une non-politique. Bien qu'indirectement présente dans les projets de sécurité énergétique et du Partenariat oriental,

29. Lettre ouverte, disponible à l'adresse suivante : <http://www.lidovky.cz/havel-pise-obamovi-nehodte-nas-kvuli-rusku-pres-palubu-p1x-/ln_domov.asp?c=A090715_211852_ln_domov_mev>.

30. Pour en savoir plus, voir G. Mink, « La réconciliation polono-russe : vers un changement de paradigme ? », *Politique étrangère*, vol. 75, n° 3, automne 2010, p. 607-619.

31. Voir M. Dangerfield, « Visegrad Group Cooperation and Russia », Boston, 12e conférence biannuelle de la European Union Studies Association, 3-5 mars 2011.

la Russie n'a pas de place explicite dans l'agenda du Groupe. Pour Martin Dangerfield[32], cela est d'abord dû à l'asymétrie de taille entre le Groupe de Visegrad et la Russie[33], mais aussi à la non-transférabilité à la Russie des outils de politique étrangère dont disposent ses membres pour agir dans les Balkans ou en Europe de l'Est. Des programmes de démocratisation humilieraient Moscou et le soutien à la société civile exigerait un investissement dépassant les possibilités actuelles du FIV.

Le Partenariat oriental, indice du futur rôle de Visegrad

Visegrad est-il voué à demeurer un regroupement sous-régional ou se construira-t-il comme une entité influente dans l'UE ? Un indice à suivre de près sera l'activité du Groupe en matière de politique étrangère, de Politique européenne de voisinage (PEV) et en particulier d'élargissement – autant de domaines dépassant le mandat d'un regroupement sous-régional *stricto sensu* et de tests de sa capacité d'action politique. Visegrad saura-t-il devenir le porte-parole des pays candidats à l'adhésion à l'intérieur de l'UE, comme l'Allemagne le fut depuis les années 1990 ?

À cet égard, le Partenariat oriental est un cas d'étude révélateur. Lancé le 7 mai 2009 à Prague lors de la présidence tchèque de l'UE comme outil multilatéral renforçant la dimension orientale de la PEV et répondant ainsi à l'Union pour la Méditerranée du président Sarkozy, il a été revu cette année au sommet du PAO des 29 et 30 septembre à Varsovie. Sa création avait su dynamiser un Groupe de Visegrad mal en point : à travers lui se concrétisaient nombre de déclarations d'intention. Fil rouge de l'argumentation ? Le besoin de distinguer entre, d'une part, les « voisins européens » de l'UE (Arménie, Azerbaïdjan, Biélorussie, Géorgie, Moldavie et Ukraine) et d'autre part, les « voisins de l'Europe ». Le Groupe pouvait ici mettre à profit sa position dans l'UE et ses expériences de transformation démocratique et d'adhésion à l'Union.

Visegrad n'est ni l'auteur ni l'instigateur du Partenariat oriental de l'UE

Il n'en reste pas moins que Visegrad n'est ni l'auteur ni l'instigateur du PAO. Et les succès des présidences tchèque et polonaise de l'UE liés au PAO ont été présentés comme nationaux et non comme visegradiens. La politique orientale de la Pologne est à cet égard active et ambitieuse, certains, comme l'ancien Premier ministre et chef du parti Droit et justice

32. M. Dangerfield, *op. cit.*
33. De fait, aucune rencontre de haut niveau avec la Russie dans un cadre V4+ n'a eu lieu.

(Prawo i Sprawiedliwość, PIS) Jarosław Kaczyński, n'hésitant pas à opposer ses succès à une politique européenne « défaillante[34] ». Les pays de Visegrad gardent-ils donc les bonnes idées pour eux[35] ? Le PAO est certainement un des premiers succès de l'influence des nouveaux pays membres sur les politiques européennes, mais pas via le Groupe de Visegrad.

Peu présent à un niveau « macro », le Groupe réagit concrètement en revanche aux niveaux « micro » et « méso », quoique avec des moyens incomparables à ceux du PAO. Ainsi ouvre-t-il en juin 2011 un chapitre spécial du FIV, « Partenariat oriental », destiné à soutenir des projets de développement de la société civile dans les pays du PAO ; il prévoit également d'ouvrir une représentation diplomatique commune aux quatre pays, une « Maison de Visegrad » en Crimée ; ou encore suggère la duplication du FIV dans les pays du PAO, c'est-à-dire la création d'un fonds à contribution des gouvernements locaux. De multiples ONG tchèques et polonaises travaillent aujourd'hui sur des projets de soutien à la démocratisation en Ukraine, en Biélorussie et en Géorgie.

Pour la formulation et la négociation de haut niveau sur les politiques européennes, Visegrad est à la fois un outil réactif et accessoire pour ses membres, utile pour renforcer les positions déjà définies par les capitales. L'intérêt de cette fonction pourrait cependant s'accroître avec la nouvelle formule V4+, qui permet à d'autres pays, membres ou non de l'UE, de rejoindre discussions et déclarations selon le sujet abordé, dans ce qui pourrait constituer une arène intermédiaire entre relations bilatérales et négociations européennes.

***

Après 20 années d'un parcours tortueux, le Groupe de Visegrad est aujourd'hui un élément de la carte géopolitique de l'Europe centrale, qu'il a aidée à rétablir après les chutes des régimes communistes et dont il a accompagné l'adhésion à l'UE. Bien que moins sensible aux discordes bilatérales et aux changements de gouvernements que par le passé, en partie grâce à un agenda construit autour d'intérêts de long terme, il doit encore affronter bien des enjeux – dont sa dépendance vis-à-vis des réseaux

34. « Kaczyński : Partnerstwo Wschodnie – przyjęcia zamiast skutecznej polityki » [« Kaczyński : Partenariat oriental – des réceptions à la place d'une politique réelle »], *Gazeta Wyborcza*, 29 septembre 2011, disponible à l'adresse suivante : <http://www.gazetaprawna.pl/wiadomosci/artykuly/551980,kaczynski_partnerstwo_wschodnie_przyjecia_zamiast_skutecznej_polityki.html>.

35. Comme le suggère Martin Dangerfield dans son article « The Visegrad Group and the EU's "Eastern Policy" », *Europe-Asia Studies*, vol. 61, n° 10, 2009, p. 1735-1755.

sociaux de ses élites, en l'absence d'une réelle institutionnalisation – mais aussi faire ses preuves dans la gestion de projets ambitieux liés à la politique de voisinage, à l'élargissement, aux formes futures du Partenariat oriental et à la PESD. Au demeurant, ces questions préoccupent peu les capitales, qui font de ses faiblesses vertus – pour Jiří Čistecký, « le Groupe de Visegrad a un grand avantage, qui est en même temps sa plus grande faiblesse : c'est précisément qu'il n'a aucune finalité. Il évolue et réagit[36]. »

PE

MOTS CLÉS

Groupe de Visegrad
Europe centrale
Union européenne
Politique de voisinage

36. J. Čistecký, *op. cit.*

Fin de l'occupation et crise en Irak : la clé de voûte sunnite

Par **Myriam Benraad**

Myriam Benraad est docteur de l'Institut d'études politiques de Paris et spécialiste de l'Irak au Centre d'études et de recherches internationales (Sciences Po-CERI). Elle est l'auteur de *L'Irak* (Paris, Le Cavalier Bleu, 2010).

C'est un Irak profondément divisé, théâtre de violences quotidiennes et d'une crise sociale et politique profonde, que les États-Unis ont quitté en décembre 2011. L'un des éléments qui pèsent le plus sur la situation actuelle du pays est la marginalisation des sunnites durant toute l'occupation américaine. Le problème sunnite mine la perspective d'une réconciliation durable et fait surtout resurgir la menace d'une partition du pays, à la fois territoriale et symbolique.

politique étrangère

En quittant l'Irak au mois de décembre 2011, les États-Unis n'ont pas laissé derrière eux une quelconque « réussite spectaculaire » et encore moins un « État souverain, stable et autosuffisant, doté d'un gouvernement représentatif élu par son peuple », comme le déclarait le président américain Barack Obama[1]. En effet, le pays reste profondément divisé et surtout prisonnier d'une violence que ni les forces étrangères, ni la nouvelle armée irakienne n'ont réussi à endiguer. Ainsi, alors que les dernières troupes américaines achevaient leur retrait, l'Irak sombrait dans une nouvelle crise politique, le Premier ministre chiite Nouri Al-Maliki annonçant un mandat d'arrêt contre le vice-président Tarek al-Hachemi et exigeant aussi le limogeage de son vice-Premier ministre Saleh al-Moutlak, deux figures sunnites qui appartiennent au bloc d'opposition Iraqiyya, aujourd'hui la deuxième force politique du pays.

Ces développements, qui n'ont pas été sans susciter la colère de nombreux sunnites[2], font craindre à beaucoup d'observateurs le basculement de l'Irak dans les affres d'une nouvelle guerre confessionnelle, sur le

1. Discours de Barack Obama sur la base militaire de Fort Bragg, Caroline du Nord, 14 décembre 2011.
2. « Des milliers de sunnites défilent contre Maliki en Irak », *Reuters*, 23 décembre 2011.

modèle de celle qui avait déjà frappé le pays au printemps 2006 après l'attentat contre le mausolée saint chiite de Samarra. À l'issue d'une phase d'occupation caractérisée par une mise en marge quasi totale des sunnites de l'arène politique, certains évoquent en effet ouvertement le risque d'une « vengeance » de ces derniers contre le legs laissé par les Américains, jugé inique et contraire à leurs intérêts. En témoigne déjà la reprise des attentats meurtriers portant la signature de l'État islamique d'Al-Qaida et ciblant au premier plan les populations chiites[3].

Certes, la nouvelle crise irakienne qui se cristallise sous nos yeux ne saurait être réduite à une confrontation de nature religieuse entre chiites et sunnites, tant ses rouages sont en réalité complexes et multiples. Néanmoins, il est certain que l'exclusion des sunnites depuis la chute du régime de Saddam Hussein en avril 2003 est l'un des facteurs qui ont le plus lourdement pesé sur l'impasse politique actuelle. La marginalisation des sunnites éclaire ainsi largement les déboires successifs du processus de réconciliation nationale depuis son lancement en 2006 et probablement le fait qu'après avoir été les premiers chantres du nationalisme irakien et de l'unité du pays, ceux-ci semblent considérer aujourd'hui pour la première fois l'éventualité d'une sécession[4].

Une identité aux facettes multiples

Les sunnites irakiens, qui représentent plus de 30 % de la population arabe du pays – contre 60 % de chiites –, ont profondément façonné son histoire et son identité. Leur présence remonte ainsi à la bataille d'Al-Qadissiyya, du nom de la ville située sur les bords de l'Euphrate, qui avait permis aux premières armées musulmanes, en 636, de conquérir toute la Mésopotamie. C'est d'ailleurs à cette même époque que la région a été rebaptisée l'« Irak arabe », où d'importantes confédérations tribales (Chammar, Doulaïm, Joubbour, Zoubaï, etc.) se sont établies au fil des siècles, peuplant l'ensemble du territoire et plus particulièrement ses zones centrales. À l'époque contemporaine, une majorité de ces tribus ont conservé un grand attachement à leurs traditions. La tribu des Doulaïm par exemple, l'une des plus influentes d'Al-Anbar et qui étend sa présence sur un espace allant de la ville de Hilla jusqu'à Samarra en passant par Bagdad, a gardé certains usages bédouins et continue à se définir par son arabité. À l'origine organisés en véritable principauté, les Doulaïm ont connu une grande prospérité au XVIIIe siècle, réussissant à placer sous

3. Par « sunnites », nous nous référons dans ce texte aux populations arabes.

4. A. Mohammed, « Iraq: Sunni Separatist Fears as US Troops Leave », Institute for War and Peace Reporting (IWPR), *ICR*, n° 382, 7 décembre 2011.

leur coupe de nombreux autres clans. Ils se sont par ailleurs longtemps opposés à Istanbul et ont pris la tête de violentes rébellions armées contre les Ottomans. Puis ils ont combattu les Britanniques au début du XXe siècle, en particulier pendant l'occupation de Ramadi à la fin de la Première Guerre mondiale. Il n'est donc pas surprenant que cette tribu ait occupé une place de premier plan dans le soulèvement anti américain qui a parcouru l'Irak dès le printemps 2003.

Au plan religieux, et quoiqu'ils partagent une identité arabe et tribale commune avec les chiites – dont beaucoup ont d'ailleurs été assez tardivement convertis au chiisme –, les sunnites se sont toujours opposés à ces derniers sur la question de la succession du prophète Mahomet et de la direction de la communauté des croyants. Tandis que le califat revient de droit, pour les chiites, à Ali ibn Abou Talib, cousin et gendre du prophète, ainsi qu'à ses descendants, l'orthodoxie sunnite considère pour sa part qu'il doit être confié à un fidèle désigné pour ses qualités et par voie de consensus. Cette divergence doctrinale n'est pas secondaire : elle a, en effet, marqué toute l'histoire de l'islam et celle de l'Irak plus particulièrement, tissant la toile de fond de nombreuses déchirures. C'est ainsi à Karbala qu'Hussein, fils d'Ali, a été assassiné par les troupes du calife omeyyade Yazid en 680, événement qui donne lieu, encore aujourd'hui, à de gigantesques commémorations annuelles à la mémoire du martyr.

La divergence sunnites/chiites a marqué toute l'histoire de l'islam

Comme dans l'ensemble du monde musulman où il est majoritaire, le dogme sunnite en Irak s'est structuré autour des deux sources fondamentales de l'islam que sont le Coran et les traditions de Mahomet, appelées *sunna* en arabe et qui renvoient aux actes, paroles et exemples qui lui sont traditionnellement attribués. Du point de vue de la jurisprudence, le sunnisme irakien a aussi pour particularité d'être hanafite, du nom du savant d'origine perse Abou Hanifa, fondateur de l'école dite de la « libre opinion » et qui a toujours été privilégiée par les califes et les sultans. Les sunnites entretiennent un rapport étroit à l'histoire et au territoire, Bagdad ayant abrité pendant des siècles le califat abbasside, dont le souvenir continue à imprégner la mémoire collective des Irakiens et plus largement celle des musulmans, qui le considèrent comme un « âge d'or » de la civilisation islamique. À une époque plus récente, la capitale irakienne a par ailleurs été un important centre d'exégèse, autour d'une classe de grands oulémas sunnites. Ce sont ces derniers qui ont mis en place un vaste réseau de mosquées, d'associations et d'écoles coraniques, plus tard placées sous la tutelle d'un ministère des Affaires religieuses qui dépendait directement du parti Baas et a été dissous en 2003 par la coalition étrangère.

Diabolisation idéologique et mise en marge

Rétrospectivement, il n'est pas excessif d'affirmer que les sunnites sont restés en marge du processus politique à toutes les étapes de la transition irakienne. Au moment même de l'entrée en guerre des États-Unis contre le régime de Saddam Hussein, ces derniers étaient en effet déjà perçus comme la colonne vertébrale du parti Baas et, par conséquent, comme un ennemi collectif à abattre. L'image de l'Irak à l'extérieur de ses frontières a d'ailleurs longtemps été celle d'un « État sunnite » aux mains d'une élite minoritaire qui, en quelque sorte, aurait continuellement réprimé la majorité chiite et kurde et fait main basse sur les institutions nationales et sur l'armée. Cette vision apparaît en filigrane dans pratiquement tous les travaux consacrés à l'histoire contemporaine du pays[5]. Or, quoique reposant sur certains éléments, elle reste néanmoins assez schématique et réductrice.

D'une part, en effet, si un socle identitaire sunnite s'est bel et bien forgé en Irak à travers le temps, se conjuguant à une double appartenance arabe et tribale, celui-ci a couvert un spectre social beaucoup plus large, y compris kurde. D'autre part, si l'on ne peut nier, d'un point de vue numérique, la surreprésentation qui a été celle des sunnites au sein de l'appareil d'État irakien, et ce du mandat britannique des années 1920 jusqu'à la chute de Saddam Hussein en 2003, leur poids n'a jamais pour autant reflété un projet hégémonique volontaire, réfléchi. Un grand nombre de sunnites ne se sont d'ailleurs jamais reconnus dans cette description grossière, qu'ils ont massivement rejetée au début de l'occupation, affirmant qu'eux aussi avaient pâti de la tyrannie du régime, au même titre que leurs concitoyens chiites et kurdes. Enfin, on peut considérer que cette approche confessionnelle de l'Irak a contribué à occulter le fait que le pays s'était également bâti autour d'autres luttes sociales, irréductibles à un conflit de type religieux ou encore ethnique.

Il n'en demeure pas moins que cette représentation de l'histoire a lourdement influencé les analyses américaines en amont de la guerre et structuré toute la stratégie mise en œuvre sur le terrain par la coalition étrangère, consistant grossièrement à faire l'apologie des chiites et des Kurdes, présentés comme les bâtisseurs d'une nouvelle ère démocratique

5. Voir, par exemple, P.-J. Luizard, « Iraniens d'Irak, direction religieuse chiite et État arabe sunnite », *Cahiers d'études sur la Méditerranée orientale et le monde turco-iranien (Cemoti)*, n° 22, 1996.

en Irak, et à diaboliser les sunnites. Ainsi, la mesure de « débaasification », décrétée dès le mois de mai 2003 par l'administrateur civil américain Paul Bremer, ne s'est pas seulement traduite par une dissolution des organes du régime, comme il était initialement prévu, mais plutôt par ce que de nombreux sunnites ont vécu comme une véritable « désunnification » du pays. En effet, ils ont été les premiers concernés par les effets de cette mesure et destitués de leurs fonctions dans l'armée et l'administration, ou limogés brutalement. Ils ont alors tous développé le même sentiment d'une punition aveugle pour les crimes d'un tyran qu'ils honnissaient souvent autant que les chiites et les Kurdes et dont ils ne se sentaient pas directement responsables[6].

Figure 1. Vision de l'intervention militaire américaine en Irak

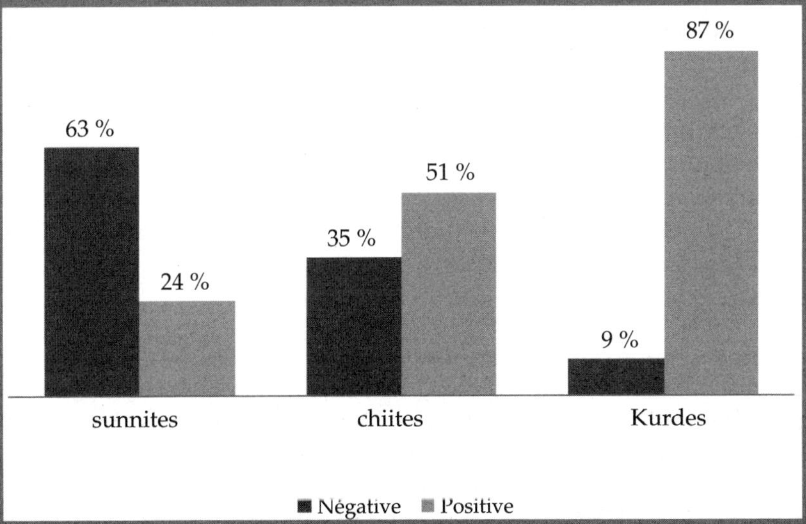

Source : Oxford Research International, 2004.

De plus, en 2003, les opérations militaires américaines les plus violentes ont touché de prime abord les provinces centrales du pays, situées dans le fameux « triangle sunnite », expression en réalité étrangère au vocabulaire irakien et créée de toutes pièces par les forces américaines pour désigner les principaux bastions du soulèvement armé. Leur violence, combinée aux humiliations et bavures commises par les troupes au sol contre les populations civiles, a contribué à poser les jalons d'une aliénation durable

6. A. Shadid, « In New Iraq, Sunnis Fear a Grim Future; Once Dominant, Minority Feels Besieged », *The Washington Post*, 22 décembre 2003.

des sunnites à l'occupation[7]. Leur ressentiment est d'ailleurs devenu d'autant plus acerbe qu'à ces traitements dégradants s'est ajoutée une marginalisation quasi totale dans les nouvelles instances politiques, en raison de leur statut imposé de minorité. Ainsi, seuls cinq sunnites ont intégré le premier Conseil de gouvernement irakien formé au mois de juillet 2003, contre une représentation écrasante des chiites et des Kurdes en son sein. Et dès lors, leur exclusion est devenue une constante.

Une réintégration constamment reportée

Au début de l'année 2005, à l'issue des premières élections de l'après-Saddam Hussein que les habitants d'Al-Anbar et les forces politiques ont massivement boycottées à la suite du siège militaire américain dans la ville de Fallouja[8], les sunnites ont fait figure de grands perdants face à la victoire historique des principaux partis chiites (Dawa et Conseil suprême de la révolution islamique en Irak) à Bagdad. Pourtant, certains mouvements sunnites, ayant réalisé les répercussions potentiellement désastreuses à long terme de leur retrait, ont appelé à une mobilisation de leurs électeurs[9]. La marginalisation des sunnites menaçait alors déjà en effet de muter en phénomène structurel, surtout dans ce nouvel Irak aux contours ouvertement confessionnels. Pour la première fois, les sunnites ont donc tenté de ressouder et d'unifier leur leadership, en prenant part, notamment, aux travaux de rédaction de la nouvelle Constitution durant l'été 2005.

Mais les points de litige opposant les composantes ethniques et religieuses irakiennes sont à l'époque trop nombreux, concernant tout autant la question fédérale que le nouveau partage des ressources, pétrolières en particulier, ou l'identité du pays, que les sunnites ont toujours considérée être arabe. Les efforts déployés pour sauver le processus constitutionnel de la déroute s'effondrent irrémédiablement, les négociateurs sunnites accusant la coalition chiite et kurde au pouvoir d'avoir ignoré toutes leurs demandes pour consacrer un texte illégitime et mettant en péril l'unité de l'Irak en les dépossédant de toute prérogative politique et d'accès aux richesses économiques du pays[10].

Les sunnites ont toujours vu l'identité du pays comme arabe

7. R. F. Worth, « For Some in Iraq's Sunni Minority, a Growing Sense of Alienation », *The New York Times*, 8 mai 2005.
8. E. Wong, « Sunni Party Leaves Iraqi Government over Falluja Attack », *The New York Times*, 10 novembre 2004.
9. J. Carroll, « Sunnis Now Want to Join Iraq Politics », *Christian Science Monitor*, 24 mars 2005.
10. A. Taheri, « Iraq Sunnis and Iraqi Constitution », *Arab News*, 3 septembre 2005.

À l'occasion des deuxièmes élections de décembre 2005, les forces sunnites se regroupent pour la première fois au sein de coalitions, conscientes qu'un éparpillement accru de leurs voix ne fera qu'accentuer l'impasse dans laquelle elles se trouvent. La plus influente parmi elles est le Front irakien de la concorde, alliance islamo-nationaliste conduite par le Parti islamique irakien, lui-même une émanation de la mouvance historique des Frères musulmans en Irak. Ce Front entend mettre fin à l'occupation, œuvrer à la formation d'un gouvernement national et supprimer le système des quotas ethniques et confessionnels mis en place à Bagdad en 2003. L'autre grande alliance, née pour sa part du refus de rejoindre le Front de la concorde après que le Parti islamique a décidé de soutenir la Constitution, est le Front irakien pour le dialogue national, dirigé par Saleh al-Moutlak, ancien membre du parti Baas qui s'est fait connaître pour son nationalisme ardent et son opposition au confessionnalisme.

Mais l'enthousiasme n'est que de courte durée. Les gains électoraux des partis sunnites restent très minces, ces derniers ne remportant que quelques dizaines de sièges au nouveau Parlement[11]. Dans le même temps, ces résultats ne sont pas si surprenants si l'on considère que les violences quotidiennes et l'absence de sécurité ont découragé un nombre significatif d'électeurs sunnites de se rendre aux urnes. De surcroît, sur les 275 sièges de députés, plus des deux tiers ont été distribués entre les 18 provinces irakiennes sur la base du nombre d'électeurs enregistrés lors du scrutin de janvier 2005 que les sunnites ont majoritairement boycotté[12].

Dérive de la violence et impasse politique

Les espoirs sunnites d'un retour sur la scène politique sont définitivement torpillés au printemps 2006 lorsqu'un attentat revendiqué par Al-Qaida frappe le mausolée chiite de Samarra. Le conflit irakien bascule dès lors dans les affres d'une véritable « guerre des mosquées ». Apparue en Irak en 2003 et menée par le célèbre djihadiste jordanien Abou Moussab al-Zarqaoui, l'organisation d'Al-Qaida a toujours nourri pour objectif, en parallèle de son combat acharné contre les États-Unis, l'élimination des chiites irakiens. À ce titre, ses membres ont capitalisé sur la rancœur et la frustration de nombreux sunnites pour les rallier à leur cause. À partir de l'année 2005, Al-Qaida a par ailleurs graduellement « irakisé » ses rangs, ne recrutant plus en son sein que des *moudjahidin* locaux, pour contrer ceux qui l'ont souvent accusée de n'être au fond

11. « Iraq's Sunni Arabs Say Elections Tainted », *Associated Press*, 21 décembre 2005.
12. C. Conetta, « Masque of Democracy: Iraqi Election System Still Disfavors Sunni Arabs, Favors Kurds », *Project on Defense Alternatives*, « Briefing Memo », n° 35, 10 décembre 2005.

qu'une mouvance étrangère. Il importe à l'époque pour Al-Qaida de s'enraciner parmi la jeunesse sunnite du pays et de substituer rapidement aux anciens cadres étrangers une nouvelle avant-garde irakienne[13].

Outre les représailles meurtrières perpétrées par les milices chiites contre les lieux de culte et les civils sunnites – qualifiées d'agressions volontaires et systématiques par une majorité de forces politiques –, les événements de Samarra vont surtout permettre au gouvernement investi par Nouri Al-Maliki durant l'été 2006 de justifier le maintien des sunnites dans la marginalité. La réconciliation nationale officiellement lancée ne se résume déjà à l'époque qu'à une façade, impulsée sous pression américaine, et les sunnites – y compris les représentants du Front irakien de la concorde, dotés de portefeuilles ministériels – restent en réalité privés de voix sur tous les dossiers clés, dont celui de la lutte contre le terrorisme et de la sécurité.

Toute l'année 2007 se caractérise par d'incessants blocages politiques, provoqués par l'opposition permanente du bloc sunnite aux lois et aux réformes introduites par Al-Maliki et ses partenaires. Les membres du Front irakien de la concorde ont ainsi plusieurs fois boycotté le gouvernement, en particulier à la suite du renvoi, en février, du directeur du ministère des Affaires religieuses sunnites Ahmad Abdel Ghafour al-Samarrai, qui accuse le Premier ministre d'encourager les milices chiites à attaquer les sunnites. Ce limogeage est suivi par celui, encore plus controversé, de Mahmoud al-Machhadani, un salafiste notoire détesté des chiites. En retour, les partis sunnites dénoncent l'« arrogance » d'Al-Maliki et la négligence de leurs demandes – définition d'un calendrier de retrait des troupes américaines, libération des prisonniers sunnites non reconnus coupables de crime, répartition équitable des richesses du pays.

Un paysage sunnite complexe et morcelé

Entre-temps, un nouvel acteur fait son apparition dans le paysage sunnite : le mouvement dit du « réveil » – ou *sahwa* en arabe –, initié par le chef tribal Abd al-Sattar Iftikhan al-Richaoui, plus connu en Irak sous le nom d'Abou Richa, et qui entend chasser Al-Qaida de la province d'Al-Anbar. Depuis des années en effet, l'organisation radicale a attaqué et liquidé de nombreux cheikhs et a surtout peu à peu privé ces derniers de leur mainmise sur la contrebande pétrolière, privilège qu'ils avaient

13. M. Benraad, « De la tentation hégémonique au déclin de l'organisation d'Al-Qaida en Irak, miroir des métamorphoses d'une insurrection (2004-2008) », *Maghreb-Machrek*, n° 197, automne 2008.

hérité de leur coopération passée avec le régime de Saddam Hussein[14]. Conscientes qu'il ne leur est pas possible d'agir seules, les tribus décident de s'allier aux troupes étrangères qui, de leur côté, recherchent depuis des mois une solution à leur enlisement militaire. C'est dans ces circonstances que la mobilisation tribale devient une composante clé de la stratégie militaire américaine de « sursaut » (*surge*) annoncée par le président George W. Bush en janvier 2007 et qui permet rapidement d'infliger d'importants revers aux combattants d'Al-Qaida.

Les succès du « réveil » ont pu être perçus comme une chance d'offrir enfin aux sunnites une alternative. Les tribus disposent d'une réelle marge de manœuvre à l'époque, parvenant en quelques mois à combler le vide politico-institutionnel laissé par la chute du régime baasiste en 2003. Mais la *sahwa* échoue *in fine* à incarner une option politique viable, mettant à jour l'ampleur des divisions idéologiques qui opposent les forces sunnites et qui, jusqu'alors, avaient été occultées[15]. Les ambitions tribales causent en outre la colère des partis sunnites représentés au sein du gouvernement central et des conseils provinciaux, et en l'occurrence celle du Front irakien de la concorde et du Parti islamique, qui craignent que la popularité grandissante des tribus et leur incorporation aux nouvelles forces de sécurité ne se traduisent par une remise en cause de leur propre assise sociale et politique.

Le poids des ambitions tribales, aux niveaux régional et national

Pour certains, la *sahwa* ne fait par ailleurs qu'illustrer l'allégeance des tribus sunnites à un nouveau patron, les États-Unis, qui auraient acheté leur loyauté dans un souci purement utilitaire et non pour soutenir la cause des sunnites. Ces tensions sont particulièrement vives au moment des élections provinciales de janvier 2009, lorsque le Parti islamique irakien, qui domine Al-Anbar depuis 2005, doit faire face aux menaces des tribus d'« enflammer les rues de Fallouja et Ramadi » si les prérogatives politiques locales ne leur sont pas cédées. Loin d'homogénéiser le paysage sunnite, la *sahwa* a donc plutôt avivé les tensions existantes à travers l'apparition de nouveaux courants, comme le parti Al-Hadba d'Athil Al-Noujaifi dans la province de Ninive – dont le nom fait référence au minaret incliné de la plus veille mosquée de Mossoul – et le délitement endogène des partis existants. Inculpé de corruption et rongé

14. R. J. González, « On "Tribes" and Bribes: "Iraq Tribal Study", al-Anbar's Awakening and Social Science », *Focaal*, vol. 12, n° 53, 2009, p. 105-116.
15. S. Shoursh, « Arab Sunnis in Iraq: Invisible Divisions », *Al-Hayat*, 24 novembre 2003.

par des dissensions internes, le Front irakien de la concorde n'a pas tardé à se scinder. Enfin, la *sahwa* elle-même s'est morcelée après l'assassinat de son leader Abou Richa par Al-Qaida en septembre 2007[16].

L'espoir déçu des élections de mars 2010

Un nouveau sursaut nationaliste intervient parmi les forces sunnites à la fin 2009. Tandis qu'approche le scrutin législatif de mars 2010, et comprenant que la dispersion de leurs voix ne leur permettra probablement jamais de mettre fin à leur marginalisation politique, celles-ci tentent en effet à nouveau de s'unir dans le cadre de coalitions d'ancrage national. C'est à l'époque la liste Iraqiyya de l'ancien Premier ministre Iyad Allaoui, chiite séculier et ancien opposant à Saddam Hussein, qui leur semble la plus susceptible de contrer la grande famille chiite. Ce choix est notamment celui du vice-président Tarek al-Hachemi, un Arabe sunnite originaire de Bagdad, ancien membre des Frères musulmans devenu secrétaire général du Parti islamique irakien en 2004 et fondateur en 2009 de son propre mouvement, le Parti du renouveau.

Comme tous les précédents scrutins, les élections du 7 mars 2010 se soldent néanmoins par un nouvel échec pour les sunnites. Alors qu'Iyad Allaoui s'est assuré de leur appui en leur promettant une réintégration politique totale en cas de victoire, Al-Maliki, qui demeure obsédé par un retour des baasistes au pouvoir, use de tous les stratagèmes pour leur barrer la route. Il réactive ainsi le comité de débaasification, rebaptisé « Commission justice et responsabilité » et dirigé par Ahmed Chalabi, et accuse par ce biais plusieurs centaines de candidats sunnites de liens avec l'ancien parti Baas et la mouvance d'Al-Qaida. L'affaire qui cause le plus de bruit est l'interdiction faite par le gouvernement à Saleh al-Moutlak, figure nationale populaire en milieu sunnite, de se présenter au scrutin.

Al-Maliki a surtout fait fi de la victoire indiscutable de son adversaire – 91 sièges au Parlement pour Iraqiyya contre 89 pour l'État de droit –, refusant de quitter ses fonctions et menaçant de recourir à la force armée s'il n'était pas reconduit. On s'engage dès lors dans un tunnel politique de neuf mois, au terme duquel un gouvernement est finalement formé – le Premier ministre chiite parvenant à réunir une majorité parlementaire après d'âpres tractations, avec les sadristes notamment et leur chef charismatique Moqtada al-Sadr, qui n'a pour sa part cessé d'osciller

16. M. Benraad, « Iraq's Tribal "Sahwa": Its Rise and Fall », *Middle East Policy*, vol. 18, n° 1, 2011.

depuis 2004 entre un soutien à la cause sunnite, exprimé lors du siège militaire de Fallouja, et une hostilité affichée à leur encontre[17].

Toutefois, ce nouveau gouvernement n'est pas reconnu par la majorité, beaucoup de sunnites y voyant une usurpation de leur percée politique, et ce d'autant que leur grand favori Allaoui n'hérite, pour tout lot de consolation, que d'un conseil fantoche. Depuis, les sunnites représentés au sein du gouvernement n'ont cessé de se plaindre d'être tenus à l'écart des décisions et ont plus encore pointé du doigt la concentration du pouvoir exécutif par Al-Maliki et ses proches conseillers. Peu après le retrait des troupes américaines le 18 décembre 2011, le vice-Premier ministre Saleh al-Moutlak déclarait même publiquement à la télévision irakienne que le Premier ministre était devenu « un dictateur pire que Saddam Hussein ».

Du repli national à l'option séparatiste ?

Face à cette succession de déboires, et pourtant foncièrement hostiles au fédéralisme qu'ils ont longtemps considéré comme un danger pour l'unité nationale irakienne, les sunnites ont commencé, au cours de l'année 2011, à considérer l'option d'une sécession comme un moyen d'échapper à leur sort de minorité assiégée. Cette évolution, certes inattendue et potentiellement lourde de conséquences, s'est illustrée lorsque le sunnite Oussama al-Noujaifi, actuel porte-parole du Parlement, a déclaré qu'une séparation de fait des provinces sunnites irakiennes en vue de constituer une région indépendante serait un horizon envisageable si la situation politique de ses coreligionnaires ne s'améliorait pas et si le pouvoir central continuait à les ostraciser[18]. Dans la foulée, le conseil provincial de Salah ad-Din, fief historique de Saddam Hussein et dont les habitants ont pourtant toujours été connus pour leur fort attachement national, votait en faveur de cette autonomie, bientôt suivi par les provinces d'Al-Anbar, Diyala et Ninive, elles aussi à dominante démographique sunnite.

Une séparation de fait des provinces sunnites ?

En réalité, une première tentative séparatiste sunnite s'était fait jour à l'automne 2006, quand l'organisation d'Al-Qaida avait unilatéralement proclamé un « État islamique d'Irak » dans plusieurs provinces sunnites du pays. Cet « État » avait à l'époque été présenté par son « émir »,

17. La branche paramilitaire du mouvement, l'Armée du Mahdi, s'est rendue responsable de nombreuses attaques anti sunnites pendant l'occupation. Voir T. Craig, « Sunni Fears Grow over Sadr's Resurgence », *The Washington Post*, 2 juin 2011.
18. S. Nasrawi, « Fears of a Sunni Opt-Out », *Al-Ahram Weekly*, 7-13 juillet 2011 ; R. Visser, « Iraq's Federalist Project Reflects a Resurgent Sectarian Conflict », *The National*, 14 novembre 2011.

l'Irakien Abou Omar Al-Baghdadi, comme la seule voie de salut possible pour les sunnites face aux attaques « croisées » et « safavides ». Mais il s'était immédiatement heurté à l'opposition des sunnites eux-mêmes, qu'il s'agisse des populations civiles, des groupes insurgés comme l'Armée islamique d'Irak ou des partis nationalistes qui accusaient Al-Qaida d'opportunisme et de rompre l'unité de la résistance pour servir ses propres ambitions. Il s'agissait de la position du Comité des oulémas musulmans notamment, plate-forme religieuse dirigée depuis 2003 par le fameux cheikh anti américain Hareth al-Dhari et qui s'était notablement distinguée par son rejet implacable de l'occupation et du principe fédéral.

Or la configuration irakienne a depuis considérablement évolué et le fédéralisme ne semble plus guère considéré par les sunnites comme une atteinte à l'intégrité du pays, mais plutôt comme un moyen sérieux de faire pression sur le gouvernement central pour reconquérir un pouvoir dont les États-Unis et leurs alliés les ont trop longtemps privés à leur goût. Quoique très divisés sur un plan idéologique, les sunnites sont unis par un même ressentiment à l'égard du legs politique de l'occupant et face à une exclusion qui n'a que trop duré. Les dernières troupes américaines parties, l'heure des règlements de compte pourrait avoir sonné.

MOTS CLÉS

Irak
Sunnites
Chiites
Islam

page 173 libres propos

Une électricité européenne sobre en carbone : l'impasse ?

Par **Maïté Jauréguy-Naudin**

Maïté Jauréguy-Naudin est directrice du Centre Énergie de l'Ifri.

Le « paquet énergie et climat » de l'UE préconise l'élargissement de la part des énergies renouvelables dans la consommation globale d'énergie : énergie d'origine éolienne ou photovoltaïque. Le bilan des énergies renouvelables est pourtant mitigé – en termes de coûts, d'emploi, de transport – et l'accroissement de leur part de marché complexe à mettre en œuvre. Les décisions nationales compliquent encore le problème, et au premier chef la décision allemande de sortie du nucléaire.

politique étrangère

Trois piliers d'égale importance soutiennent en principe la politique européenne de l'énergie : sécurité des approvisionnements, compétitivité et lutte contre le changement climatique. La définition des outils qui permettraient la mise en œuvre de cette politique à l'échelle européenne revient à la Commission européenne. La réalisation d'un bouquet énergétique suivant ces trois axes entraîne des compromis souvent difficiles, et la Commission a toujours peiné à adopter une approche équilibrée.

Au cours des 20 dernières années, la compétitivité a été le principal paradigme de la politique européenne de l'énergie. Concernant l'électricité, la libéralisation du secteur et la création d'un marché intégré devaient amener de nombreux bénéfices, au nombre desquels une meilleure efficacité dans l'allocation des capacités de production et une amélioration de la compétitivité européenne qui profiterait de la diminution des coûts de l'énergie. La dernière décennie a vu apparaître de nouvelles contraintes portant la lutte contre le changement climatique au premier rang des priorités politiques européennes.

En décembre 2008, dans le cadre de son action pour le climat, l'Union européenne (UE) a adopté le « paquet énergie et climat », légitimant trois objectifs pour 2020 : améliorer l'efficacité énergétique de 20 %, diminuer de 20 % les gaz à effet de serre (GES) par rapport à 1990 et porter la part des énergies renouvelables dans la consommation finale d'énergie à 20 %. Une conséquence directe de ce dernier objectif est que la part des énergies renouvelables (ENR) dans la production d'électricité devrait passer de 20,3 % en 2010 à 33 % en 2020. Responsable d'à peu près 40 % des émissions de GES de l'UE, le secteur électrique joue en effet un rôle clé dans la « décarbonisation » de l'économie européenne. Le potentiel de l'hydroélectricité est limité, la plupart des ressources sont exploitées à ce jour. La majeure partie de l'accroissement de la production d'énergie renouvelable d'ici 2020 devrait donc provenir de l'énergie éolienne, désormais compétitive dans certaines conditions. Quoique moins mature que l'énergie éolienne, la production photovoltaïque est également fortement encouragée par les politiques publiques.

Le développement des énergies renouvelables : un bilan mitigé

Un coût accru de l'électricité pour un impact contestable sur les émissions de GES

Le paysage énergétique se redessine dans ce contexte, et la croissance des investissements dans les ENR est impressionnante. Depuis 2008, l'Union européenne développe plus d'installations d'ENR que de capacités conventionnelles. L'observation de cette évolution dans certains États membres permet d'en tirer les premières leçons.

L'Espagne, qui a fait le choix de diminuer significativement sa part de nucléaire, a développé avec succès des filières éolienne et photovoltaïque, mais aussi fortement augmenté sa dépendance gazière. La flexibilité des centrales à gaz est parfaitement adaptée à une utilisation en appoint des ENR, pour compenser leur intermittence. La part du gaz dans la production d'électricité est passée en 20 ans de moins de 1 % à 31 %. Parallèlement, les GES ont augmenté de moitié[1] sur la même période. Autre aléa des généreuses subventions qui ont permis le développement des filières renouvelables espagnoles, le gouvernement a eu recours à la titrisation de ses dettes à l'égard des producteurs d'électricité, créances qui recouvrent le manque à gagner entre coûts de production et tarifs réglementés de l'électricité. L'Allemagne et le Danemark, pays leaders des énergies vertes, sont aussi parmi les pays les plus émetteurs de GES (*per capita*) de l'UE. Le coût de l'électricité pour les ménages y est à peu près deux fois plus élevé qu'en France.

Des emplois verts fragiles

Les emplois associés à ces nouvelles filières sont fragiles. Malgré un carnet de commandes bien rempli, Vestas, le groupe danois numéro un mondial de l'éolien, annonce des suppressions d'emplois au Danemark et des

1. + 54 % en 2008, avant la crise.

délocalisations dues à la concurrence grandissante des fabricants chinois et indiens. Les perspectives de marché sont en effet hors d'Europe : dans les économies émergentes et aux États-Unis. L'hypothèse d'une redynamisation du marché européen devra aussi compter avec la stratégie d'exportation des compagnies chinoises : Sinovel, désormais numéro deux mondial de l'éolien, remporte des marchés en Europe. Il construira jusqu'à 1 gigawatt (GW) de parcs éoliens en Irlande sur cinq ans, à la suite d'un accord conclu en juillet 2011 avec le développeur Mainstream Renewable Power. Celui-ci vient par ailleurs d'ouvrir un bureau en Chine dans l'espoir que les fabricants chinois l'aident à développer les 16 GW de projets à son actif sur le solaire et l'éolien. Quant au photovoltaïque, la Chine est déjà le numéro un mondial. Sur les deux secteurs, éolien et photovoltaïque, les parts de marché des compagnies européennes ne cessent de diminuer, même si elles peuvent se satisfaire de bénéfices confortables dans un marché en expansion. Les pays européens ont donc fortement subventionné des compagnies qui, obéissant logiquement à des impératifs de marché, délocalisent ou suppriment ces nouveaux emplois verts. La qualité même de ces emplois mérite au demeurant attention : turbines éoliennes et panneaux photovoltaïques nécessitent peu de maintenance et créent peu d'emplois qualifiés.

Une contribution encore relative à la production d'électricité

Les meilleurs sites pour l'éolien terrestre sont déjà occupés : il y a donc peu à attendre en termes de productivité de nouvelles installations. En Espagne, où les performances sont les meilleures, 1 mégawatt (MW) d'éolien produit entre trois et quatre fois moins d'électricité que 1 MW de capacité nucléaire. Quant au solaire… il faut du soleil. En 2009, avec près de trois fois moins de capacité installée, l'Espagne produisait autant d'électricité d'origine photovoltaïque que l'Allemagne. En 2010, un peu moins de 17 000 MW de panneaux photovoltaïques couvraient un peu moins de 2 % de la production d'électricité allemande, les 20 000 MW de capacité nucléaire en fournissant près du quart.

La part des énergies intermittentes, principalement l'éolien, dans la production d'électricité approche le seuil d'acceptabilité des réseaux électriques. L'électricité ne se stocke pas dans des conditions économiques acceptables, il faut la consommer lorsqu'elle est produite. En Espagne, la production d'électricité éolienne est écrêtée lorsque le réseau électrique ne peut l'absorber, mais reste subventionnée. En Allemagne et au Danemark, elle engendre des prix négatifs sur les marchés, avec le risque de diminuer les incitations à investir dans les énergies conventionnelles indispensables en l'absence de vent et de soleil.

Le potentiel de l'éolien en mer

Reste l'éolien maritime, technologie encore coûteuse, qui nécessite le développement de lignes électriques pour acheminer l'électricité produite vers les centres de consommation. L'éolien maritime présente moins d'intermittence que l'éolien terrestre. La régularité des vents en mer permet d'espérer des facteurs de charge[2] de l'ordre de 40 %, contre 20 % pour l'éolien terrestre. D'un point de vue économique, il est plus efficace de construire ces installations près des côtes et en eaux peu profondes. Le coût est cependant fortement dépendant des conditions géographiques et physiques, et des câbles électriques nécessaires à l'utilisation de cette électricité. Il faut aussi tenir compte des riverains, qui souhaitent ne pas être exposés à la vue permanente de ces infrastructures, et des secteurs d'activité concernés (tourisme, pêche), qui pourraient voir leurs conditions de travail se dégrader.

Les projets ambitieux de développement dans le Nord de l'Europe devront régler de nombreux défis avant de voir le jour. L'exemple de Kriegers Flak, qui prévoit d'installer des capacités éoliennes en mer Baltique, à la limite des eaux territoriales de la Suède, du Danemark et de l'Allemagne, illustre l'ampleur des obstacles. Une étude de préfaisabilité a démontré qu'une solution combinée, fondée sur une grille internationale qui connecterait les éoliennes en mer, serait plus intéressante économiquement que des lignes électriques qui relieraient chaque installation à son pays propriétaire. Cette solution intéressante présente toutefois de nombreuses difficultés. D'un point de vue technique, il s'agit de relier deux systèmes électriques asynchrones, ce qui nécessite d'installer en haute mer des transformateurs, augmentant le coût et les difficultés technologiques. Par ailleurs, la régulation est différente dans chaque pays, et le tracé définitif se fera davantage en fonction des niveaux de subvention plus ou moins généreux qu'au vu de l'intérêt commun. Enfin, dernier revers, la partie suédoise a annoncé son retrait, laissant l'Allemagne et le Danemark poursuivre le développement de ce projet pilote. La mise en service (prévue initialement en 2014) devrait se situer entre 2018 et 2020, les premières études de faisabilité ayant démarré en 2002. On ne peut s'empêcher de s'interroger sur les horizons de temps extrêmement ambitieux d'objectifs qui ne tiennent pas compte du temps nécessaire à la maturation de nouvelles technologies.

---

2. Le facteur de charge exprime le ratio du nombre de térawatts-heure (TWh) produits par rapport au nombre de TWh qui seraient disponibles si l'installation fonctionnait 100 % du temps (l'année comporte 8 760 heures ; en continu, 1 GW de capacité peut donc fournir 8 760 GWh).

Des solutions complexes

Les solutions pour augmenter la participation des ENR à la production d'électricité sont connues mais difficiles à mettre en œuvre. Si la maîtrise de la demande énergétique est cruciale, elle fait appel à des changements lents. Consommateurs et professionnels sont insuffisamment informés pour choisir ou proposer des solutions pertinentes. Les mécanismes innovants manquent pour inciter les ménages à investir dans l'isolation de leur logement. Les perspectives de retour sur investissement ne justifient pas de mobiliser des sommes importantes lorsqu'on est locataire, retraité, ou simplement que les revenus ne le permettent pas. Les effets d'aubaine sont difficilement évitables et les nouveaux usages, véhicules électriques ou appareils électroniques, appellent à une augmentation de la consommation d'électricité. Certes, une augmentation significative des prix de l'énergie pourrait encourager une réduction de la consommation, mais elle serait difficilement acceptable socialement. Temps et créativité seront donc nécessaires pour que les politiques de maîtrise de l'énergie produisent les résultats escomptés. Notons toutefois que l'amélioration de l'efficacité énergétique, en particulier dans les bâtiments qui représentent 42 % de la consommation énergétique française[3], est source d'emplois variés et non délocalisables. L'organisation de la filière, encore très artisanale et trop segmentée, constitue un réel enjeu.

La création d'un réseau électrique à l'échelle européenne permettrait de mutualiser les potentiels éolien et solaire et de lisser en partie leur intermittence. Cela passerait par la construction de lignes à haute tension pour transporter l'électricité solaire des pays de la Méditerranée et l'éolien de la mer du Nord à travers l'Europe. L'idée de tels ouvrages rencontre de fortes oppositions locales et doit compter avec les législations environnementales. Il a ainsi fallu 20 ans pour s'accorder sur l'interconnexion France/Espagne et commencer à la construire ; et pour tenir compte des préoccupations environnementales légitimes des populations locales, le coût initial du projet a été multiplié par six. Le développement des technologies de stockage de l'électricité pourrait permettre d'accélérer l'intégration des ENR dans le réseau, tout en modérant les besoins de nouvelles lignes à haute tension. Elles sont, à ce jour, trop coûteuses : des efforts de recherche et développement (R&D) sont encore nécessaires.

Les difficultés de stockage de l'électricité produite

3. Principal secteur consommateur d'énergie finale, devant les transports et l'industrie. Source : ministère de l'Écologie, du Développement durable, des Transports et du Logement.

Développer les interconnexions, un enjeu politique

L'idée de relier les systèmes électriques entre pays européens n'est pas nouvelle. Dès la fin du XIXe siècle, les premières interconnexions électriques apparaissent entre la France et l'Allemagne. Le réseau européen tel que nous le connaissons s'est fortement développé après la Seconde Guerre mondiale, dans le cadre de l'effort de reconstruction. Les ingénieurs ont tôt compris l'utilité stratégique d'un réseau qui, de régional, devenait national puis transnational. En mutualisant les capacités de production sur une large zone, les systèmes interconnectés permettent une meilleure couverture de la charge et améliorent la stabilité des caractéristiques techniques de la grille électrique, telles que la fréquence ou le voltage. Ils permettent l'optimisation des investissements dans les capacités de production et une meilleure utilisation des ressources.

Le rôle de ces interconnexions est longtemps resté marginal. Elles participaient à la régulation du système et pouvaient compenser des déséquilibres exceptionnels entre offre et demande. Depuis 1996, date des textes fondateurs de la construction d'un marché de l'électricité européen, ces infrastructures, indispensables à l'accroissement des échanges d'électricité entre les États membres, sont devenues un élément clé de la stratégie énergétique européenne. En mettant l'accent sur le développement des ENR, l'évolution des priorités énergétiques européennes a des conséquences directes sur le tracé des interconnexions. En effet, le facteur déterminant n'est plus désormais constitué par des impératifs de marché, qui se fondent sur le coût de production de l'électricité, mais par un objectif de politique publique, qui entend faciliter le transport de l'électricité produite par des ENR (et non des énergies faiblement émettrices incluant l'électricité d'origine nucléaire) à l'échelle européenne. Les corridors électriques qui relieraient les bouquets de production électrique les plus compétitifs aux moins concurrentiels sont différents des corridors verts transportant l'électricité produite par les éoliennes de la mer du Nord ou celle d'origine photovoltaïque du Sud de l'Europe. On comprend là la difficulté de l'UE à respecter un équilibre entre les trois piliers de la politique énergétique européenne. Parmi ceux-ci, la recherche de coûts de l'énergie compétitifs s'est effacée au profit du développement des énergies renouvelables. Par ailleurs, si l'on peut inscrire ce dernier dans la lutte contre le changement climatique – autre axe de la stratégie européenne –, il faut rappeler qu'il n'est qu'un des outils nécessaires aux réductions d'émissions. Le moyen semble s'être substitué à l'objectif, brouillant la stratégie européenne, au risque d'en affecter les résultats.

S'il n'existe pas de limitation technique à l'extension du réseau électrique, les freins sont essentiellement d'ordre politique, économique et géographique. Jusqu'ici, les intérêts nationaux ont prévalu au cours du développement du réseau électrique européen. Cette situation perdurera tant que les États membres refuseront de discuter d'un bouquet de production électrique au niveau européen. Cela ne signifierait pas homogénéiser la production d'électricité à cette échelle, mais simplement prendre en compte les spécificités de chacun pour faire jouer au mieux les synergies, tout en respectant les axes fondamentaux de la politique européenne de l'énergie. Si la coordination stagne au niveau minimal d'aujourd'hui, il y a peu de chances pour qu'émerge un réseau européen contribuant à la lutte contre le changement climatique dans des limites acceptables pour le coût de l'énergie. L'expansion ambitieuse du réseau, telle qu'annoncée dans les récentes publications de la Commission européenne (« paquet infrastructures »), ne tient pas compte de l'ensemble des moyens de production, dont les ENR ne constituent qu'une partie. Seule une vision large, couvrant l'ensemble de la chaîne, permettrait d'arriver aux compromis nécessaires, en indiquant comment partager entre tous les acteurs coûts et bénéfices sociaux et environnementaux. Une solution intermédiaire ne ferait qu'amplifier les désavantages d'un développement trop rapide des ENR, obligeant les États à recourir à plus de capacités à énergie fossile pour pallier leur intermittence et à maintenir les subventions à ces sources d'énergie, qui peineraient dans ces conditions à devenir compétitives.

Des freins politiques, économiques et géographiques aux interconnexions

Objectifs européens mais décisions nationales

La poursuite d'objectifs décidés à l'échelle européenne se heurte à la souveraineté des États membres qui demeurent maîtres de la définition de leur bouquet énergétique. Les décisions majeures sont prises au niveau national, sans coopération ni coordination avec les pays voisins. C'est vrai par exemple de la définition des plans nationaux d'action en faveur des énergies renouvelables[4] ou de la détermination des capacités de production d'électricité. En faisant le choix de sortir du nucléaire (Allemagne, Belgique, Suisse qui, bien que ne faisant pas partie de l'UE, est fortement liée au réseau électrique européen) ou de renoncer à cette source de production d'électricité (Italie), les États modifient l'équilibre des trois axes de la politique européenne de l'énergie et remettent en question la réalisation des objectifs du « paquet énergie et climat » à l'horizon 2020. En effet, les mesures envisagées pour remplacer l'énergie nucléaire sont encore hypothétiques (horizon de temps des bénéfices attendus pour

4. Chaque État membre est tenu de soumettre ce plan en vertu du « paquet énergie et climat ».

l'amélioration de l'efficacité énergétique) ou coûteuses (développement d'énergies renouvelables qui ne sont pas encore compétitives). Inévitablement, cette précipitation entraînera à moyen terme le développement de centrales à combustibles fossiles, qui accroîtront les émissions de GES et les prix de l'électricité.

La sortie allemande du nucléaire

Le choc de Fukushima a poussé l'Allemagne à fermer immédiatement sept de ses centrales nucléaires et à renoncer à la réouverture d'un site qui devait être de nouveau opérationnel en 2011. La décision a été prise unilatéralement, même si elle est conforme au droit européen. Les discussions au Bundestag n'ont à aucun moment pris en compte la dimension européenne. Ce choix a surpris, car bien que la politique énergétique allemande s'inscrive dans une longue tradition d'ambivalence face au nucléaire, la chancelière avait annoncé en septembre 2010 la prolongation de la durée de vie des centrales nucléaires, annulant l'accord conclu par la coalition de gauche de Gerhard Schröder au début des années 2000 qui prévoyait la sortie du nucléaire en 2022. Angela Merkel avait alors motivé cette décision par la nécessité pour l'Allemagne de tenir ses engagements nationaux sur les émissions de GES – soit une diminution de 40 % d'ici 2020 par rapport à 1990. En 2010, cette diminution atteignait déjà 22,6 %. Cet objectif ambitieux et ce résultat impressionnant traduisaient une volonté politique forte, même s'ils s'expliquaient également par l'apport d'« air chaud » résultant de l'intégration de l'Allemagne de l'Est dont les émissions, au plus haut en 1990, s'étaient effondrées avec la chute du bloc soviétique. Au final, l'acceptation des aspects positifs de l'énergie nucléaire, énergie non carbonée pouvant jouer un rôle de transition vers les énergies renouvelables, n'aura été qu'une courte parenthèse.

Entre 2010 et 2011, l'Allemagne est devenue importateur d'électricité

La suppression de 8 000 GW de capacité de production n'est cependant pas anodine et a des répercussions au-delà des frontières allemandes. L'Allemagne est passé d'une position d'exportateur net (+ 852 GWh d'avril à août 2010) à celle d'importateur net (– 6 011 GWh[5] d'avril à août 2011). Sortir de cette situation de dépendance, que le pays ne saurait tolérer même à moyen terme, implique de développer des sources d'énergie alternatives. Les seules disponibles à court terme sont le gaz et le charbon. L'Allemagne devrait raccorder au réseau 12 000 MW de centrales ther-

5. D'après les données disponibles au 14 janvier 2011 sur le site de l'Association des gestionnaires de réseaux de transport européens (European Network of Transmission System Operators for Electricity, ENTSO-E).

miques déjà prévues, puis de 5 000 à 10 000 MW supplémentaires[6] entre 2014 et 2022. La construction du gazoduc Nord Stream, inauguré en novembre 2011, répond à l'anticipation de la hausse du gaz dans la consommation allemande. Ce projet bilatéral permet à l'Allemagne de sécuriser son approvisionnement gazier, mais augmente sa dépendance vis-à-vis du gaz russe (qui représente aujourd'hui plus d'un tiers de son approvisionnement gazier). Si la route d'approvisionnement est neuve, les ressources demeurent inchangées. Nord Stream permet par ailleurs à la Russie de regagner une certaine maîtrise des infrastructures de transport dont l'avait privée l'effondrement de l'Union soviétique. Le gaz russe, qui transitait jusqu'ici essentiellement par l'Ukraine, pourra désormais suivre des routes différentes. Les litiges entre Moscou et Kiev, qui avaient conduit à une interruption des approvisionnements gaziers au cours de l'hiver 2006 et en janvier 2009, ne devraient plus impacter l'Allemagne ni l'Europe de l'Ouest. En revanche, les pays de l'Est européen, totalement dépendants du gaz russe, ne profitent pas de la mise en service de ce nouveau gazoduc et restent dépendants du transit gazier via l'Ukraine et la Biélorussie.

Le développement des centrales à charbon constitue une autre alternative considérée par le gouvernement allemand pour faciliter la sortie du nucléaire. La part du charbon dans la production d'électricité allemande s'élevait à 43 % en 2010. Le ministère de l'Économie prévoit d'utiliser 5 % des dépenses annuelles de son fonds climat, initialement destiné aux ENR, pour financer le développement de centrales thermiques, mais se heurte à l'opposition du parti vert allemand, qui concède la nécessité de recourir aux centrales à gaz mais refuse de subventionner des centrales à charbon fortement émettrices. La centrale à charbon de Datteln constitue un parfait exemple. Alors qu'elle était quasiment achevée, le producteur d'électricité EoN s'est vu retirer le permis de construire par le tribunal de Münster au motif d'une mauvaise évaluation des conséquences sanitaires (bruit, distance avec le voisinage) et environnementales (lois sur la protection de la faune et de la flore). Le gouvernement fédéral souhaitait développer des projets de captage et stockage du CO_2, susceptibles de diminuer l'impact environnemental des centrales à charbon, mais le texte a été rejeté par les Länder, largement soutenus par leurs opinions publiques.

Les dispositions adoptées par l'Allemagne pour accompagner la sortie du nucléaire mettent également l'accent sur la réduction de la consommation d'énergie primaire (de 20 % en 2020 et de 50 % en 2050 par rapport à 2008) et d'électricité (de 10 % en 2020 et de 25 % en 2050). L'Allemagne

6. M. Cruciani, *Évolution de la situation énergétique allemande : paramètres et incertitudes pour la période 2012-2020*, Paris, Ifri, 2012, « Note de l'Ifri ».

réussira-t-elle à développer à temps les lignes à haute tension nationales nord / sud indispensables, et dont la construction est sans cesse ralentie par les oppositions locales ? Tiendra-t-elle le rythme agressif du développement des ENR ? Enfin, jusqu'à quel niveau le consommateur allemand acceptera-t-il de supporter les surcoûts de la transition énergétique ? On peut raisonnablement s'interroger sur la capacité allemande à suivre le chemin difficile qui lui permettrait à l'horizon 2022, et même au-delà, de sortir du nucléaire sans augmenter significativement ses émissions de GES.

La France, accrochée à son nucléaire ?

À la suite de la décision allemande, de nombreuses voix se sont élevées en France pour remettre en cause le dogme nucléaire. L'exemple allemand ne serait-il pas à suivre ? La situation française est pourtant différente. La part du nucléaire dans la production d'électricité française – 74 % en 2010 – contribue largement aux bons résultats de la France en termes d'émissions de GES *per capita*[7]. L'électricité française est une des moins chères d'Europe et le prix de l'électricité nucléaire, moins sensible aux variations des prix des énergies fossiles, offre comparativement plus de visibilité et de stabilité sur le long terme. C'est là un avantage compétitif indiscutable et apprécié de l'industrie, en particulier des secteurs électro-intensifs. La filière nucléaire pèse lourd tant économiquement – la France est le premier exportateur net d'électricité mondial, atout incontestable pour la balance commerciale – que socialement, avec 410 000 emplois directs, indirects et induits[8]. Les conséquences de la remise en cause du nucléaire iraient donc bien au-delà d'un remplacement d'une source d'énergie par une autre.

Deux rapports importants alimentent fin janvier 2012 le débat national. Le premier, rédigé par la Cour des comptes[9], tente d'estimer les coûts complets de la filière. Si l'exercice est relativement facile concernant les coûts du passé (efforts de recherche, construction du parc) et du présent (opération et maintenance), il est beaucoup plus incertain pour le futur. En effet, un des points noirs de la filière demeure le démantèlement des centrales, et la Cour des comptes recommande la plus grande prudence sur les estimations actuelles, notamment au vu de la comparaison avec d'autres pays et de la durée sur laquelle s'étalerait le démantèlement. Les coûts de gestion des déchets de longue durée sont vraisemblablement sous-estimés et mal provisionnés. La Cour des Comptes préconise d'établir

7. En 2008, *per capita*, la France émet 6 tonnes d'équivalent CO_2 (tCO_2eq), le Danemark 9,1 tCO_2eq, l'Allemagne 10 tCO_2eq.
8. Étude indépendante réalisée par PricewaterhouseCoopers pour Areva, <http://www.pwc.fr/assets/files/pdf/2011/06/le_poids_socioeconomique_de_l_electronucleaire_en_france.pdf>.
9. Commentaires fondés sur la version provisoire détaillée dans la presse le 12 janvier 2012.

des devis réalistes sur le coût du stockage géologique profond. En revanche, le rapport de l'Autorité de sûreté nucléaire (ASN) sur les évaluations complémentaires de sûreté menées à la suite de la catastrophe de Fukushima évoque des coûts supplémentaires qui ne changent pas les ordres de grandeur.

Face à ces enjeux, opérateurs et constructeurs de la filière nucléaire devront consentir d'importants investissements. Ces conclusions semblent conforter certaines des thèses avancées par les opposants à l'énergie nucléaire. Mais, inversement, elles militent aussi en faveur du maintien des centrales nucléaires les plus anciennes, déjà amorties, et constituent un argument pour ne pas précipiter la sortie du nucléaire. Mal anticipée, celle-ci entraînerait une multiplication des coûts qui se répercuterait sur le prix de l'électricité : démantèlement des centrales, importations plus importantes de gaz, prix du CO_2 sur le marché européen plus élevé, développement des énergies renouvelables à marche forcée alors que ces technologies sont encore chères et, naturellement, augmentation des émissions de GES pour les 15 prochaines années.

Les coûts du maintien ou du démantèlement du nucléaire français

De son côté, la commission Énergie, constituée à la demande du ministre de l'Énergie pour analyser les scénarios énergétiques possibles pour la France à l'horizon 2050, intègre dans son étude[10] trois évolutions possibles de l'offre d'électricité en France : la prolongation du parc nucléaire actuel, l'accélération du passage à la troisième (voire à la quatrième) génération nucléaire, enfin une réduction progressive (voire un abandon complet) du nucléaire dans la production d'électricité. Le rapport montre bien que l'éventail des possibles est très large, pourvu que l'on se donne le temps. Coût et horizons de temps sont (ou devraient être) les principaux déterminants des politiques énergétiques.

Ces scénarios devront cependant être confrontés aux décisions prises dans l'espace européen. La décision allemande pourrait en effet s'avérer lourde de conséquences pour la politique énergétique française. Berlin est aujourd'hui prêt à mettre le prix pour réussir sa transition énergétique. Si on ose l'analogie, les importations d'électricité venant de France, de la République Tchèque et de Pologne devraient l'aider à franchir un cap difficile, comme les efforts consentis par la population allemande pour rendre l'économie plus compétitive au cours de ces dernières années ont réussi en grande partie parce que la consommation des pays voisins a

10. Également attendue fin janvier 2012.

favorisé l'exportation des biens allemands manufacturés. Après avoir sacrifié une génération pour réussir l'intégration de l'Allemagne de l'Est, remis l'économie allemande en état de marche au prix d'une diminution des prestations sociales et d'un coup de frein sur les salaires, l'Allemagne se sent peut-être prête à assumer une transition énergétique même coûteuse. Les ménages supporteront l'essentiel du poids de cette transition, l'industrie étant en grande partie exemptée de surcharge financière[11]. Berlin défendra alors avec force la réalisation des corridors verts qui lui permettront d'acheminer l'électricité verte dans toute l'Europe. Dans cette hypothèse, l'électricité nucléaire française, indispensable à la stabilité du réseau européen à moyen terme, serait fragilisée au-delà de 2025, dans un contexte où une forte pénétration de renouvelables s'accommoderait mal d'une source de production peu flexible. Il serait alors facile aux environnementalistes français et européens de pointer du doigt l'îlot nucléaire français. La stratégie énergétique française ne peut donc s'affranchir d'une réflexion sur la diversification des sources de production d'électricité.

Transition énergétique : l'importance des horizons de temps

Lorsqu'on parle de transition énergétique, les horizons de temps sont capitaux si l'on veut s'inscrire dans une démarche raisonnée, acceptable économiquement et socialement. Le rythme de développement des ENR, l'expansion du réseau, la durée de vie des capacités de production d'électricité renvoient à des horizons différents. La lutte contre le changement climatique exige des actions immédiates et qui s'inscrivent dans la durée. Si l'Union européenne et ses États membres ne parviennent pas à s'entendre sur un cadre approprié permettant l'émergence d'un secteur électrique faiblement émetteur et d'un réseau européen apte à transporter des sources d'énergie faiblement carbonées à un coût acceptable socialement et économiquement, il y a de grands risques pour que décideurs et investisseurs choisissent d'ignorer les lointaines conséquences du réchauffement climatique. La politique européenne, loin d'être un exemple, apparaîtrait alors comme un échec plus que comme une réussite.

PE

MOTS CLÉS

Union européenne, énergies renouvelables, réchauffement climatique, interconnexions électriques

11. M. Cruciani, *op. cit.*

page 187 lectures

THE QUEST: ENERGY, SECURITY AND THE REMAKING OF THE MODERN WORLD

Daniel Yergin

Londres, Allen Lane, 2011, 816 pages

Faut-il présenter Daniel Yergin ? Enseignant à Yale, intervenant régulier sur les chaînes d'information américaines, cet expert en matière de politiques et de marchés énergétiques dirige le cabinet CERA[1], qui dispense ses conseils à une pléiade d'entreprises et d'institutions. Il est aussi connu comme l'auteur de *The Prize: The Epic Quest for Oil, Money and Power* (New York, Free Press, 2008), monument de 900 pages consacré à l'histoire de l'industrie pétrolière. Après avoir remporté le Pulitzer en 1992, ce *best-seller* avait eu le privilège de se voir adapté au petit écran, sous forme d'un documentaire *PBS*.

D. Yergin nous revient ici avec un texte non moins imposant, baptisé *The Quest*. L'ouvrage prolonge *The Prize*, en ce qu'il détaille les changements survenus dans le secteur pétrolier depuis la fin de la guerre froide. Mais cette fois, l'or noir et son exploitation ne figurent plus seuls au centre du récit. *The Quest* suit un autre fil conducteur. Partant du constat que les besoins en électricité ne cessent de croître, aussi bien dans les économies émergentes qu'en Occident, le texte passe en revue les sources d'approvisionnement énergétique susceptibles, à échéances variables, de satisfaire la demande mondiale. En complément, il fait une large part aux complications – interférences mal calibrées des autorités politico-administratives, désastres techno-écologiques – et aux incertitudes – bouleversements climatiques, rééquilibrages géopolitiques – susceptibles de contrarier les processus d'adaptation en cours.

Bons et mauvais points

The Quest se divise en six parties d'inégale importance. La première, baptisée « The New World of Oil » (p. 19-224), se montre la plus distrayante. Nourrie d'une myriade d'aperçus vivants, elle évoque les poussées irrégulières de la demande en pétrole, stimulée par la montée en puissance de la mosaïque BRIC (Brésil, Russie, Inde, Chine), célèbre l'ingéniosité des techniciens qui ont repoussé les limites de l'extraction en milieux difficiles mais stigmatise aussi les conséquences néfastes des jeux de pouvoir à courte vue. Divers responsables gouvernementaux se trouvent ainsi mis au piquet. C'est le cas du président Hugo Chavez, auquel D. Yergin prête un tropisme « fidéliste » peu compatible avec le management d'une industrie de pointe (chap. 5). C'est le cas encore du trio Bush-Rumsfeld-Cheney, épinglé pour n'avoir su ni planifier l'occupation

1. Cambridge Energy Research Associates. La firme a été rachetée en 2004 par IHS (propriétaire entre autres du Jane's Information Group). Daniel Yergin a conservé le poste de *chairman*.

de l'Irak, ni moderniser à marche forcée l'infrastructure énergétique du pays (chap. 7). Cette partie, toutefois, se conclut sur une note optimiste, l'auteur considérant que les autorités chinoises suivent une ligne réfléchie et cohérente et contribuent ainsi à stabiliser le fonctionnement du marché.

La deuxième partie, intitulée « Securing the Supply » (p. 225-341), poursuit dans la même veine. Son credo : « Ne succombons pas au mythe du pic pétrolier tout proche, sinon déjà franchi. Parlons plutôt de plateau étale. » Aux yeux de D. Yergin, les majors ont montré à maintes reprises qu'elles pouvaient tirer parti de ressources sous-exploitées. Par ailleurs, l'exploitation du gaz fournit des alternatives. L'auteur admet néanmoins que ces deux sources d'énergie sont exposées à de graves incertitudes. Qu'il s'agisse des poussées révolutionnaires dont le bassin méditerranéen est le siège, de la constitution de l'Iran en puissance nucléaire ou de la sophistication croissante des cyberattaques (p. 277-279), les motifs d'alarme ne manquent pas. De là à se lancer dans des politiques agressives de sécurisation de l'approvisionnement national, il y a un pas, que D. Yergin invite à ne pas franchir à la légère. Y compris au niveau rhétorique (p. 267-268) : les discours agressifs d'indépendance énergétique, accompagnés de raclements de sabre, ne sont plus de mise dans un monde multipolaire. En revanche, l'auteur invite les politiques à s'engager sur la voie de la diversification des filières, des partenariats et des vecteurs. C'est là, selon lui, que réside la vraie sécurité.

Sus aux idées noires

Ces deux parties constituent un ensemble cohérent et se lisent avec aisance. On peut s'interroger sur la solidité de certaines prédictions ou sur l'équité de certains commentaires, comme ceux visant Marion Hubbert, théoricien du pic pétrolier. Mais, à défaut d'adhérer, on doit saluer la manière dont D. Yergin déshabille un système hautement complexe, puis articule le jeu de variables qui gouverne ses métamorphoses. Le tout sans jargonner. La suite du texte se montre en revanche plus malaisée à digérer. Au point qu'on peut se demander si l'auteur et son éditeur n'ont pas cédé à la tentation de l'hyperextension. La troisième partie (p. 343-416) évoque la domestication de l'électricité, sa place centrale dans la civilisation urbaine du XXe siècle, puis s'interroge sur la capacité du charbon et du nucléaire à satisfaire la demande ; la quatrième (p. 417-520) revisite la controverse sur l'effet de serre et les recherches de compromis entre sociétés industrielles avancées et puissances émergentes ; la cinquième (p. 521-639) traite des énergies renouvelables et des vagues d'espérance cycliques qu'elles suscitent ; quant à la sixième et dernière partie (p. 640-710), elle nous explique comment l'industrie automobile, longtemps soumise à la domination du moteur à explosion, est en train de s'adapter sans trop de heurts à la nouvelle donne énergétique. Message implicite : évitons tout excès de pessimisme. Si un secteur aussi « sensible » que celui-là réussit sa mue, notre *lifestyle* a encore de beaux jours devant lui.

Comparé au premier volet, ce bloc se montre inégal. On y trouve, en prolongement de ce qui a été dit sur le pétrole, une série d'aperçus touchant aux arènes de délibération et aux systèmes de gouvernance propres à chaque filière énergétique. *The Quest*, vu sous cet angle, fournit des clés pour décrypter la dynamique des négociations internationales et des codifications législatives. Mais il est aussi question, dans ce second volet, de percées intellectuelles – découvertes scientifiques, innovations technologiques – à mettre à l'actif d'individus hors norme (John Tyndall, Roger Revelle). Ce mélange des genres va dans le sens de la dramatisation narrative. Il reprend la recette appliquée dans *The Prize*, avec sa galerie de titans (Rockefeller, Churchill, Roosevelt, etc.). Il occupe aussi une place importante dans les dispositifs de réassurance symbolique qui sous-tendent le discours de D. Yergin et qui contribuent à son succès comme expert médiatique et comme conseiller de puissants déboussolés par la complexité ambiante. En contrepartie, la cohabitation des deux registres narratifs laisse une impression de flottement. Une explication parmi d'autres ? Ce qui fonctionnait bien pour un récit à dominante historique – *The Prize* – fonctionne moins bien pour *The Quest*, agrégat à vocation prospective.

Effets de prisme

S'agissant du fond, on doit également exprimer de sérieuses réserves. Le projet annoncé dans le sous-titre concerne 1) les interactions entre énergie et sécurité et 2) la manière dont elles affectent la trame du monde émergent. *The Quest* ne répond pas à ce cahier des charges. L'ensemble livre une masse considérable d'informations structurées. Tableaux, graphiques et cartes appuient à point nommé les explications. Mais on peine à discerner les modèles analytiques sous-jacents, propres sinon à rendre compte des articulations complexes entre demandes énergétiques et tensions géopolitiques, du moins à conceptualiser les développements atypiques survenus dans telle industrie ou telle région. *The Quest* est un produit commercial destiné à toucher le plus grand nombre. Plutôt que de s'encombrer d'explications abstraites, l'ensemble tend à considérer les problèmes et leur traitement à travers un prisme simplificateur : appréhensions diffuses des opinions nationales, aveuglement et complaisance des hommes de pouvoir, industriosité diligente des dirigeants d'entreprise et de leurs équipes, curiosité et résilience des hommes de science, etc. Et malheur à ceux qui s'imaginent échapper aux lois du marché, nous avertit l'auteur à maintes reprises. Le lecteur impliqué, lui, reste sur sa faim.

Dans un ordre d'idées proche, le texte se montre également enclin sinon à minorer les catastrophes écologiques, du moins à esquiver la question des garde-fous censés prévenir les répliques. Le récit de la catastrophe Deepwater Horizon offre à ce sujet un bon exemple. L'épisode occupe à lui seul six pages de *The Quest*. On y décrit les efforts frénétiques de la British Petroleum (BP) pour colmater la brèche. Mais on n'y évoque pas la culture de la négligence et de l'approximation qui est directement à l'origine du désastre. Fukushima fait l'objet d'un traitement de même acabit. Une fois les faits relatés, *The Quest* mentionne les mouvements de rejet venus cibler le nucléaire à vocation civile. Mais l'ouvrage se désintéresse des dysfonctionnements lourds qui affectent le secteur : déprofessionnalisation, autonomisation des technostructures, incurie des structures de contrôle étatiques, délégitimation des organisations non gouvernementales (ONG), etc. Bref, sur ces sujets comme sur d'autres (*quid* de la corruption ?), *The Quest* pratique l'occultation sélective. De quoi donner du grain à moudre à tous ceux qui accusent D. Yergin de moduler ses prophéties en fonction des craintes et des vœux de ses clients.

Faiseur d'opinions

Faut-il pour autant faire la fine bouche ? Non. De toute évidence, les sociétés surdéveloppées sont en train de traverser une crise de transition qui les oblige à reconsidérer leurs modes de fonctionnement. Plus encore que les dérives du secteur financier ou les coûts des modèles de protection sociale, la question énergétique va tenir un rôle central dans les réorganisations en cours. Chacun le sent confusément. D. Yergin n'est pas le seul expert à porter ce message. Mais peu exercent autant d'influence que lui. On peut sourire lorsqu'il évoque d'hypothétiques technologies disruptives, restant à découvrir mais susceptibles de bouleverser le marché de l'énergie. On ne doit pas pour autant ignorer le fait que sa parole porte loin et qu'elle contribue à rassurer les *venture capitalists* ayant déjà investi dans les *start-ups* positionnées sur ce créneau. D. Yergin est un faiseur d'opinions, conscient de son propre pouvoir, et bien déterminé sinon à défendre les groupes d'intérêts dont il s'est fait la voix, du moins à tenir tête aux discours millénaristes. Tout observateur sensible à l'importance de cette variable « idéologique » se fera donc un devoir de lire *The Quest*, pour mieux appréhender les mécanismes de *framing* actuellement à l'œuvre dans le domaine de l'énergie.

Jérôme Marchand

Intervenant à la Rouen Business School

RELATIONS INTERNATIONALES

LES NOUVELLES PUISSANCES MONDIALES : POURQUOI LES BRIC CHANGENT LE MONDE

Alexandre Kateb
Ellipses, 2011, 272 pages

Les travaux sur les puissances émergentes connaissent une vogue certaine et, comme souvent dans les phénomènes de mode, le meilleur y côtoie le pire. L'ouvrage d'Alexandre Kateb se range dans la première catégorie, car l'auteur a tenté une synthèse aussi intelligente que difficile en s'appuyant sur une bibliographie honnête. Difficile parce qu'il faut bien avouer que le concept de BRIC (Brésil, Russie, Inde, Chine) est nébuleux. Les BRIC sont des puissances économiques en phase de rattrapage, comptant désormais parmi les dix ou douze premières puissances mondiales. Pour le reste, l'ensemble est hétéroclite. Toutefois, l'ouvrage parvient à mettre en lumière quelques convergences.

En premier lieu, l'émergence se caractérise par un type de développement qui remet en cause les préconisations du libéralisme économique. Si l'orthodoxie financière est généralement respectée, ces puissances se caractérisent par un fort interventionnisme étatique. Ce dernier s'exprime particulièrement en matière de politique industrielle, qui bénéficie d'une stratégie de « champions nationaux », grandes entreprises solidement tenues par les autorités nationales via des noyaux durs d'actionnaires et une réglementation protectrice contre une prise de contrôle par les étrangers. L'intérêt national primant celui des actionnaires privés, les groupes industriels peuvent mener une politique d'investissement à long terme. Enfin, une habile manipulation des taux d'intérêts et une politique bancaire prudente – les leçons de la crise de 1997-1998 ont été tirées – permettent de profiter d'une sous-évaluation des monnaies ou au moins de garantir la stabilité de celles-ci contre les spéculations.

Mais si le rattrapage industriel a été spectaculaire, ces économies pourraient peiner à franchir la frontière technologique : en effet, malgré d'importants investissements dans l'éducation, les BRIC rencontrent des succès mitigés dans l'économie de la connaissance. La faiblesse de la recherche fondamentale, un environnement intellectuel peu propice et un effort généralement insuffisant dans la recherche et développement (R&D) limitent la maîtrise de l'innovation. Le « Cyberabad » des informaticiens indiens ne doit pas faire illusion : il n'exerce guère d'effet d'entraînement sur le reste de l'économie du pays. Toutefois, ces pays ont pris conscience de leurs lacunes et réalisent déjà des percées sur quelques niches.

Ces puissances économiques abritent des sociétés encore marquées par les vestiges du sous-développement ou d'une mauvaise adaptation à la modernité démocratique : bien que la proportion de pauvres ait baissé, le niveau de vie moyen demeure modeste. Ces sociétés, entrées en transition démographique ou l'ayant achevée, doivent encore gérer l'exode rural ou faire face au déclin démographique (Russie). Le système de protection sociale demeure lacunaire et faible et les très fortes inégalités sociales suscitent des questions sur la stabilité politique à moyen terme. Enfin, les dommages causés à l'environnement présentent des défis considérables.

Puissantes émergentes, les BRIC sont également des sociétés en transition : régimes autoritaires (Chine, Russie) ou sociétés conservatrices dominées par des castes (Inde, Brésil), elles peinent à accepter les standards occidentaux de l'état de droit et de la démocratie. Le Brésil se détache peut-être du groupe : n'ayant pas subi de subordination récente à l'Occident, il semble moins marqué par le nationalisme et le besoin de revanche sur les pays du Nord. Toutefois, ces politiques étrangères convergent pour remettre en cause le *statu quo* post-guerre froide régissant le système international : remise en cause de la domination occidentale, de l'ingérence dans les affaires intérieures des États et de l'unipolarisme présumé des États-Unis.

Un nouvel équilibre des forces, source de définition d'un nouvel ordre mondial ? Pas certain, car les BRIC ne sont ni un groupe cohérent, ni une force d'entraînement des pays du Sud. Non, au fond, les BRIC incarnent une vision du monde westphalienne, face à laquelle l'Europe se trouve bien désarmée.

Yannick Prost

LE POÈTE ET LE DIPLOMATE. LES MOTS ET LES ACTES

Wernfried Koeffler
et Jean-Luc Pouliquen
Paris, L'Harmattan, 2011,
156 pages

Le dialogue d'un ambassadeur (autrichien), spécialiste entre autres du désarmement, et d'un poète et critique littéraire (français) est assez rare pour intéresser tous ceux qui savent que les mots de la diplomatie sont créateurs et stratégiques, dans cette vaste dynamique de rapports de forces que constituent les relations internationales.

C'est tout naturellement sous le signe des grands anciens, à la fois littérateurs et diplomates, que s'inscrit ce dialogue : pour s'en tenir aux Français, Claudel, Morand, Giraudoux, Saint-John Perse ou, plus loin, Chateaubriand et Stendhal…

À partir de ces exemples historiques, mais surtout de l'expérience des deux auteurs qui ont tous deux connu les missions extérieures, c'est l'ensemble des rapports entre l'écrit et l'action, l'art et la stratégie qui sont passés en revue. D'où de multiples réflexions sur le rôle de l'écrit dans la diplomatie – on se doute que ce rôle a fortement évolué ces derniers temps...–, sur le rapport des diplomates à leur propre culture et à celle des pays où ils sont en poste, sur l'ampleur de vision que procure l'éloignement physique. Il s'agit bien pour les auteurs de réfléchir sur « l'intersection entre la trajectoire du diplomate et celle de l'écriture », dans une vue à la fois théorique et concrète.

Tous deux médiateurs, « passeurs », l'écrivain et le diplomate appartiendraient-ils à un même monde : celui qui par les mots met à distance les passions pour en faire de l'art ? Puisque la stratégie n'est pas science mais art...

Cette réflexion, qui mêle le retour sur l'histoire et les enjeux les plus concrets, est d'une certaine manière jubilatoire : elle nous rappelle une forme des relations internationales que la culture de la force, le développement technologique et le rythme médiatique ont tendance à marginaliser ; et que les mots et la culture peuvent faire taire les canons.

Dominique David

AGIR À TOUT PRIX ? NÉGOCIATIONS HUMANITAIRES : L'EXPÉRIENCE DE MÉDECINS SANS FRONTIÈRES

Claire Magone, Michaël Neuman et Fabrice Weissman (dir.)
Paris, La Découverte, 2011,
344 pages

Les débats actuels sur l'action humanitaire semblent converger sur le constat d'un « espace humanitaire » de plus en plus réduit. Les besoins humanitaires restent importants et le volume global de l'aide est même en expansion mais l'assistance humanitaire, victime de son rapprochement conceptuel et opérationnel avec l'action des forces armées, est en butte à des difficultés croissantes d'acceptabilité par les acteurs locaux et donc d'efficacité dans sa mise en œuvre.

Sans remettre directement en cause ce constat, cet ouvrage porte sur « la conquête et la défense » par les organisations humanitaires de leur « espace de travail », lequel est présenté comme le « produit d'un processus de transaction permanent avec les forces politiques et militaires locales et internationales ». Loin d'être garanti – ou non – par des acteurs tiers, l'espace humanitaire est le fruit d'une négociation mettant en jeu les intérêts communs et divergents des acteurs en présence. Se pose donc la question de la nature des compromis obtenus et de leur caractère acceptable pour l'organisation humanitaire. Sur le terrain s'ensuit une série de dilemmes inhérents à toute négociation et susceptibles de remettre en cause les principes fondamentaux de l'action humanitaire. Si « tout est négociable », comme le souligne un des auteurs à propos de la Somalie, la difficulté réside dans la capacité à remplir la mission première d'assistance sans franchir la ligne rouge de la compromission.

Du Sri Lanka au Nigeria en passant par l'Éthiopie, l'Afghanistan et Gaza, 12 études de cas illustrent cette problématique de la conquête d'un espace de travail et de l'ambiguïté des compromis qui en découlent. Le mythe de l'indépendance de Médecins sans frontières (MSF) en ressort largement écorné. Ainsi, alors que l'intervention dans le débat public constitue l'une de ses raisons d'être, le « renoncement le plus fréquent auquel MSF consent est celui de sa liberté de parole ». Au Sri Lanka, MSF finit par « accepter les diktats du gouvernement » et devient un « rouage du dispositif militaro-humanitaire dans l'espoir d'en atténuer la brutalité » ; au Yémen, l'organisation fait profil bas pour finalement nourrir la « propagande du gouvernement en niant les difficultés d'accès aux soins » de la population ; en Somalie, MSF a « peur des Shabaabs » et privilégie une communication publique « uniquement factuelle ». La gestion de ces dilemmes passe par l'attachement à quelques principes clés : il s'agit de savoir « à quelle politique l'association participe » et de veiller en toutes circonstances à ce que « l'aide aux victimes ne se transforme pas en soutien aux bourreaux ». En d'autres termes, « il s'agit moins pour MSF de conquérir une totale liberté d'action que d'être en mesure de choisir ses alliances… »

L'ouvrage paraît à l'occasion du 40e anniversaire de la création de MSF. Sa grande vertu réside dans une analyse détaillée et sans concession des dilemmes permanents auxquels l'organisation est confrontée. Surtout, le travail révèle une très louable capacité d'autocritique des auteurs, tous représentants de MSF. Puissent d'autres acteurs, États ou organisations internationales impliqués dans le vaste champ des interventions multidimensionnelles, faire preuve de la même objectivité et capacité d'introspection. Dans ce contexte, il est dommage que les essais de la deuxième partie soient aussi peu connectés à la problématique générale – l'analyse de Rony Brauman sur les dilemmes de la négociation humanitaire aurait été particulièrement appréciée. Enfin, on pourra regretter que presque rien n'indique dans le livre que la quête d'indépendance et les compromis auxquels MSF consent aient eu des effets bénéfiques tangibles sur le but ultime de son action : l'assistance aux populations en danger.

Thierry Tardy

ÉCONOMIE

FAUT-IL SORTIR DE L'EURO ?

Jacques Sapir
Paris, Seuil, 2012, 204 pages

L'euro est en crise, faut-il sortir de l'euro ? La réponse de Jacques Sapir est oui, car il existe une vraie alternative. Pour l'auteur, l'euro est mal parti et il est vain de vouloir redresser la barre par des aménagements circonstanciels ou des incantations. La démarche est courageuse et provocante. L'auteur analyse et démontre, mais il assène aussi des avis pas toujours suffisamment différenciés. Le ton, le style et le fond oscillent entre propos académiques et polémiques. Du coup, J. Sapir produit un livre stimulant, documenté, instructif et parfois irritant. À l'évidence, il le sait et l'assume.

L'ouvrage est construit en trois temps. D'abord, une présentation critique des origines et des enjeux de la monnaie unique. Puis un exposé des défauts de l'architecture institutionnelle de l'union monétaire et des limites des politiques nationales soumises à la présence de l'euro. Enfin, la démonstration que l'Europe et le monde peuvent, somme toute, se passer de l'euro. L'issue proposée est la mise en place de ce qu'il nomme une « monnaie commune » qui permettrait aux États-nations de retrouver leurs marges de manœuvre.

Sur le fond, J. Sapir s'appuie sur les théories des zones monétaires optimales pour rappeler que la zone euro ne remplit pas toutes les conditions requises pour légitimer la création d'une monnaie unique. C'était vrai dès l'origine et cela reste d'une actualité brûlante. La crise qui frappe depuis fin 2007 n'a fait qu'exacerber et rendre plus lisible cette réalité. La grille de lecture théorique utilisée ici est appropriée puisqu'elle éclaire et explique les dysfonctionnements de la zone euro. À ce propos, certains jugements abrupts sur les travaux de Robert Mundell sont quelque peu déconcertants lorsqu'on sait que cet économiste est justement à l'origine de toutes ces analyses.

J. Sapir accentue sa vision pessimiste de l'euro en dénonçant également les approches « essentialistes » de la monnaie, selon lesquelles la seule présence de l'euro conduirait à la création endogène d'une zone monétaire optimale.

Pour l'auteur, l'explosion des dettes souveraines révèle les faiblesses structurelles de la zone euro et pointe les méfaits du néolibéralisme. Les causes profondes de la crise sont l'hétérogénéité des économies nationales, l'austérité budgétaire installée comme norme, la politique de la Banque centrale européenne (BCE) arc-boutée sur le dogme de la stabilité des prix et la déconstruction des systèmes de protection sociale. D'ailleurs, ce sont les populations les moins protégées qui sont les premières victimes. La Grèce est ici exemplaire.

Mais ce n'est pas tout : pour J. Sapir, la crise de la zone euro proviendrait également du comportement de l'Allemagne. La défiance envers cet État parcourt tout le livre. L'Allemagne voulait l'euro pour installer sa suprématie économique. Elle a imposé sa vision monétaire pour sédimenter ses avantages en termes de compétitivité-prix et pour drainer des fonds qui financeront les retraites d'une population vieillissante. Elle n'a jamais voulu de mécanismes de transfert entre les États membres. Le jugement est sans appel, même si l'auteur rappelle plusieurs fois qu'il n'a rien à voir avec une défiance vis-à-vis de ce pays. Ce point de vue offre une lecture un peu grossière du processus d'intégration monétaire européen.

Au total, J. Sapir prend dans cet ouvrage le contre-pied du récit d'une Europe vertueuse cherchant le chemin de l'union politique, notamment grâce à l'euro. Il dénonce la mise en place d'un « fédéralisme furtif » qui dépolitise l'Europe et désenchante les Européens. Il propose donc un retour à l'Europe des Nations en remplaçant l'euro par une monnaie dite « commune », c'est-à-dire, pour lui, un système de taux de change fixes et ajustables entre monnaies nationales. Il propose également un contrôle des capitaux. L'auteur fait ici le pari que la fin de l'euro permettrait un nouveau mode de coordination souple, seule méthode raisonnable lorsque les États ne sont pas assez homogènes. Cette solution admet implicitement que la dynamique de la construction européenne peut être réversible et qu'un nouveau départ fondé sur les États-nations est possible et souhaitable : la voie est périlleuse.

Michel Dévoluy

LA CRISE DANS TOUS SES ÉTATS

Yann Échinard
et Fabien Labondance (dir.)
Grenoble, Presses universitaires
de Grenoble, 2011, 174 pages

Cet ouvrage fournit d'utiles repères. La crise des caisses d'épargne américaines aurait pu être évitée si les autorités l'avaient anticipée, en fermant rapidement les institutions insolvables. Comme pour la crise des banques japonaises, une lenteur dans la révélation de la sous-capitalisation a renforcé l'aléa moral. D'abord parce qu'une institution au bord de la faillite est incitée à prendre des risques. Ensuite parce que des pertes latentes non révélées érodent la confiance accordée au secteur financier, en empêchant une distinction entre institutions saines et contaminées.

La crise asiatique de 1997 a permis, lentement mais sûrement, aux membres de l'Association des Nations de l'Asie du Sud-Est (ASEAN) élargie à ses voisins du Nord, Chine, Japon et Corée du Sud, de jeter les bases d'un régime monétaire et financier régional stable. Furent institués des réunions régulières des ministres des Finances, un renforcement des échanges d'informations et de la surveillance, sans oublier une amélioration de l'offre de ressources étendant les accords de *swaps*. À noter aussi une initiative visant à rendre les marchés obligataires des membres plus efficaces et plus liquides, en favorisant la capitalisation des marchés obligataires en monnaies locales, l'accès aux données étant facilité par le site *AsianBondsOnline*.

Dans la crise grecque, la Banque centrale européenne (BCE) a su s'affranchir des traités européens en achetant directement des emprunts d'État. Les responsables gouvernementaux ont créé un fonds d'assistance financier. Mais l'union monétaire souffre d'un problème de crédibilité, qui résulte en partie de stratégies non coopératives, liées à l'absence de coût du non-respect du Pacte de stabilité et de croissance (PSC). Une union budgétaire pourrait y remédier. Elle serait assortie d'une agence fiscale européenne, qui rendrait publics les écarts à la cible, afin d'améliorer l'application des règles ou les réajustements. ECOFIN réaliserait des statistiques fiables des finances publiques. Cette transparence permettrait la surveillance des finances publiques par les marchés financiers.

Marc Crapez

SÉCURITÉ

SIPRI YEARBOOK 2011. ARMAMENTS, DISARMAMENT AND INTERNATIONAL SECURITY

Stockholm International Peace Research Institute
Oxford, Oxford University Press, 2011, 570 pages

Dès sa création, l'Institut international de recherche sur la paix de Stockholm (SIPRI) a publié un Annuaire rendant compte des capacités militaires des États, de l'évolution du commerce des armes et mettant l'accent sur les efforts de la « communauté internationale » en faveur du désarmement. À cette préoccupation initiale s'est ajouté le souci d'analyser la politique de sécurité des États et d'examiner les voies et moyens permettant d'instaurer un nouvel ordre de paix après la fin de l'antagonisme Est/Ouest. Cette ouverture a été décidée par Adam Daniel Rotfeld à l'époque où il dirigeait l'Institut de Stockholm et cette ligne a été suivie par ses successeurs. L'Annuaire du SIPRI est donc devenu un ouvrage de référence et il est significatif que le général Jean-Louis Georgelin, ancien chef d'état-major des armées, l'ait cité lors d'un récent débat télévisé sur les conflits dans le monde.

L'Annuaire de 2011 s'ouvre par un essai pénétrant sur le phénomène de la corruption liée au commerce des armes. En se fondant sur l'analyse de la négociation d'un contrat d'armement conclu par la République Sud-Africaine, les auteurs dénoncent les effets pervers d'une collusion frauduleuse entre toutes les parties concernées et soulignent son incidence négative sur les politiques de sécurité et de développement du pays acquéreur. Mais leurs conclusions débordent le cas d'espèce et incitent à une réflexion générale sur les dérives auxquelles peuvent donner lieu les transactions sur les matériels de guerre.

Sous les rubriques traditionnelles, on trouvera une évaluation des dépenses militaires mondiales, des données sur la production et le commerce des armes, un inventaire des forces nucléaires existantes et un état des accords et négociations en vue d'une réduction concertée des armements.

S'agissant du désarmement et de la maîtrise des armements, les chercheurs du SIPRI s'expriment avec prudence et réalisme et se gardent bien de voir dans la conclusion du nouveau traité START (*Strategic Arms Reduction Treaty*) en avril 2010 l'amorce d'un processus qui pourrait déboucher sur l'élimination totale des armes nucléaires. À propos de l'interdiction des armes biologiques et chimiques, ils mettent l'accent sur les difficultés auxquelles se heurte l'application des traités de 1972 et 1993 et attirent l'attention sur les risques liés à la dissémination des connaissances et des matières susceptibles d'être détournées à des fins militaires ou terroristes. Quant au traité sur la réduction des forces conventionnelles en Europe (FCE), signé en 1990 et révisé en 1999, il n'est toujours pas entré en vigueur et les divergences de vues entre la Russie et l'Occident sur la fonction qui lui est assignée dans l'organisation de la sécurité dans l'espace euratlantique ne laissent pas bien augurer de son avenir. Faut-il en déduire que les méthodes traditionnelles de la maîtrise des armements et du désarmement ont épuisé leurs virtualités et qu'il convient d'explorer des voies nouvelles pour contenir la prolifération des armes de destruction massive (ADM) ? Les propositions tendant à renforcer les régimes de contrôle des exportations de matières et d'équipements sensibles vont dans ce sens mais le succès d'une telle démarche postule une concertation étroite des grandes puissances et la mise en place d'un système de vérification strict, auquel répugnent la plupart des États.

Les conflits et les politiques de sécurité font l'objet de développements substantiels et une attention particulière est prêtée à la dimension économique des « nouvelles guerres » et au rôle des organisations transnationales dans le déploiement de la violence collective. Par ailleurs, les opérations de maintien et de rétablissement de la paix font l'objet d'une analyse approfondie de Thierry Tardy, qui s'interroge notamment sur la signification d'une contribution accrue de quatre pays émergents – Brésil, Chine, Inde et Afrique du Sud – à leur mise en œuvre et met en garde contre les dérives que pourrait entraîner une interprétation extensive du principe de « protection des populations ». Enfin, les chapitres consacrés aux dépenses militaires, à la production des armements et au commerce des armes éclairent des aspects particuliers de la politique des États, tels que la volonté de la Chine de ne pas se laisser distancer par les États-Unis, le fléchissement de l'effort de défense des pays de l'Union européenne (UE) et la création d'industries d'armement par des puissances moyennes soucieuses d'accéder à une certaine autonomie pour l'équipement de leurs forces armées.

Par l'ampleur et la diversité des données produites, la rigueur de ses analyses et l'originalité de son approche des problèmes de la paix, le 42e Annuaire du SIPRI est une source d'information précieuse sur les aspects militaires des relations internationales et devrait retenir l'attention des lecteurs de *Politique étrangère*.

Jean Klein

UNDERSTANDING PEACEKEEPING

(Seconde édition)
Alex J. Bellamy, Paul D. Williams et Stuart Griffin
Cambridge, MA, Polity Press, 2010, 376 pages

Les opérations de maintien de la paix ne peuvent être étudiées en faisant abstraction des contextes politiques locaux et internationaux. Ainsi relèvent-elles de deux conceptions opposées du système international : l'une, westphalienne, assimile les opérations à la résolution pacifique et consensuelle des différends ; pour l'autre, postwestphalienne, les opérations se caractérisent par une plus grande immixtion dans les affaires locales et par une forme d'imposition d'une paix libérale, combinant système démocratique et économie de marché. Derrière cette opposition classique se profilent différentes conceptions de l'ordre mondial et des principes qui le régissent – souveraineté, non-interférence, recours à la force – et en conséquence différentes vues sur le degré d'interventionnisme – possible ou souhaité – des opérations. De telles divergences, souvent réduites à une opposition Nord/Sud, ont largement politisé les débats récents sur la protection des civils dans le cadre des opérations de l'Organisation des Nations unies (ONU), sur le maintien de la paix robuste ou plus généralement sur la notion de souveraineté comprise comme responsabilité de l'État.

Cet ouvrage se divise en quatre parties. La première pose le cadre conceptuel et établit le lien entre opérations de maintien de la paix et politique internationale. La deuxième propose une analyse détaillée de l'évolution des opérations depuis la fin de la guerre froide, en s'interrogeant sur la façon dont les échecs passés ont façonné le maintien de la paix contemporain. Cela conduit, dans la troisième partie, à une typologie en sept catégories d'opérations : le déploiement préventif, le maintien de la paix traditionnel, le maintien de la paix élargi, l'imposition de la paix, l'assistance à la transition, les administrations transitoires et les opérations de soutien à la paix.

Une telle typologie offre une revue systématique d'opérations appartenant à un large spectre d'activités, mais atteint également ses limites. D'abord, comme reconnu par les auteurs, un bon nombre d'opérations pourraient apparaître dans plusieurs catégories (par exemple la Mission des Nations unies en République démocratique du Congo [MONUC] est simultanément « maintien de la paix élargi », « assistance à la transition » et « opération de soutien à la paix »), remettant en cause les facteurs discriminants retenus. Deuxièmement, la césure conceptuelle entre maintien et imposition de la paix aurait mérité de plus amples développements, à la lumière des évolutions de la dernière décennie. En particulier, la plupart des opérations contemporaines relèvent du chapitre VII de la Charte des Nations unies, notamment pour permettre la protection des civils. En conséquence, une caractéristique des opérations postwestphaliennes conduites par l'ONU n'est-elle pas de contenir une dimension coercitive sans pour autant relever de l'imposition de la paix ? La dernière partie présente les défis contemporains et apporte un éclairage sur cinq domaines clés des opérations : la régionalisation et la privatisation, présentées comme des réponses possibles à la pénurie des Casques bleus ; la protection des civils, la question du genre et les capacités de police.

Comme la grande majorité des travaux d'A. J. Bellamy et P. D. Williams (sur la responsabilité de protéger, entre autres), cette nouvelle édition de *Understanding Peacekeeping* est un ouvrage précis et rigoureux, qui a le mérite de replacer intelligemment les opérations de maintien de la paix dans le cadre élargi des relations internationales. La combinaison d'une approche conceptuelle et d'études de cas en fait un travail relativement complet sur une activité qui, par bien des aspects, reflète les tendances lourdes de la globalisation.

Thierry Tardy

ZONES GRISES : QUAND LES ÉTATS PERDENT LE CONTRÔLE

Gaïdz Minassian
Paris, Autrement, 2011, 204 pages

C'est à un sujet passionnant et particulièrement d'actualité que s'est attaqué Gaïdz Minassian dans un ouvrage ambitieux, celui de l'extension des « zones grises » où le pouvoir de l'État s'est érodé au point d'avoir *de facto* disparu. La nature ayant horreur du vide, l'État se trouve, dans ces zones grises, remplacé par d'autres pouvoirs non étatiques : bandes plus ou moins organisées aux activités délictueuses dans nos banlieues, mafias impliquées dans des activités criminelles structurées en Italie et en Amérique centrale, guérillas dont les motivations politiques se fondent dans le narcotrafic en Colombie, proto-États que se disputent deux pays en situation de conflit latent au Haut-Karabagh, milices tribales et islamiques dans cet État failli qu'est devenue la Somalie, Hamas et Fatah dans ce territoire au statut ambigu qu'est Gaza, pirates largement tolérés dans une zone maritime que se disputent Chine et autre pays riverains de la mer de Chine, enfin Talibans, groupes fondamentalistes et restes d'organisations tribales historiques dans les zones tribales du Nord-Ouest pakistanais.

Ce simple énoncé souligne l'ambition de l'ouvrage, qui comprend deux grandes parties : une première partie qui est plutôt une longue introduction à caractère théorique sur le concept des zones grises, ce qui les caractérise et ce qui permet ou facilite leur développement. Puis une seconde partie, qui procède à une présentation synthétique des différents cas déjà listés. Cette dernière est particulièrement attrayante, facile à lire et bien documentée, même si le spécialiste pourra ici et là trouver à redire. Elle regroupe en fait des cas très variés et dissemblables et rares seront ceux qui ne s'instruiront pas à sa lecture. Ces présentations mettent l'accent sur des similitudes entre des situations radicalement différentes et c'est à la fois l'intérêt et les limites de l'exercice, car classer dans une même catégorie la mer de Chine et nos banlieues peut susciter quelques réserves. Mais rapprocher les deux extrémités des filières de la drogue et montrer que, *in fine*, ce sont les carences de l'État qui permettent aux narcoéconomies de proliférer tant dans les banlieues françaises qu'en Colombie ou dans le Nord-Ouest du Pakistan est fort juste.

La première partie à caractère théorique est moins convaincante. Il aurait sans doute été plus logique de partir des études de cas pour en déduire des leçons, plutôt que de commencer par une analyse théorique du problème, mais ce point est mineur. On pourra regretter au plan de la forme une rupture de style et une expression parfois inutilement compliquée. On aurait aimé que l'auteur pousse son analyse pour lier le développement de ces zones grises aux problématiques des États fragiles et au développement des guerres civiles, les sujets étant étroitement liés. Le choix de l'auteur explique sans doute l'absence de référence à la masse considérable de travaux et de recherches conduits depuis 30 ans dans les pays anglo-saxons sur ces sujets ; on pense bien sûr, concernant la fragilité des États, à l'ouvrage de base de Jeffrey Herbst (*States and Power in Africa: Comparative Lessons in Authority and Control*, Princeton, NJ, Princeton University Press, 2000) et, sur les guerres civiles et zones de conflits, aux recherches de Paul Collier, quitte à critiquer ces ouvrages et leurs thèses, qui ont leurs faiblesses.

L'absence de référence aux auteurs anglo-saxons, il est vrai non disponibles en français, est un peu regrettable : elle aurait permis à l'auteur d'approfondir une conclusion fort juste, qui souligne que ce sont les faiblesses et les dysfonctionnements graves des États qui expliquent leur perte de contrôle sur certaines régions ou certains pans de leurs sociétés. Il aurait ainsi pu insister sur les engrenages dramatiques qui conduisent de la perte de contrôle par l'État du monopole de la violence à la disparition des autres services de l'État, au développement des activités illicites, à la mise en place de milices armées pour protéger ces activités, puis au développement d'une administration parallèle qui se substitue à l'État, rend la justice, etc. La conclusion de l'ouvrage, fort juste et particulièrement importante, aurait mérité d'être développée : elle souligne en effet le caractère déséquilibré et finalement inefficace de tout traitement purement sécuritaire de ces questions. Au total, un livre intéressant et stimulant sur un sujet déjà extrêmement préoccupant, en passe de devenir un problème majeur du XXIe siècle.

Serge Michailof

GCHQ. THE UNCENSORED HISTORY OF BRITAIN'S MOST SECRET INTELLIGENCE AGENCY

Richard J. Aldrich
Londres, HarperPress, 2011,
688 pages

Richard J. Aldrich, enseignant à l'université de Warwick, compte déjà à son actif plusieurs ouvrages de référence consacrés aux services spéciaux et aux questions de sécurité. Avec *GCHQ* (acronyme de Government Communications Headquarters), publié en 2011 et récemment réédité en version économique, il a entrepris de retracer la montée en puissance du principal organisme d'interception britannique, depuis la Seconde Guerre mondiale (avec le centre établi à Bletchley Park) jusqu'à nos jours, en couvrant simultanément les angles technologique, organisationnel, opérationnel, politico-diplomatique et en procédant par tranches décennales. Le résultat est des plus remarquables.

Lectures et entretiens à l'appui, l'auteur apporte de précieux éclairages tant sur les fondations stratégiques du renseignement britannique – suivi des grandes menaces externes et internes (URSS/IRA), consolidation de la « relation spéciale » avec Washington – que sur les difficultés managériales – contraintes budgétaires, tensions syndicales, résistances politiques – auxquelles se trouve logiquement confronté un appareil de surveillance semi-clandestin opérant dans un cadre démocratique.

Fiascos et scandales tiennent une part importante dans le récit, dans la mesure où ce sont eux qui ont permis à l'opinion britannique de prendre peu à peu conscience du poids effectif (budgets/influence/attentes) du GCHQ dans le système de gouvernement. Autre aspect important, R. J. Aldrich fait bien ressortir la dynamique ambivalente qui a présidé au développement hégémonique du GCHQ. D'un côté, les autorités ont rapidement compris qu'il leur faudrait industrialiser la chaîne de production du renseignement SIGINT et faire en sorte que celui-ci échappe à la tutelle du MI5 et du MI6, organismes préoccupés à l'extrême par les histoires de « fausses barbes » et les schémas de manipulation/domination/subversion, pas assez rigoureux et pas assez sophistiqués pour tirer le meilleur des outils disponibles (qui dit cryptanalyse moderne dit mathématiques de haut niveau). De l'autre, les logiques de confidentialité propres au petit monde des décrypteurs n'ont cessé d'entraver la diffusion des données exploitables, notamment en direction des unités militaires passées en mode combat, mais aussi en direction des instances pénales chargées de traiter les cas de trahison. De là des tensions récurrentes.

Pour ce qui est du présent, R. J. Aldrich apporte également de précieux éléments de compréhension sur les dangers que posent les instruments d'interception contemporains. Grâce aux progrès de la technologie, aux reculades successives des autorités parlementaires et judiciaires, aux mensonges de la haute administration, le GCHQ se trouve désormais en mesure d'exercer une surveillance approfondie sur l'ensemble de la population britannique. Mais les moyens humains du service restent limités, ce qui le rend vulnérable. Ayant déjà beaucoup de mal à faire le tri dans la myriade de données qui lui parviennent et qui concernent les nuisances premières (puissances antagonistes, nébuleuses terroristes, mouvances mafieuses), le GCHQ se trouve *de facto* sous la menace de « faux positifs » à grande échelle (labellisation erronée de citoyens quelconques comme des « suspects » et amputation de leurs droits élémentaires) et de polémiques judiciaires ciblant ses intrusions arbitraires. Une fois le consensus antiterroriste fragmenté, ce type de matériau donnera aux médias et aux groupements libertaires de quoi déclencher une mobilisation protestataire de masse.

Jérôme Marchand

AFRIQUE

LE SCANDALE DES BIENS MAL ACQUIS : ENQUÊTE SUR LES MILLIARDS VOLÉS DE LA FRANÇAFRIQUE

Xavier Harel et Thomas Hofnung
Paris, La Découverte, 2011,
238 pages

En mars 2007, trois organisations non gouvernementales (ONG) déposent plainte contre cinq chefs d'État africains et leur famille pour « recel de détournement de fonds publics ». Elles leur reprochent l'acquisition en France d'un impressionnant patrimoine immobilier au coût sans commune mesure avec leurs revenus officiels. Une enquête policière est confiée à l'Office central de répression de la grande délinquance financière (OCRGDF), qui lève une partie du voile sur le train de vie ubuesque de ces chefs d'État : hôtels particuliers, berlines de luxe, comptes en banques par centaines, etc. Las ! le parquet classe la plainte sans suite pour « infraction insuffisamment caractérisée » en novembre 2007.

Les ONG, auxquelles s'est ralliée Transparency International, ne se découragent pas. Elles déposent une nouvelle plainte avec constitution de partie civile le 2 décembre 2008, qui vise les présidents du Congo, du Gabon et de la Guinée Équatoriale. Sa recevabilité est douteuse. La procédure pénale n'autorise pas n'importe qui à attaquer n'importe quoi : un plaignant doit invoquer un préjudice « direct et personnel » pour espérer voir sa plainte aboutir. Est-ce le cas en l'espèce ? La doyenne des juges d'instruction est de cet avis ; mais le parquet fait appel et la chambre de l'instruction de la cour d'appel de Paris lui donne raison. Les ONG forment un pourvoi en cassation et la Cour de cassation, à leur grand soulagement, déclare dans un arrêt du 9 novembre 2010 leur plainte recevable. L'arrêt, historique, dépasse le cadre des relations franco-africaines en ouvrant un champ immense aux ONG. Ainsi l'ONG Anticor l'a-t-elle invoqué en se constituant partie civile dans l'affaire de Karachi.

C'est cette histoire que racontent d'une plume trempée au vitriol Thomas Hofnung et Xavier Harel. Le premier l'avait suivie pour *Libération*, signant notamment au lendemain de l'arrêt de la Cour de cassation un article, « Le crépuscule de la Françafric », primé au Grand Prix 2010 des quotidiens nationaux dans la catégorie « meilleure enquête d'investigation ». Le second est un spécialiste des circuits de blanchiment et des paradis fiscaux. Leur livre est autant une chronique du scandale des biens mal acquis, vite pliée dans la première partie, qu'une description sans concession des dernières frasques de la Françafrique auxquelles sont consacrées les deux parties suivantes. Elles se lisent sans déplaisir mais n'apprennent pas grand-chose que n'aient déjà révélé François-Xavier Verschave, Stephen Smith ou Antoine Glaser.

Au-delà des révélations croustillantes qu'il livre sur l'*hubris* délirant de quelques autocrates africains (les pages consacrées au fils du président équato-guinéen sont saisissantes), dont l'enrichissement personnel n'a d'égal que la misère dans laquelle leur population croupit, le scandale des biens mal acquis est révélateur de l'intrusion d'un nouvel acteur dans les relations franco-africaines. Le temps n'est plus où les réseaux Foccart pouvaient agir dans l'ombre. Après la presse, c'est la justice qui s'y intéresse. De plus en plus souvent, le cours tranquille des relations franco-africaines est compliqué par des affaires judiciaires : enquête sur la disparition de Guy-André Kieffer en Côte-d'Ivoire, sur le « suicide » du juge Bernard Borrel à Djibouti, sur l'attentat contre le président Juvénal Habyarimana au Rwanda, sur les « disparus du Beach » au Congo-Brazzaville. Les chefs d'État africains visés directement ou indirectement par ces enquêtes y voient un geste d'hostilité de la France et de sa justice. Ils croient que cette dernière est aux ordres, quand elle l'est de moins en moins.

Au-delà du scandale, la question se pose de la pérennité de la Françafrique. Les auteurs, dont c'est le fonds de commerce, y croient et font leur l'adage de Lampedusa : « Il faut que tout change pour que tout reste pareil. » Pour eux, Total perpétue le même système qu'Elf et Nicolas Sarkozy a financé ses campagnes politiques comme ses prédécesseurs. Pourtant, la mort d'Omar Bongo en juin 2009 sonne le glas d'une « certaine Françafrique ». Le tonitruant déballage de Robert Bourgi, en septembre 2011, doit être analysé à cette aune : il est l'œuvre d'un homme blessé, congédié sans ménagement, qui fait le constat désabusé que son temps est passé.

Yves Gounin

AMÉRIQUES

COUNTERSTRIKE. THE UNTOLD STORY OF AMERICA'S SECRET CAMPAIGN AGAINST AL QAEDA

Eric Schmitt et Thom Shanker
New York, Times Books, 2011,
324 pages

Dans les jours qui suivirent les attentats du 11 septembre 2001, les États-Unis se lancèrent dans une « guerre contre le terrorisme » aux multiples conséquences. Dix ans et deux guerres plus tard, la mort d'Oussama Ben Laden offre l'occasion de dresser un bilan de cette gigantesque « contre-attaque », sur laquelle s'attardent ici deux journalistes renommés du *New York Times*. Eric Schmitt et Thom Shanker insistent sur le caractère brutal de cette contre-attaque et sur la territorialisation de la lutte contre le terrorisme, en Afghanistan puis en Irak.

Les deux journalistes ne se limitent cependant pas à la description des faits ni à une critique de la lutte contre le terrorisme post-11 septembre. Ils opèrent une intéressante comparaison entre la lutte contre Al-Qaida et les théories de la dissuasion élaborées par Thomas Schelling dans les années 1960 et démontrent dans quelle mesure les mécanismes hérités de la guerre froide furent remis au goût du jour et adaptés au nouvel ennemi de Washington. Ils constatent ainsi que la méthode a évolué en une décennie, en particulier après la réélection de George W. Bush et plus encore après l'arrivée de Robert Gates au Pentagone en 2007. L'erreur des premières années de la lutte contre Al-Qaida fut, selon les auteurs, de trop territorialiser la guerre contre le terrorisme (en Afghanistan puis en Irak), oubliant au passage les fondamentaux, comme le renseignement et l'identification des causes du terrorisme. On remarque ainsi, au fil des pages, que la coordination de la guerre contre le terrorisme était mal assurée après les attentats de New York et de Washington et surtout qu'il était difficile de savoir qui dirigeait véritablement les opérations, à la Maison-Blanche ou au Pentagone. Depuis 2005, la lutte contre le terrorisme s'est considérablement adaptée et s'est servie de cette territorialisation, étendue à d'autres pays, pour responsabiliser des États hébergeant des groupes terroristes et ne luttant pas suffisamment activement, selon le Pentagone, contre ce fléau. L'équation, inaugurée sous l'administration Bush et perpétuée après l'arrivée au pouvoir de Barack Obama, est simple : tout État ne renforçant pas ses dispositifs pour identifier et détruire les cellules terroristes tombe sous le coup d'une nouvelle dissuasion, en étant potentiellement la cible de représailles (celles-ci pouvant être de diverse nature, allant des sanctions économiques à l'usage de la force).

Cette méthode associant main tendue et coercition a radicalement modifié la manière dont le problème du terrorisme transnational est appréhendé à Washington. On peut s'interroger, comme le font E. Schmitt et T. Shanker, sur ses effets dans l'élimination de Ben Laden au Pakistan. Mais on peut également s'interroger sur le risque de voir les groupes terroristes profiter de ces pressions parfois intenables pour des États faillis pour renforcer leur capacité de recrutement de nouveaux membres. En imposant la théorie de la dissuasion dans la lutte contre le terrorisme, les États-Unis mènent un combat global et sans limite. Mais ils jouent également le jeu du terrorisme transnational, qui s'alimente des problèmes rencontrés par des États en difficulté, pris entre la nécessité de renforcer le partenariat avec Washington et une population souvent majoritairement hostile à une présence américaine accrue. En d'autres termes, il est encore trop tôt pour savoir si cette nouvelle dissuasion sera couronnée de succès dans la durée.

Barthélémy Courmont

AMERICAN NEOCONSERVATISM. THE POLITICS AND CULTURE OF A REACTIONARY IDEALISM

Jean-François Drolet
Londres, Hurst, 2011, 256 pages

Alors que commence la quatrième année du mandat du président Barack Obama, on peut légitimement s'interroger sur la pertinence d'un ouvrage traitant du néoconservatisme américain, mouvement politico-philosophique habituellement associé à l'administration de George W. Bush et que l'on a déclaré responsable de la guerre en Irak, des détentions secrètes et autres violations du droit international. N'est-on pas entré dans une nouvelle ère postnéoconservatrice, où s'affrontent désormais les réalistes de l'administration Obama et les néoisolationnistes de l'opposition républicaine, menés entre autres par le libertarien Ron Paul ?

L'ouvrage de Jean-François Drolet, enseignant en politique internationale à la City University de Londres, a pour ambition de décrypter les fondements de philosophie politique du néoconservatisme américain et de nous rappeler que ceux-ci s'inscrivent dans une démarche bien plus ancienne et complexe que la « guerre contre la terreur » post-11 septembre. Dans la lignée du très bon livre de Justin Vaïsse *Histoire du néoconservatisme aux États-Unis* (Paris, Odile Jacob, 2008), l'auteur explique que ce mouvement s'est construit en réaction aux bouleversements des années 1960, rejetant à la fois l'émergence d'une contre-culture et la réaffirmation d'un conservatisme classique. Toutefois, il se démarque profondément de J. Vaïsse en contestant l'idée, souvent autoproclamée, que le néoconservatisme serait une variante conservatrice du libéralisme américain. Il affirme au contraire que les néoconservateurs se sont détachés de leur école de pensée originelle, l'école libérale, pour réinvestir le champ du conservatisme, tout en y apportant une dimension idéologique.

Alors que le contexte historique de l'émergence et du développement du néoconservatisme américain est présenté un peu rapidement dans le chapitre I, J.-F. Drolet se concentre sur les racines philosophiques du mouvement dans les cinq chapitres suivants. Pour étayer sa thèse, il démontre que la principale influence intellectuelle des néoconservateurs, le philosophe allemand Léo Strauss, était lui-même profondément conservateur, antidémocratique, cultivant le mépris des discours sur les Droits de l'homme : en somme antilibéral. De cette philosophie est né un discours néoconservateur hostile à l'individualisme libéral, critique du système de redistribution de l'État providence jugé intrinsèquement faible et rejetant sans réserve le multiculturalisme (que l'auteur appelle *global liberal governance*), dénoncé comme une forme de relativisme moral mettant à tort en équivalence l'Amérique et des ennemis moralement inférieurs.

Alors que s'ouvre une nouvelle campagne présidentielle aux États-Unis, le néoconservatisme revient sur le devant de la scène comme une force vitale du débat de politique étrangère. Les primaires républicaines ont révélé que les positions néoconservatrices militaristes et idéologiques occupent toujours une place de choix dans le discours politique de la droite américaine et que les néoconservateurs se tiennent prêts à investir de nouveau les couloirs du gouvernement en cas de victoire du Parti républicain. À la lecture de l'ouvrage de J.-F. Drolet, cela ne présage rien de bon. Selon lui, le néoconservatisme a pour *modus operandi* « la sublimation des crises intérieures par la militarisation de la politique étrangère américaine ». Citant Francis Fukuyama – qui s'est depuis distancié du mouvement néoconservateur –, il rappelle que les néoconservateurs croient dans les bénéfices de la guerre pour renouveler le patriotisme et l'esprit civique : « Une démocratie libérale qui mènerait une guerre courte et décisive à chaque génération ou presque pour défendre sa propre liberté et son indépendance serait bien plus saine et plus satisfaite que celle qui n'expérimenterait rien d'autre qu'une paix continue. »

Évaluant le mouvement intellectuel à la lumière des grands auteurs de philosophie politique, J.-F. Drolet transmet un message : celui du caractère régressif, réactionnaire et autoritaire du néoconservatisme, bien loin de l'image moderne et démocratique que ses hérauts préféreraient mettre en avant.

Célia Belin

THE POLITICAL ECONOMY OF LATIN AMERICA. REFLECTIONS ON NEOLIBERALISM AND DEVELOPMENT

Peter Kingstone
New York, Routledge, 2010,
182 pages

Peter Kingstone livre une analyse dépassionnée des politiques économiques successivement mises en œuvre en Amérique latine depuis la seconde moitié du XXe siècle. L'auteur analyse les choix réalisés, notamment en termes de place accordée aux marchés et à l'action des États, et leurs impacts sur la croissance et plus largement sur le développement de la région. Si la réflexion se veut centrée sur l'expérience néolibérale, le texte couvre en réalité une période plus large allant des années 1960 à nos jours.

P. Kingstone dédie trois chapitres au modèle d'industrialisation par substitution des importations (ISI, de 1950 à 1970 environ), à la période néolibérale (1990) et au retour de la gauche et de l'intervention de l'État (depuis les années 2000). Il ressort de son analyse que la politique économique en Amérique latine a eu tendance à évoluer d'un extrême à l'autre, chaque courant tendant à refuser tout héritage de la période précédente, considérée comme un échec. Or l'auteur montre que l'Amérique latine a connu au cours du XXe siècle des transformations profondes, auxquelles chaque modèle a contribué. Ainsi, le modèle ISI a permis un processus d'industrialisation et d'urbanisation important, alors que la période néolibérale a assis les bases d'une plus grande stabilité macroéconomique (succès du contrôle de l'inflation en particulier). En revanche, il souligne qu'aucun n'a trouvé de solution au défi de la pauvreté et des inégalités. À ce titre, les bénéfices du néolibéralisme n'ont pas été à la hauteur des promesses des tenants du modèle.

Dans ce contexte, après plus d'une décennie de quasi-hégémonie du néolibéralisme, les années 2000 ont été marquées par la résurgence de la gauche, qui s'est accompagnée d'un réengagement de l'État dans l'économie, en particulier via le renforcement des politiques sociales. S'il qualifie les politiques menées par la gauche « contestataire » (Équateur, Venezuela, etc.) de retour en arrière, P. Kingstone voit dans la gauche « modérée » (Brésil, Chili, Uruguay, etc.) une évolution vers un néolibéralisme plus pragmatique, alliant économie de marché et intervention de l'État, porteuse d'espoirs pour le développement de la région.

L'auteur est plus décevant dans son dernier chapitre intitulé « Government, Markets, and Institutions – Reflections on Development », qui aurait mérité d'être approfondi. Après l'analyse synthétique des débats d'économie politique en Amérique latine depuis un demi-siècle, P. Kingstone s'y essaie à une réflexion transversale sur le rôle des institutions et notamment sur leur dimension qualitative, pour expliquer à la fois les échecs des politiques économiques précédentes et les défis auxquels se heurte aujourd'hui le développement de la région. Au-delà des divergences idéologiques qui alimentent les débats, la question institutionnelle est certainement importante pour expliquer pourquoi la politique économique en Amérique latine a globalement échoué depuis plus de 50 ans à promouvoir une croissance durable et équitable. Dans ce contexte, une réflexion plus fine sur les caractéristiques institutionnelles de l'Amérique latine, sur les différences entre les pays et sur la manière de renforcer les institutions dans la région aurait sans doute ajouté à l'originalité du texte.

Bénédicte Baduel

ASIE

AU PAYS DES ENFANTS RARES. LA CHINE VERS UNE CATASTROPHE DÉMOGRAPHIQUE

Isabelle Attané
Paris, Fayard, 2011, 274 pages

Les travaux d'Isabelle Attané sur la démographie chinoise font aujourd'hui largement référence. Dans son précédent et récent ouvrage (*En espérant un fils : la masculinisation de la population chinoise*, Paris, INED, 2010), elle faisait le constat dramatique d'une Chine en proie à la masculinisation. L'auteur, démographe, sinologue et chargée de recherches à l'Institut national d'études démographiques (INED), dresse ici le tableau d'une Chine au carrefour de son histoire : une République populaire objet d'une véritable scission sociétale qui s'exprime notamment dans le sort réservé aux enfants.

Si la politique de l'enfant unique a favorisé une certaine maîtrise, surtout urbaine, de la fécondité, la stabilité de ce phénomène répond désormais à de nouveaux processus, par ailleurs relativement distincts suivant la situation urbaine ou rurale des structures familiales.

« Baromètre du changement social », pour reprendre l'expression de l'auteur, le jeune Chinois se situe entre deux époques, entre deux mondes. Cet enfant unique connaît un destin différent suivant qu'il est issu d'une famille riche et urbaine ou d'une famille pauvre et rurale. En ville, l'enfant unique se fait enfant inique. Centre des attentions, il est le petit « maître à deux valets » qu'on peine à éduquer et que l'on se presse de « rééduquer », y compris de force. Louis Dumont nous avait prévenus : l'individualisme prend corps dans les sociétés modernes. La Chine est en pleine accession à la modernité. Le revers en est que, centre de toutes les attentions, l'enfant porte tous les espoirs de la famille, en assume tous les sacrifices. Jusqu'à l'excès parfois.

Comme le précise par la suite l'auteur, tous ne connaissent pas le même sort. De ceux qui échappent à l'infanticide jusqu'à ceux qui demeurent en marge d'une société chinoise dont la prospérité répond à des choix stratégiques de développement plutôt qu'à une volonté de redistribution uniforme, les jeunes sont loin d'être les premiers bénéficiaires du « miracle économique chinois ». Certes, la mortalité infantile a reculé. Certes, des mesures contre l'élimination des filles ont été prises. Mais l'auteur met parfaitement en exergue la faible efficacité des mesures gouvernementales. Elle souligne avec force les failles du système éducatif de masse, la menace permanente du sous-développement ou encore la marginalisation croissante de l'enfance, qu'il s'agisse des enfants des migrants, orphelins ou mendiants ou encore des enfants travailleurs.

Cet État-continent est souvent dépeint de manière univoque par son rang de première puissance démographique au monde et par une croissance forte et rapide qui l'amène progressivement à contester l'hégémonie américaine. Le présent ouvrage contribue à nous rappeler le coût d'une telle mutation. Il y parvient, dans un style toujours accessible, sans que cela nuise au caractère scientifique de la démarche. Une place certaine est accordée aux sources journalistiques, qui doivent cependant être abordées avec précaution. De même, le lecteur sera invité à corréler les évolutions sociétales mises en lumière par l'auteur avec la taille de la population chinoise – ce qui est souvent mais pas systématiquement fait par l'auteur – et avec les caractéristiques géographiques de son territoire. Plus encore, si les données démographiques et économiques sont nombreuses et pertinentes, une approche comparative plus développée aurait été fort utile pour apprécier la situation démographique, et donc stratégique, de la Chine par rapport aux pays émergents comme l'Inde et aux puissances occidentales.

En filigrane, le message d'Isabelle Attané est clair : la Chine est dans l'urgence. L'exigence d'une croissance économique pour s'assurer de façon pérenne la maîtrise des facteurs de puissance, ainsi que l'obligation de traitement du problème du vieillissement de sa population l'invitent à faire des choix qui portent en eux les germes d'une division de sa population. Or l'observateur comme le stratège savent pertinemment qu'une telle division précéderait celle de son territoire national : perspective impensable là où parfaire l'unité territoriale est un objectif stratégique historique. Les premiers à pâtir de ces mutations sont les enfants d'aujourd'hui et donc les décideurs de demain : de la Chine, et au-delà.

Gaylor Rabu

STORMING THE WORLD STAGE. THE STORY OF LASHKAR-E-TAIBA

Stephen Tankel
Londres, Hurst, 2011, 354 pages

Révélé sur la scène internationale par les attaques de Bombay de novembre 2008, le Lashkar-e-Taiba (l'« armée des purs » [LeT]) est une des organisations salafistes-djihadistes les plus actives du sous-continent indien. Fondée à la fin des années 1980 par des vétérans pakistanais du djihad afghan, l'organisation s'est initialement focalisée sur la libération du Cachemire indien, avant d'étendre son djihad à l'Inde tout entière. Affilié au courant minoritaire des Ahl-e-Hadith, variante sud-asiatique du wahhabisme, le LeT s'est rapidement singularisé dans le paysage islamiste régional par ses opérations *fedayin* spectaculaires, d'abord au Cachemire puis dans les grandes villes indiennes. Et tandis que l'État pakistanais prenait ses distances avec la plupart des organisations djihadistes de la région au lendemain des attaques du 11 septembre 2001, le LeT a conservé le soutien de l'armée et de ses puissants services de renseignement (en particulier de l'Inter-Services Intelligence [ISI]), qui continue de voir en lui un *proxy* aussi loyal que performant.

Storming the World Stage est le premier ouvrage entièrement consacré au LeT, depuis sa formation jusqu'à sa réinternationalisation au contact des militants d'Al-Qaida. C'est précisément sur ce point – l'évolution du LeT vers le djihad global – que l'ouvrage est le plus stimulant. Stephen Tankel démontre ainsi que le LeT – ou tout au moins certains de ses cadres – s'est internationalisé au cours des dernières années, à travers des « vacations » (*freelancing*) pour le compte d'Al-Qaida, des Talibans afghans ou des djihadistes irakiens. En sens inverse, le LeT a mis son expertise au service de groupes étrangers, tout en servant de point d'entrée en « AfPak » aux volontaires du djihad en provenance d'Europe ou des États-Unis. Cette évolution, qui d'une certaine manière constitue un retour aux origines (aux dires de l'organisation elle-même, les premiers militants du LeT auraient combattu dans les Balkans, dans le Caucase ou encore en Asie du Sud-Est), est cependant restée incomplète. Outre la barrière de la langue (la plupart des recrues du LeT sont des Pakistanais ourdouphones ou pendjabiphones, ce qui handicape leur déploiement hors de l'Asie du Sud), les militants du LeT tentés par l'aventure du djihad global ont dû compter avec une hiérarchie restée attachée à une stratégie très indocentrée, sans doute en grande partie sous l'influence de ses patrons militaires pakistanais.

En dépit de cette réflexion innovante sur l'extraversion hésitante d'une organisation djihadiste restant finalement très stato-centrée, l'ouvrage de S. Tankel laisse sur sa faim. On peut éventuellement comprendre que l'auteur ait souhaité anonymiser les militants du LeT interrogés mais il aurait fallu présenter quelques éléments biographiques permettant de les distinguer les uns des autres, de les situer dans le paysage social et religieux du Pakistan et de percevoir les séquences successives de leurs parcours militants. Plus surprenante est la négligence des sources vernaculaires, en ourdou notamment. L'auteur évoque la « propagande » du LeT et ses nombreuses publications mais l'intégralité des références bibliographiques est... en anglais. Des travaux antérieurs avaient pourtant ouvert la voie à une analyse de cette littérature militante en ourdou, de l'étude de Mariam Abou Zahab[1] sur les testaments de martyrs du LeT à celle de Choudhri Mohammed Naim sur l'ouvrage *Ham Maen Lashkar-e-Taiba ki*[2] (« Nous les mères du Lashkar-e-Taiba »).

La singularité de cette entreprise à la fois terroriste et humanitaire qu'est le LeT méritait un travail plus approfondi, par exemple en prolongement des interrogations de Faisal Devji sur le « terroriste en quête d'humanité », autre contribution récente mais d'une tout autre ampleur sur les transfor-

1. M. Abou Zahab, « I Shall Be Waiting at the Door of Paradise: The Pakistani Martyrs of Lashkar-e-Taiba (Army of the Pure) », *in* A. Rao *et al.* (dir.), *The Practice of War. Production, Reproduction and Communication of Armed Violence*, New York, Berghahn Books, 2007, p. 133-158.
2. C. M. Naim, « The Mothers of the Lashkar », *Outlook* (Delhi), 15 décembre 2008.

mations idéologiques et stratégiques du terrorisme à l'heure de la globalisation[3].

Laurent Gayer

EUROPE

PANIQUE AUX FRONTIÈRES. ENQUÊTE SUR CETTE EUROPE QUI SE FERME

Éric L'Helgoualc'h

Paris, Max Milo, 2011, 318 pages

Telle Janus, l'Europe a deux visages. Le premier est souriant, c'est celui de la libre circulation des personnes sur le continent. Le second l'est moins, c'est celui des contrôles renforcés aux frontières de l'espace Schengen. Ces deux visages sont indissociables : si les États membres ont accepté de lever les contrôles à leurs frontières, c'est avec l'assurance que les contrôles pratiqués aux frontières extérieures de l'Union européenne (UE) les prémuniraient des flux migratoires qu'ils redoutent à tort ou à raison. Ces deux visages sont inconciliables : l'Europe sans frontières du marché unique et d'Erasmus se voit contrainte de renier ses valeurs d'humanisme et d'ouverture en construisant, autour de Ceuta ou en face de Lampedusa, de nouvelles frontières.

Le renforcement des contrôles aux points de passage des migrants n'a pour l'instant eu que des effets temporaires. Loin de tarir les flux, il les a déplacés. C'est ce que les spécialistes appellent, selon une image très expressive, l'effet *waterbed*. Les « migrerrants » cherchent par tous les moyens à entrer en Europe : en escaladant les barbelés autour des enclaves espagnoles de Ceuta ou Melila, en risquant leur vie sur des pirogues sénégalaises ou libyennes à destination des Canaries ou de Malte, en passant par la Turquie pour franchir la frontière grecque, etc.

Éric L'Helgoualc'h nous emmène sur tous ces théâtres pour y faire le même constat désabusé : la réponse policière, qui fait peu de cas des règles de droit censées gouverner l'accueil des réfugiés, est souvent impuissante, toujours inhumaine. Les États de la « ligne de front », qui doivent faire face à cet afflux massif, se plaignent du manque de solidarité des autres États européens : les règles de Dublin II leur font obligation de gérer les demandeurs d'asile qui ont transité par leur territoire. La tentation est forte de « laisser passer » les immigrés. C'est ce qu'a fait la Grèce avec un succès paradoxal : constatant l'impéritie de son système d'asile, la Cour européenne des Droits de l'homme vient de suspendre en janvier 2011 le renvoi des demandeurs d'asile parvenus dans un autre pays de l'UE vers son territoire, l'excluant *de facto* de la convention de Dublin II. C'est aussi ce qu'a fait l'Italie au moment de la

3. F. Devji, *The Terrorist in Search of Humanity: Militant Islam and Global Politics*, Londres, Hurst, 2008.

chute du régime de Zine el-Abidine Ben Ali en Tunisie au début de l'année 2011 : les 28 000 immigrés tunisiens se sont vus délivrer un titre de séjour provisoire avec lequel ils se sont empressés de gagner la France, provoquant côté français la tentation de rétablir les contrôles à Vintimille.

Les leçons de l'Histoire sont parlantes : aucune forteresse, aucune ligne Maginot ne résistent durablement. La réponse policière ne suffira pas, seule, à endiguer les flux de migrants qui veulent gagner l'Eldorado européen. Le chapitre consacré à Frontex, la nouvelle agence européenne chargée de la coordination du contrôle des frontières extérieures, est révélateur des limites de cette politique, auxquelles une sophistication des contrôles policiers (le Système d'information Schengen deuxième génération [SIS-II], le système d'information sur les visas [VIS], la base de données Eurodac, Eurosur, etc.) ne permettra pas de remédier.

La solution pourrait passer par l'externalisation de la question migratoire. C'est avec la collaboration du Sénégal et de la Mauritanie que les départs de pirogues, si nombreux en 2006, ont été stoppés net. C'est grâce à la Libye de Mouammar Kadhafi, au terme d'un accord moralement douteux mais efficace, que les Italiens ont réussi à limiter les vagues migratoires vers la péninsule. *A contrario*, c'est à cause du manque de collaboration de la Turquie que l'essentiel des entrées illégales en Europe se fait par l'Évros à la frontière gréco-turque.

L'enquête fouillée d'É. L'Helgoualc'h évite les caricatures qu'un titre racoleur, probablement choisi par son éditeur, laissait redouter. Même si ses convictions personnelles en faveur d'une politique moins répressive affleurent et finissent même par s'exprimer par la bouche du directeur général de France terre d'asile dans une postface inutilement militante, É. L'Helgouac'h fait son travail de journaliste et le fait bien, en nous donnant à comprendre les ressorts compliqués d'une question qui conditionne l'avenir du projet européen.

Yves Gounin

QUE RESTE-T-IL DE L'INFLUENCE FRANÇAISE EN EUROPE ?

François-Xavier Priollaud
et David Siritzky
Paris, La Documentation française, 2011, 184 pages

À la question posée, les auteurs répondent sans ambiguïté qu'elle connaît une sérieuse diminution. Un « déclassement relatif », certes dû à des considérations institutionnelles mais aussi à un facteur politique : une faiblesse de la cohérence et de l'ambition et un manque de vision du futur souhaitable de l'Europe et du rôle particulier que la France peut et doit y jouer.

Une longue première partie de l'ouvrage effectue un rappel historique des rapports entre la France et l'Europe et montre toute l'ambivalence de ces relations. Cette histoire a été ambiguë du temps non seulement du général de Gaulle mais également de ses successeurs. Elle a souvent donné lieu à des positions incantatoires et contradictoires, en particulier en ce qui concerne l'Europe puissance ou l'Europe politique, dont on affirmait d'autant plus le projet qu'on en refusait certaines conditions, y compris en termes de transferts de souveraineté, d'acceptation des compromis et de refus de voir en l'Europe autre chose que « la France en grand ». Des rapports contrastés avec l'Allemagne, la césure de la crise irakienne et le « non » français de mai 2005 ont brouillé d'autant plus notre rapport à l'Europe que les politiques ne paraissent guère capables de mobiliser les citoyens autour d'un projet européen partagé.

L'évolution institutionnelle de l'Europe a également conduit à la fin de ce que les auteurs appellent l'« âge d'or européen ». Les élargissements successifs ont conduit mécaniquement à une érosion relative du poids de la France dans les institutions européennes. Mais F.-X. Priollaud et D. Siritzky remarquent que ce facteur est moins déterminant qu'une mauvaise « pratique » des institutions européennes. Ils rappellent que, toutes formations du Conseil confondues, la France est l'un des pays qui se caractérisent par l'absentéisme ministériel le plus fort. La situation est encore plus grave au Parlement européen, alors même qu'il est devenu colégislateur. Outre l'absentéisme régulier de nombre d'eurodéputés, choisis par leur parti pour des raisons qui n'ont rien à voir avec leurs compétences ou leur engagement européens, ils sont, malgré une légère amélioration, encore mal représentés dans les groupes politiques les plus importants et, surtout, n'ont que peu accès aux postes à responsabilité. Malgré quelques exceptions, ils sont moins actifs que ceux d'autres pays, effet notamment du cumul des mandats. Si la France reste bien représentée dans les cabinets des commissaires, mais pas toujours les plus sensibles, et dans l'encadrement de la Commission, son influence pâtit d'une insuffisante proximité de son admi-nistration avec ses ressortissants dans les institutions européennes. On pourrait ajouter que les relations avec les experts nationaux détachés et l'exploitation de leurs compétences et de leurs connaissances lorsqu'ils rentrent dans l'Hexagone restent largement perfectibles. Il en va de même du lobbying effectué par le secteur privé qui, malgré là aussi quelques progrès, est moins professionnel que celui des Allemands et d'autres nationalités.

La troisième partie s'attache aux stratégies d'influence. Si l'on peut discuter l'importance que, sans naïveté certes, les auteurs accordent à la langue française, ils montrent qu'une position plus constructive sur le siège du Parlement européen devrait être élaborée. Après un utile rappel sur les avancées en Europe de la notion de service public, ils insistent sur l'intérêt que nous avons à ce que l'Europe réussisse : sans elle, la France serait encore plus marginalisée. Si cette dimension est bien prise en compte dans l'administration, elle ne l'est pas dans le pays, en partie parce que le traitement des affaires européennes manque de politisation et de vision stratégique – les auteurs reprennent notre proposition d'un Conseil pour les affaires européennes et internationales placé auprès du président de la République et d'un ministre des Affaires européennes rattaché au Premier ministre. Ils plaident aussi pour une France exemplaire sur les questions européennes et proposant un dessein européen sans ambiguïtés.

On pourrait ajouter à une prochaine édition de cet excellent ouvrage une autre dimension : celle de la présence de la France sur les marchés d'expertise lancés par l'Union européenne (UE), qui participe de notre influence à la fois en Europe et dans les pays tiers. Une attention accrue pourrait aussi être portée aux représentations de l'Union hors de ses frontières, qui jouent un rôle clé et méconnu. De manière plus générale, la construction d'un système d'information plus performant, associant administrations, secteur privé et monde universitaire, entre la capitale et les différents services et institutions de l'UE – y compris les nombreux comités techniques – reste encore à bâtir.

Nicolas Tenzer

MOYEN-ORIENT

OSAMA BIN LADEN

Michael Scheuer
New York, Oxford University Press, 2011, 280 pages

Chef de l'unité de la Central Intelligence Agency (CIA) chargée de traquer le chef terroriste saoudien de 1996 à 1999, Michael Scheuer connaît bien Oussama Ben Laden. Auteur de plusieurs ouvrages remarqués sur la lutte contre le terrorisme et les réponses aux attentats du 11 septembre 2001, notamment *Imperial Hubris: Why the West is Losing the War on Terror* (Londres, Brassey's, 2004), il signe ici une biographie du fondateur d'Al-Qaida qui apporte des éléments essentiels pour comprendre ce personnage dont la mort n'a pas entièrement résolu l'énigme.

L'intérêt de ce petit livre est double. D'une part, M. Scheuer s'appuie essentiellement sur des sources de première main. Documents d'Al-Qaida, communiqués d'Oussama Ben Laden ou encore résultats d'enquêtes menées par les services de renseignement américains sont ainsi abondamment utilisés et cités (avant d'être répertoriés dans une bibliographie particulièrement riche et précieuse). D'autre part, se distinguant très nettement des multiples biographes du milliardaire d'origine saoudienne, M. Scheuer ne cherche pas à dresser un portrait caricatural du fondateur d'Al-Qaida et ne succombe pas à l'émotion souvent relevée dans les textes faisant référence à l'inspirateur des attentats du 11 septembre 2001 publiés aux États-Unis. On remarque même, au fil des pages, une sorte de respect pour celui qu'il présente sans ambages comme « le plus formidable ennemi des États-Unis ». Le but de M. Scheuer n'est évidemment pas de glorifier Ben Laden mais d'en déconstruire le portrait afin de le présenter de la manière la plus objective possible. L'auteur mentionne ainsi le parcours de celui qui se cache derrière les attentats de New York et de Washington, cherchant à comprendre comment l'ancien volontaire aux côtés des *moudjahidin* est progressivement entré dans un radicalisme extrême et comment il a désigné les États-Unis comme l'ennemi à abattre. C'est donc un plan chronologique que propose M. Scheuer, des jeunes années de Ben Laden à son ultime combat, replié en Afghanistan puis au Pakistan. Au final, décrit comme un homme profondément pieux, patient, talentueux et intelligent, le Ben Laden de M. Scheuer n'a pas grand-chose à voir avec le fanatique imprévisible et irrationnel si souvent dépeint.

Ce sont cependant les premier et dernier chapitres, consacrés l'un à l'étude de Ben Laden comme un « sujet » et l'autre à l'héritage laissé par le chef d'Al-Qaida, qui apportent les éléments de réflexion les plus solides, l'auteur analysant avec soin les différentes perceptions, souvent erronées, de Ben Laden aux États-Unis. Il soulève l'une après l'autre les idées reçues et part du principe qu'elles eurent pour effet de renforcer la marge de manœuvre du chef terroriste, tandis que ceux qui avaient pour mission de le combattre s'enfermaient dans de fausses certitudes. C'est ainsi un véritable procès à la lutte contre le terrorisme que livre M. Scheuer. Il s'attarde enfin sur l'évolution du terrorisme transnational et la question de savoir comment ce dernier pourrait survivre au fondateur d'Al-Qaida, dont la mort, redoute-t-il, ne marque finalement pas la fin d'un combat de près de deux décennies mais une simple étape dans la lutte qui oppose le terrorisme aux démocraties. M. Scheuer n'en reste cependant pas moins optimiste, estimant que si les dirigeants politiques cherchent à mieux comprendre le terrorisme, ils seront sans doute en mesure de le combattre plus efficacement.

Barthélémy Courmont

À L'OMBRE DU MUR. ISRAÉLIENS ET PALESTINIENS ENTRE SÉPARATION ET OCCUPATION

Stéphanie Latte Abdallah
et Cédric Parizot (dir.)
Arles, Actes Sud, 2011, 334 pages

Parmi les nombreuses représentations saturant les imaginaires collectifs sur la réalité vécue par les Israéliens et les Palestiniens, le mur que les autorités israéliennes ont commencé à construire en Cisjordanie depuis 2002 occupe une place symbolique forte, en particulier pour les Européens. Matérialisation de l'échec du processus de paix, cette réalisation unilatérale est un point d'affrontement politique majeur.

Cédric Parizot et Stéphanie Latte Abdallah ont rassemblé les fruits de rencontres universitaires auxquelles ont participé des chercheurs (notamment en début de carrière, mérite qu'il faut souligner) explorant les nouvelles dynamiques à l'œuvre sur les enjeux d'espace et de déplacement dans le conflit.

Cette étude, remarquable par l'originalité de son approche, offre au lecteur habitué à des récits où se succèdent affrontements, négociations secrètes et conférences internationales la possibilité de comprendre les nouvelles relations qui se tissent entre les acteurs du conflit à travers le prisme des mobilités et des usages de l'espace.

Ce livre est une invitation à une analyse rigoureuse des phénomènes qui se jouent « à l'ombre du mur ». C'est en portant son regard au-delà de cet édifice que les nouvelles dimensions du conflit peuvent être saisies. Alors que le tracé unilatéral de cet ouvrage non encore achevé semblait donner corps à une frontière définitive entre Israéliens et Palestiniens, c'est un flou, une reconfiguration des enjeux, des stratégies et des échanges qui s'opèrent entre les acteurs locaux et internationaux dans ces quelques milliers de kilomètres carrés.

L'occupation n'a pas cessé et le mur ne signifie pas une souveraineté effective pour les Palestiniens. Les dispositifs de contrôle israéliens s'inscrivent dans une logique tout à fait contraire à une délimitation territoriale claire et les quelques reprises de négociation en vue d'un accord de paix ne modifient en rien cette situation. Les contributions du livre effectuent d'ailleurs un retour utile sur les décennies qui précèdent l'érection du mur, à savoir la première *intifada* et le temps des accords dits d'Oslo. Derrière le processus des négociations de paix, l'organisation administrative et politique des territoires palestiniens a été remodelée, divisée et nommée dans un système kafkaïen. Le livre, sans emprunter à la rhétorique partisane, n'occulte aucun aspect de la politique d'occupation par Israël des territoires palestiniens.

Les modes du contrôle israélien sur les territoires occupés ont connu de profondes modifications, déléguant à des acteurs palestiniens certaines prérogatives de la vie civile tout en maintenant une domination militaire et économique. Quelles sont les conséquences de ces nouvelles fragmentations de l'espace cisjordanien et de l'enfermement de Gaza sur les relations entre les Palestiniens citoyens d'Israël et ceux des territoires palestiniens, occupés ou autonomes ? Que peut nous dire un barrage militaire sur les transactions économiques, légales comme illégales, entre les différents acteurs ?

Voici quelques-unes des problématiques étudiées ici avec précision et nuance. Le pari, nous faire découvrir les hors-champ de la reconfiguration des logiques de pouvoir dans le conflit israélo-palestinien, est très réussi. Des sujets peu étudiés en France, comme la politique carcérale israélienne à l'égard des détenus palestiniens, ainsi que les voyages de militants venus de France, pour y exprimer une solidarité avec l'un ou l'autre des belligérants ou pour montrer une certaine réalité du conflit à des décideurs (journalistes ou élus) hexagonaux, étoffent cette riche analyse.

Seul regret, qui n'enlève rien à l'excellence de ce livre collectif, la bande de Gaza, au cœur des conflits de ces dernières années – entre le Hamas et le Fatah et avec Israël – ne fait, hélas, pas l'objet d'une contribution spécifique, peut-être en raison des grandes difficultés matérielles que rencontrent les chercheurs pour y effectuer un terrain d'enquête.

Samuel Ghiles-Meilhac

A HIGH PRICE. THE TRIUMPH AND FAILURES OF ISRAELI COUNTERTERRORISM

Daniel Byman
New York, Oxford University Press, 2011, 464 pages

AIR OPERATIONS IN ISRAEL'S WARS AGAINST HEZBOLLAH. LEARNING FROM LEBANON AND GETTING IT RIGHT IN GAZA

Benjamin S. Lambeth
Santa Monica, CA, Rand, 2011, 388 pages

Daniel Byman signe un ouvrage volumineux sur la manière dont Israël a lutté contre le terrorisme depuis sa naissance et même bien avant. Dans sa première section sont analysées tour à tour les années suivant la création de l'État, puis celles qui vont de la guerre des Six Jours à 1970, année où l'Organisation de libération de la Palestine (OLP), expulsée de Jordanie, s'installe au Liban et crée Septembre noir, auteur d'attentats notamment contre les athlètes israéliens aux Jeux olympiques de Munich. Vient ensuite un chapitre sur la « débâcle » bien connue au Liban dans les années 1970-1993. La deuxième section traite de la période qui va des accords d'Oslo de 1993 à l'opération Plomb durci de décembre 2008. La troisième section analyse le conflit entre Israël et le Hezbollah. Sur la question de savoir si cette organisation, ou le Hamas, sont « terroristes », D. Byman prend le soin de définir cette notion en distinguant les attaques contre des civils de celles visant des militaires et qui ne peuvent relever de la catégorie « terrorisme ». Une quatrième section est utilement consacrée au « terrorisme juif » visant des Palestiniens mais également des Israéliens accusés de trahir la cause du grand Israël, et dont Yitzhak Rabin sera une des plus illustres victimes. Le contenu de la cinquième section est plus indéfini. On y trouve une analyse des effets des assassinats ciblés, une autre sur la barrière de sécurité (mur), auxquelles succèdent des chapitres « transversaux » et plus globaux sur les « dilemmes » d'Israël, les leçons transposables à d'autres démocraties et les erreurs commises.

De cette somme, l'auteur tire quelques conclusions fortes. La lutte d'Israël contre le terrorisme n'est ni un succès total ni un échec complet. C'est un tableau en « gris » qu'il brosse. Du côté positif : les succès des services secrets qui ont déjoué de multiples attaques, arrêté de nombreux responsables terroristes et sauvé ainsi la vie de quantité d'Israéliens. Les assassinats ciblés ont prouvé leur efficacité. La barrière de protection a compliqué les efforts des groupes terroristes. Malgré les pratiques d'interrogatoires musclés, Israël a réussi, en deux décennies, à concilier lutte antiterroriste et respect des Droits de l'homme. La population israélienne a fait preuve d'une résilience qui lui a permis de surmonter la vague des attaques suicide en poursuivant une vie normale. Du côté négatif, il y a d'abord l'ignorance des « conséquences politiques » de cette lutte, le fait qu'elle a entraîné une radicalisation armée et la création de groupes comme le Hezbollah ; les effets dissuasifs : beaucoup de groupes armés hésitent certes aujourd'hui à provoquer Israël, mais les actions punitives sont plus difficiles à conduire, notamment en raison de la vigilance des médias ; l'ignorance de l'importance des médias dans ce type de conflit ; le fait que la construction de la barrière complique la recherche d'une issue politique. Il y a enfin l'insuffisante attention portée au terrorisme juif et la politique de « deux poids deux mesures » consistant à punir bien plus sévèrement le terrorisme palestinien. L'auteur conclut par des recommandations encourageant Israël à trouver une issue politique au conflit.

Ce livre est richement documenté et d'une grande clarté pédagogique. Il suscite toutefois quelques réserves. Une des premières critiques qu'on pourrait lui faire serait qu'il manque de cadre d'analyse. Le concept de « guerre asymétrique » aurait pu lui en fournir un. Un deuxième regret concerne l'incapacité à dégager une idée forte sur cette guerre de l'ombre et souvent guerre tout court. L'auteur hésite trop dans son bilan entre positif et négatif, sans conclure par un effort de hiérarchisation. Enfin, le livre est sans grande originalité. Le spécialiste n'y trouvera aucun élément nouveau. L'auteur s'appuie beaucoup sur des sources secondaires. Il a certes effectué de nombreux entretiens côtés israélien et palestinien mais les propos rapportés ne sont pas toujours d'un grand intérêt. Cet ouvrage reste toutefois un outil de travail d'une grande richesse et d'une grande honnêteté intellectuelle.

Le rapport de la Rand Corporation rédigé par Benjamin S. Lambeth se focalise sur la deuxième guerre du Liban, qui a opposé Tsahal au Hezbollah en juillet-août 2006. Son objectif affiché est de tenter de convaincre les dirigeants américains, via ce cas d'école, de l'utilité de l'aviation dans une guerre de type asymétrique. Contrairement aux critiques émises contre le chef d'état-major général de l'armée israélienne Dan Haloutz, ancien chef d'état-major de l'armée de l'air, ce dernier n'a jamais pensé que l'aviation seule, aussi performante soit-elle, aurait pu venir à bout du Hezbollah. Le fait est, note B. S. Lambeth, que les dirigeants israéliens civils et militaires étaient réticents à engager des troupes au sol pour éviter le risque d'un enlisement rappelant le « bourbier libanais » de l'opération Paix en Galilée en 1982. L'erreur n'a donc pas été de croire que l'armée de l'air pourrait résoudre tous les problèmes. D'ailleurs Tsahal avait procédé d'emblée à des bombardements terrestres, concomitamment aux attaques aériennes. L'erreur tient, d'une part, à la définition d'objectifs politiques irréalistes et, d'autre part, à l'état d'impréparation de Tsahal lorsqu'on décida d'engager des troupes au sol. Enfin, note l'auteur, il y a eu une très mauvaise articulation entre attaques aériennes et contre-offensive terrestre. La preuve que les performances de l'aviation ne sont pas en cause est fournie par l'opération Plomb durci. Sachant tirer les leçons des faiblesses de la guerre du Liban de 2006, en entraînant ses forces à travailler de manière combinée, Israël mènera une attaque réussie dans la bande de Gaza. Sur ce dernier point, pourtant, la démonstration ne convainc pas vraiment. Comparer l'offensive contre le Hamas à celle contre le Hezbollah est surprenant. Les combattants du Hamas ne se sont quasiment pas battus. Tsahal a mené l'opération avec des moyens disproportionnés, causant la perte de nombreux civils et attirant à Gaza des sympathies internationales dont elle ne bénéficiait pas jus-qu'alors. Le Hamas a certes perdu militairement : mais cela suffit-il à prouver une efficacité israélienne retrouvée ?

Samy Cohen

BAAS ET ISLAM EN SYRIE. LA DYNASTIE ASSAD FACE AUX OULÉMAS

Thomas Pierret
Paris, PUF, 2011, 336 pages

De tous les régimes arabes contemporains, l'autocratie syrienne est probablement celui qui présente le plus de contradictions et qui a mis en place un des systèmes politiques les plus opaques de la région. Pourtant, bien avant que le parti Baas devienne parti unique, le projet des hommes politiques syriens était laïc, socialiste et panarabe ; et au milieu du XXe siècle, ce pays était, avec l'Égypte et la Jordanie, un des fers de lance des guerres de libération des territoires occupés par Israël.

En politique intérieure, la prise du pouvoir par Hafez Al-Assad aura permis de cultiver répression et mensonge d'État. Régionalement, la Syrie a arrêté de lutter pour récupérer les territoires perdus depuis la fin du mandat français (du *sandjak* d'Alexandrette au nord jusqu'au plateau du Golan au sud) mais aussi de soutenir la cause palestinienne. Ses changements d'alliances militaires au Liban, avec la Turquie ou l'Iran, son soutien à la coalition occidentale lors de la guerre du Golfe (1991) ou plus récemment sa coopération avec les États-Unis dans la lutte contre Al-Qaida font d'elle un pays craint ou admiré.

Les « années de plomb » de la décennie 1980-1990 ont laissé une trace indélébile de peur et de soumission dans la mémoire collective syrienne. Jusqu'aux événements de Deraa en mars 2011 : dans cette ville du Hauran, région située entre Damas et la frontière jordanienne, la mort d'un adolescent tué par les forces de l'ordre déclenche la révolte qui s'étend aujourd'hui à toutes les grandes villes.

Thomas Pierret comble un vide de la recherche francophone en se penchant sur « l'établissement d'un partenariat ambigu entre le régime et une partie croissante du clergé [ainsi que sur] le rapprochement opéré par le pouvoir baasiste avec ses anciens ennemis, les élites urbaines ». S'il fonde son analyse sur les travaux d'autres chercheurs tels que Volker Perthes, Joseph Bahout, Sakina Boukhaima ou plus récemment Sari Hanafi, l'intérêt de son travail repose en grande partie sur sa monographie de l'élite religieuse savante, qui a su s'adapter aux changements sociaux et à l'autoritarisme baasiste tout en tirant parti du clientélisme ambiant. Parallèlement, T. Pierret explique clairement comment le régime, bien que dominé par la minorité alaouite, a su tisser des liens étroits avec les clercs sunnites par lesquels il a fini par se faire légitimer, sans même avoir recours à une politique délibérée et méthodique de manipulation. Car en Syrie comme ailleurs dans le Machrek, le retour à un piétisme dépolitisé s'est effectué pas à pas et dans un contexte globalisé de transformation de l'autorité religieuse dans les sociétés musulmanes contemporaines. Cette enquête minutieuse sur l'élite religieuse qui, bien que relativement fidèle aux muftis de la République, ne se reconnaît ni dans l'islam officiel damascène ni dans le courant des Frères musulmans syriens en exil offre aux lecteurs une analyse approfondie de la structuration du clergé syrien, des différentes personnalités et confréries qui le composent ou encore de l'environnement sociopolitique des *muhafaza* (gouvernorats) dans lesquelles il s'est formé.

T. Pierret permet ainsi de comprendre comment les oulémas syriens sont devenus « les acteurs les mieux à même de mobiliser les ressources des entrepreneurs afin de développer l'aide sociale privée dans un contexte d'inégalités croissantes. [... Ils bénéficient] d'un capital symbolique qui pousse désormais les grandes figures du capitalisme de copinage à échanger leur générosité contre l'onction des hommes de religion dans le but de soigner une image écornée ou d'obtenir un siège au Parlement ».

Jusqu'au début des années 2000, l'État a contrôlé et centralisé l'enseignement religieux ; mais ce que l'auteur appelle la « fuite des turbans » vers l'étranger est moins une conséquence de la répression que de la pénurie d'emploi qui touche autant les oulémas que les centaines de milliers de jeunes qui arrivent tous les ans sur le marché du travail.

L'apport le plus intéressant de l'ouvrage dans la compréhension de la complexité syrienne est l'analyse des raisons pour lesquelles les « ingénieurs pieux » ont choisi de promouvoir des intérêts sectoriels, plutôt que de profiter de l'affaiblissement du régime en 2004-2005 pour « tenter d'imposer de nouveaux pactes politiques ».

Il apporte quelques éléments de réponse aux questions des observateurs des révoltes arabes sur le clergé musulman, un clergé qui, en Syrie, s'est divisé entre oulémas soutenant encore le régime et oulémas s'engageant physiquement et moralement aux côtés des manifestants.

Judith Cahen

FILS DE CONQUÉRANTS. LE MONDE TÜRK ET SON ESSOR

Hugh Pope
Laval, Presses de l'Université Laval, 2011, 452 pages

« Nous avons les mêmes racines ; nous formons une seule et grande famille. Si nous ne commettons pas d'erreur, le XXIe siècle nous appartiendra. » Lorsque Turgut Özal, président turc de 1989 à 1993, s'exprime au premier sommet des pays turcophones en 1992, Hugh Pope, correspondant du *Wall Street Journal* à Istanbul, découvre l'existence du monde turcique. Cette entité méconnue forme une des dix plus grandes familles linguistiques de la planète avec près de 140 millions de locuteurs répartis entre la

Chine, l'Europe ou même l'Amérique. Cet ouvrage rend compte de près de 30 ans de découvertes et de voyages dans ces contrées turciques – le terme utilisé par l'auteur en anglais est *Turkic*, que le traducteur a choisi de traduire par « türk ».

C'est l'effondrement de l'URSS qui permet la redécouverte du monde turcique et entraîne le timide réveil d'une identité éparse, diffuse et encore affaiblie par des siècles d'oppression. Les « fils de conquérants », ces descendants de tribus nomades d'Asie centrale, ont assez en commun pour avoir suscité l'enthousiasme de beaucoup : Américains soucieux de répandre en Asie centrale l'influence d'une Turquie alliée des États-Unis contre l'Iran, la Russie, voire la Chine ; idéologues panturquistes en Turquie ; chefs d'États turciques opportunistes, ou simples romantiques en mal d'identité...

À travers ses pérégrinations, H. Pope identifie l'héritage commun des peuples « türks » selon lui : une langue et une religion bien sûr, mais aussi un attrait pour la vocation militaire – tout Türk se rêvant soldat, d'où l'importance de l'armée dans les États et sociétés turciques. Le culte du leader, le sens des affaires, la capacité à émigrer pour améliorer son sort, une alimentation typique de la steppe sont autant de caractéristiques.

Pourtant, à l'instar de H. Pope lui-même, on peut s'interroger sur la réalité du socle commun. Les populations turciques ne parlent pas exactement la même langue. Seuls 15 % à 20 % des mots en turc ont une racine turcique, et on compte plus de 20 formes d'alphabet différentes. De la même façon, la pratique de l'islam est très hétérogène : les Ouïgours pratiquent un sunnisme plutôt rigoriste qui n'a pas grand-chose à voir avec le chiisme des Azéris ou le sunnisme modéré des Turcs, sans parler de l'islam hybride pratiqué dans certaines confréries de l'alévisme ou des pratiques chamaniques existant un peu partout dans le monde turcique. En vérité, comme un Turc en convient lui-même dans l'ouvrage, « les Turcs ne savent toujours pas comment accepter leur caractère hybride et débattent pour se trouver un dénominateur commun, géographique, racial ou religieux, qui leur permettrait de se donner une identité officielle ».

De plus, la solidarité supposée entre les membres de la famille turcique n'a guère été au rendez-vous depuis 1990. Peu de voix se sont élevées pour défendre les « frères » ouïghours contre le rouleau compresseur chinois ou pour dénoncer la situation désespérée des riverains d'une mer d'Aral qui disparaît peu à peu. La plupart des États turciques sont des régimes autoritaires, certes riches de leurs hydrocarbures mais relativement déconnectés les uns des autres, et qui ont plus en commun la pauvreté, le mépris des Droits de l'homme et une corruption endémique qu'une identité « türke » souvent introuvable.

Dès lors, que reste-t-il de ce monde auquel l'auteur voue une curiosité qui dépasse parfois l'intérêt de ses interlocuteurs turciques eux-mêmes ? C'est peut-être à travers la survie de ces liens distendus que se dessine l'idée « türke », même si elle relève parfois du fantasme. Malgré des siècles d'éparpillement et d'oppression, un résidu d'identité subsiste. Enfin débarrassés de l'étreinte russe, favorisés par les échanges que permet la mondialisation, les peuples turciques peuvent, selon H. Pope, regarder l'avenir avec espoir. L'existence d'un monde « türk », réel ou supposé, permet aujourd'hui à certains (notamment en Turquie, centre historique retrouvé du monde « türk ») d'explorer un terrain prometteur (l'Asie centrale, ancienne terre mère) pour développer leurs activités, qu'elles soient de commerce ou d'influence : un nouveau terrain de conquête pour ces « fils de conquérants ».

Recueil de voyage plus qu'enquête scientifique, l'ouvrage rassemble les impressions personnelles d'un journaliste à l'ancienne, organisées autour de thèmes qui ne prétendent pas à l'exhaustivité. Si l'on est conquis par l'enthousiasme de l'auteur, le lecteur sera parfois déconcerté devant l'absence de « turcité » constatée au cours de son parcours, ce qui fait perdre de la constance au récit, avec des passages parfois déconnectés les uns des autres. *Fils de conquérants* demeure cependant une très bonne introduction pour les novices ou les voyageurs à venir d'un monde trop souvent ignoré.

Julien Cécillon

page 227 abstracts

Abstracts

Myriam Benraad, *The End of the Occupation and the Crisis in Iraq: the Sunnite Keystone*

The United States withdrew from a profoundly divided Iraq in December 2011, the setting of daily violence and a deep social and political crisis. One factor that has weighed most on the present situation has been the marginalization of Sunnites throughout the US occupation. Indeed, the Sunnite problem undermines prospects for a durable reconciliation and above all raises the threat of a partition, both geographic and symbolic, of the country.

Frédéric Charillon, *West/Arab World: A New Geopolitical Configuration*

The uprisings in the Arab world in 2011 were not expected by Western countries, which now have to analyze the upheavals that have taken place, to understand their causes and consequences. In seeking to identify possible outlooks, especially concerning likely trends in Islamic movements, Western countries can adopt new forms of diplomacy, which would allow them to re-establish links with the Arab world fully.

Élie Cohen, *The Euro and the Sovereign Debt Crises*

Four successive crises have shaken the euro following the discovery of the scale of Greek deficits. From agreements to summits, Europe's leaders are trying to save the euro area. Yet the future of the euro and hence Europe can only be sketched out by taking into account: financial excesses, political incompetence, institutional failures, lags between political and economic time horizons, as well as competing pressures from markets and public opinion.

Mohammad-Reza Djalili and Clément Therme, *The Challenge of the Arab Uprisings for Iranians and Saudis*

Sharing the same distrust for the democratic eruptions but with specific interests and opposing relations to Washington, the judgements of Tehran and Riyad over the Arab revolutions diverge strongly. The result is a real "cold war" between the two capitals, with all the possible consequences imaginable for the region, especially concerning Iraq and Syria. These two conservative approaches are being challenged internally and via regional diplomacy.

Stefan Ederer, *The Crisis of European Monetary Union*

The European financial crisis has transformed into a public finance crisis which rules out any recovery in the euro area. The multiple measures taken so far have shown themselves to be ineffective. It will surely turn out to be necessary to Europeanize public debts. At the same time, it is necessary to take short term measures to stimulate growth. And to reduce overall debt in the euro area, though that is only possible in the long term.

David M. Faris, *Network Revolts: The "Arab Spring" and Social Media*

In Egypt, digital activism has developed since the mid-2000s, with many bloggers contributing to the denunciation of the abuses by the Mubarak regime. This phenomenon did not emerge in Tunisia, given the censorship of Internet. However, in the two cases blogs, along with the Facebook social network played an important role in the 2011 revolutions.

Norbert Gaillard, *Sovereign Credit Rating*

Sovereign credit rating developed progressively as of the early 20th century. More and more countries issue bonds and hence underpin the logic of ratings. Investors are the first users. Credit rating criteria are varied, and the quality of the major rating agencies is today much criticized: the "Western" prism of their analyzes prevented them from anticipating payment problems among the industrialized countries.

Ilan Greilsammer, *Israel and the "Arab Spring"*

Israel is a country with no shortage of Arab experts. Yet the 2011 revolutions were unexpected. While the population of the Jewish State welcomes the fall of tyrants who were, to varying degrees, anti-Israeli, Israel is nevertheless concerned about the instability stemming from these popular uprising, and by the advances of Islamist forces. This situation favours Benjamin Netanyhou, in as much as the Israeli population does not want to change helmsmen in the midst of a storm.

Jean-Yves Grenier, *The Long Life of Public Debt in Europe and Elsewhere*

Modern Europe was built on public debt, and the 20th century saw such debt expand, mainly due to war. Since the early 1980s, however, debt has been used to cover civil spending. The functioning and consequences of such sovereign debt have been the subject of impassioned debate since the 18th century. While debts have historically been an instrument for State construction, today they may also be a great danger.

Maïté Jauréguy-Naudin, *The Slow Road to Low-Carbon Electricity in Europe*

The EU's energy and climate package recommends the expansion of renewable energy sources in overall energy consumption: energy from windpower or photovoltaic panels. Yet, the results of renewable energy have been mixed, in terms of costs, employment and transport. Raising their market share is also complicated. National decisions aggravate this problem still more, in particular Germany's decision to scrap nuclear energy.

Mansouria Mokhefi, *The Incomplete Revolutions in North Africa*

The events of 2011 were specific to the experience and history of each country, yet shook the sociopolitical, ideological and cultural situation of all North Africa. Islamists will have to confront exercizing power and dealing with huge problems. North Africa surely does not recognize itself in Western, and especially European types of democracy. And new actors and models are emerging in the region, all the way from Turkey's experience to Qatari activism.

Bernard Rougier, *Elections and Mobilizations in Post-Mubarak Egypt*

In Egypt, the army has used all its powers to avoid the emergence of forces likely to challenge its pre-eminence. The debates of recent months have concerned the timing of elections and the powers of the future Assembly. The greatest surprise came from the legislative success of the Salafists. As for the Muslim Brotherhood, which has been in power since the elections and which has compromised with the army, it will have to deal with the many domestic and external challenges of the country.

Jana Vargovčíková, *The Visegrad Group, 20 Years Later*

The Visegrad Group (Poland, Hungary, Czech Republic, Slovakia) has, in 20 years, left its mark on the geopolitical map of Central Europe. Can this group become a serious sub-regional player in the European Union? Though locally it proves undeniably effective, it seems to only have a reactive efficiency in Brussels. Its ability to intervene in the European Neighbourhood Policy or the Union's energy policy will be a test of its weight in the future.

Nos dernières publications

Politique étrangère

Politique étrangère est diffusée sur abonnement et en librairie. L'ensemble des sommaires est consultable sur _Ifri.org_ et une version numérique de la revue est disponible sur les portails _Persée.fr_ et _CAIRN.info_.

N° 4/2011 : La déconstruction européenne ?
Démocratie, démocratisation
(240 p., décembre 2011, 20 €)

N° 3/2011 : Après le 11 septembre : les États-Unis et le Grand Moyen-Orient
(240 p., septembre 2011, 20 €)

N° 2/2011 : Al-Qaida et la guerre contre le terrorisme
L'avenir de la PAC
(240 p., juin 2011, 20 €)

N° 1/2011 : Les États fragiles
Japon, d'un modèle à l'autre
(240 p., mars 2011, 20 €)

RAMSES

Le _Rapport annuel mondial sur le système économique et les stratégies (RAMSES)_, ouvrage publié chaque année sous la direction de Thierry de Montbrial et de Philippe Moreau Defarges, analyse les grandes problématiques internationales et les tendances qui s'esquissent. Encyclopédie annuelle de l'actualité internationale, _RAMSES_ fournit les clés d'analyse et les repères indispensables pour décrypter la géopolitique de la planète.

RAMSES 2012 : Les États submergés ?
(336 p., sept. 2011, 30 €, diffusion : Dunod)

Les publications en ligne de l'Ifri sont en accès libre sur _Ifri.org_. Parmi les Notes de l'Ifri

– Asie Visions – Europe Visions – Focus stratégique – Proliferation Papers
– Notes du Cerfa – Notes franco-turques – Perspectives Moyen-Orient/Maghreb (MOM)
Potomac Papers – Russie.NEI.Visions – Russie.NEI.Reports – Visions franco-allemandes

Des collections imprimées rassemblent des études scientifiques, restituent les débats des séminaires ou sont le fruit de programmes de recherche de l'institut (diffusion : Documentation française ou Technip Ophrys).

Études de l'Ifri

Série : Gouvernance européenne et géopolitique de l'énergie
Série : Radioscopies de l'Allemagne
Série : Russie.NEI.Visions
...

Notes de l'Ifri

Hors collection

La liste exhaustive des publications peut-être consultée sur _Ifri.org_.

TOUT LE MONDE EN PARLE

« Les extraits du rapport de Human Rights Watch “Torture et impunité : l'administration Bush et les mauvais traitements infligés aux détenus”, sont brillamment introduits par Jean-Paul Marthoz et Reed Brody.
Le rapport proprement dit documente avec précision les crimes reprochés à George Bush et à son entourage. […] Il contient des témoignages insoutenables de détenus ayant subi le supplice de l'eau (*waterboarding*), privés de sommeil, enfermés nus dans des cellules glacées, menacés par des chiens, obligés de porter autour du cou des photos de femmes dénudées…
Juger George Bush ? La formule est provocatrice. Reed Brody reconnaît d'ailleurs bien volontiers qu'elle est irréaliste. […] La question éthique qu'il soulève n'en reste pas moins redoutable. »

Yves Gounin, ***Politique internationale***

« D'aucuns reprocheront par avance au livre son engagement. Ce serait lui faire un faux procès. À chacun son rôle. Et la démonstration est basée sur des faits, avancés avec précision et appréciés à l'aulne du droit international et, plus largement pose la question de “ce qui constitue la nature même de la démocratie”. Son organisation conduit parfois à quelques redondances, mais il est court, se lit facilement, et il est aisé d'y piocher ce que l'on souhaite, sans nécessairement tout lire. »

Delphine Lavergne, ***Revue Internationale et stratégique***

« Reed Brody est un avocat américain, porte-parole de Human Rights Watch, et surnommé “le chasseur de dictateurs”. Il est l'auteur d'un ouvrage au titre provocateur : *Faut-il juger George Bush ?* Reed Brody y dénonce les dérapages et abus commis par l'administration Bush dans la lutte contre le terrorisme, parfois avec la complicité de pays européens. »

Paul Germain, ***Le Bar de l'Europe, TV5 Monde***

Un livre de 127 pages, **9,90 €,** vendu en librairie ou disponible au GRIP.
(T. 0032.2/241.84.20 – publications@grip.org – www.grip.org)